改正增補版

風水地理學 里程表

金東奎 著

明文堂

증보판을 내면서

　동양철학에서 풍수지리학은 두 가지 기능이 있으니, 하나는 종족(種族)의 유지(維持)와 번식(繁殖)을 책임져 주는 기능(機能)이다. 이는 원하는 인물이 태어나게 하여, 바라는 방향으로 집안의 미래를 경영하는 것이니 생인기능(生人機能)이라고도 한다. 또 하나는 이미 태어난 사람을 성공시키고 가문을 행복으로 인도하는 기능이니 이를 최관기능(催官機能)이라고도 한다. 풍수지리학은 이 두 가지 기능을 확실치 제시하고 있으므로 실학(實學)의 최고 자리를 지킬 수 있으며, 문명사회에서도 꾸준히 사랑을 받는 학문이 된 것이다.
　이 두 기능을 이용하는 방법이 학문적인 큰 줄기는 양택(陽宅)과 음택(陰宅)이 동일하나 이용(利用)상에서는 부분적으로 다르다. 음택에서는, 사후(死後)에도 호흡과 맥박은 비록 멈추었으나 죽음이라 하지 아니한다. 영혼(靈魂)과 시골(屍骨)이 소골〔分解〕되어 만유일기(萬有一氣) 속으로 모두 반환(返還)되어 없어질 때까지는 부모나 조상으로서 산 사람과 똑같이 대접하며 계속 제사도 지내고 관리한다. 그러므로 시골을 온전한 상태로 오랫동안 보존하려면 양질의 생기(生氣)가 많이 모여 있는 산세(山勢)의 땅을 찾아 매장하여야 조상의 영혼을 편안케 할 수 있고, 자손은 약속된 파장(波長)으로 생기를 전달받을 수 있게 하는 원리이다.
　양택에서의 이용방법은, 산 사람이 평생을 거주하면서 생기를 이용하는 것이니, 첫째는 자손만대(子孫萬代)를 이어갈 수 있는 좋은 산세에서 주거환경에 적합한 지역을 선택해야 하고, 둘째는 자기와 가문의 본질(本質=편의상 이후로는 "사이클"로 표현함)에 맞는 방위(方位=

坐向)를 선택하여야 하며, 또 셋째는 그 성사주체(成事主體)가 요구하는 시기(때=time)의 선택이 올바르게 되어야 하는데, 이것이 양택을 선택하는 3요소이다.

　이상의 요구가 충족된 다음에는 나와 지역의 사이클에 일치하도록 건물의 방향을 찾아 내부 구조까지도 합성시키는 것인데, 특히 출입문·안방·부엌을 배치하는 선택이 더욱 중요하고 시급함을 요하는 것이다. 이는 이 책의 본문을 증보한 이유가 모두 그것이어서 누구나 알 수 있도록 자상하게 편집하였다.

　다음으로 지리공부를 해야 하는 이유를 좀 더 보완하고자 한다.

　우리는 학생 때 "행복은 성적순이 아니다"라는 말을 많이 하고, 듣기도 하였다. 공부를 잘하지 못하는 것을 변명하는 것 같기도 하지만 곰곰이 생각해 보면 무엇인가 대단한 비밀이 분명히 있을 것 같다.

　그렇다면 무엇으로 인간의 행불행(幸不幸)을 결정짓는가?

　정답은 놀랍게도 "**행복**(幸福)은 **선택순**(選擇順)"이었다. 또 다음을 추적하면 행인지 불행인지는 모르겠으나 선택은 "**점**(占)"이었다.

　우리의 생활은 일거수(一擧手) 일투족(一投足)까지도 모두 선택뿐이기 때문이다. 그러나 점은 "혹중혹부중(或中或不中)"이라 하니, 점[選擇]이 맞지 않을 경우의 근심을 해소시키기 위하여 점을 안치고도 적중시키는 방법이 필요한데, 그것이 정보(情報)이며 지식(知識)이다. 정보와 지식을 얻기 위하여는 전문적인 지식을 습득해야만 한다.

　말을 바꾸어 구체적으로 정리하여 보면 행복을 위한 조건은, 첫째가 건강(健康)이니 나의 모든 것[全部]이기 때문이요, 둘째가 자손(子孫)이니 인간이 살아야 하는 목적이 담겨 있기 때문이요, 셋째가 원하는 일(事=職業)을 하는 것이니 이 세상에 왔다간 흔적(痕迹)을 남겨놓기 위함이다.

　이상의 행복을 위한 조건을 충족시키기 위해서는 세 가지 선택을 올바로 해야 하는데 그 첫째는 어려서부터 전공교육을 바르게 선택하여야 시간을 절약하고 원하는 직업을 선택할 수 있기 때문이요, 둘째는 장성하여서 나와 사이클이 잘 맞는 배우자를 선택하여야 행복도(幸福

度)의 효율(效率)을 높일 수 있기 때문이요, 셋째는 기회와 때(時機 : 時期)의 선택이니 만사는 성사(成事)를 허용(許容)하는 때가 있기 때문이다. 그 외에도 넷째, 위치 선택과 다섯째, 방위 선택이 있으나 앞에서 요지가 설명되었고, 본문에서도 자세히 기록하고 있으므로 생략한다.

　이상과 같이 복잡하고 다단한 이론을 바탕으로 우리는 실생활에서 행복지수를 높이고, 선택의 적중률을 향상시키기 위하여 끊임없이 노력하고 경쟁하게 되는데, 그렇다고 인생을 반드시 성공할 수 있겠는가?

　경험해 보아도 분명 그러하지 않다. 자기의 사이클을 알기도 어려우려니와 배우자 등 각종 선택을 올바로 하도록 여러 가지 여건이 뒷받침해 주지 않기 때문이다. 우리 속담에 "지장불여복장(智將不如福將)"이라 하였으니, 복(福) 많은 사람이 언제나 먼저였음을 모두는 주지하고 있으리라 믿는다.

　나는 그 답을 풍수지리에서 찾아보라고 권하고 싶다. "사람은 거짓말도 하고 용서도 잘 하지만, 자연의 힘, 즉 땅은 거짓말도 아니하고 용서도 하지 않기 때문이다."

　비록 늦은 감은 있지만 늘 마음에 두었던 양택을 증보하게 되어 다행으로 생각하는 바이다.

2006. 4. 3.

翠山 金東奎 識

서 문

    과학과 철학을 한곳으로 합치시키는 풍수지리는 우리 인간 사회에서 가장 위대한 글이며, 동양 철학의 극치점이라 할 수 있고 택일은 꽃이라 할 수 있다.

    동양 철학을 상고하여 보면 우선 크게 세 가지로 분류할 수 있다. 첫째, 종교 철학으로 자아 완성의 분야가 있으니 진리를 밝히고 선악을 구별하며 수행을 통하여 자아를 완성하므로 죽음의 두려움으로부터 해방되어 보자는 것이다. 여기에는 노자, 장자를 비롯하여 유·불·선 등 각종 종교의 경전까지도 다 포함되는 것이다. 둘째, 종족 보존의 분야가 있으니 미래 세상을 내가 원하는 대로 유도하여 보자는 것이다. 자기의 행복은 물론 자손까지도 영원히 유지·번식시키고 안녕과 발복까지도 경영하여 보자는 것인데, 이 학문은 광범위하고 멀리로는 풍수지리와 가까이로는 택일이 있다. 셋째, 운명 철학으로 길흉화복을 알고자 하는 분야가 있으니 현재를 지혜롭게 살기 위함이다. 내가 서 있는 위치가 어디이며 어느 방향으로 가고 있는가를 알아내고 닥쳐올 미래의 운세에 대처해 보자는 것인데 학문으로는 사주팔자, 기문, 주역에 의한 육효 등 각종의 점성술 등이 그것이다.

    자아 완성의 길은 종교적인 차원에서 생각하면 다소 위안이 되지만 평생 공부하고 수행해야 하는 불확실한 고행의 길이다. 혹 완성의 길에 도달한다 하여도 수행자 한 사람에 국한된다는 것이다. 또한 길흉화복을 알고 대처할 수 있다고 하여도 역시 당사자 한 사람에 그친다. 그러나 종족 유지의 길은 복수적이며 인간 사회에서 가장 소원하는 대도(大道)의 길인 것이다. 사람에게 꿈이 있다면 우선 내가 잘되고 다음으로 자손이 잘되기를 걱정하는 길보다 더 중요한 것이 없기 때문이다. 오늘날 과학이 발달하고 학문이 극치에 도달하였다 하더라도 자손의 안녕과 발복을 확실하게 책임질 수 있는 글은 그리 흔하지 않다. 이에 비하면 풍수지리와 택일은 정확히 처리되었을 경우 결코 사람을 실망시키거나 거짓말을 하지 않는다. 하늘은 참〔眞〕으로 보원광제(普圓廣濟)하고 땅(산천)은 근면〔謹〕으로 효공선덕(效功宣德)하기 때문이다.

여러분은 아마 새집 짓고 3년 나기 어렵고 새사람 들어오고 3년 나기 어렵고 묘 고쳐 쓰고 3년 나기 어렵다는 말을 들어본 적이 있을 것이다. 이는 모두 택일의 중요성을 말한 것임에 유의하기 바란다.

택일은 연월일시에 따르는 신살(神殺)을 사용하기 때문에 길흉간에 그 응(應)이 속빠르게 나타나는 반면 길게 가지는 않는다. 그러나 풍수지리는 생기(生氣) 생명력을 이용하기 때문에 선악간에 크기도 하지만 길게도 간다는 것을 일러두는 바이다.

1994년 9월 일
翠山 金東奎 識

차 례

제1부 서론

제1장 총론 ——————————————————— 11
1. 풍수지리를 하는 목적 · 11
2. 풍수지리의 학문적 근거 · 12
   1) 생기설(生氣說) · 12 2) 인간의 출생 · 15
3. 인간의 죽음 · 21
   1) 정(精)의 죽음 · 22 2) 성(性)의 죽음 · 23 3) 명(命)의 죽음 · 24
   4) 영혼의 죽음 · 24 5) 육신의 죽음 · 26
4. 전파설 · 27
5. 생기의 이용 · 28
6. 풍수지리의 구조 · 29

제2부 형세론(形勢論)

제1장 용(龍) ——————————————————— 33
1. 용(龍)의 분류 · 34
   1) 간룡(幹龍) · 34 2) 지룡(枝龍) · 35 3) 지룡(支龍) · 37 4) 태조산(太祖山) · 38 5) 소조산(小祖山) · 39 6) 용의 부모와 태식잉육(胎息孕育) · 40 7) 용의 입수(入首) · 42 8) 용의 출신(出身)과 개장(開障) · 46 9) 용의 박환(剝換) · 47 10) 용의 과협(過峽) · 48 11) 용의 지각(枝脚)과 요도(橈棹) · 53 12) 용의 귀천(貴賤) · 58 13) 용의 배면(背面) · 59 14) 용의 빈주(賓主) · 60 15) 용의 여기(餘氣) · 61 16) 용격(龍格)의 분류 · 62 17) 용의 수혈(受穴) · 65 18) 용의 결혈오국(結穴五局) · 65
2. 오성(五星) · 67
   1) 오성(五星) 총론 · 67 2) 오성의 형(形) · 68 3) 오성의 성정(性情) · 70 4) 오성의 취강(聚講)과 귀원(歸垣) · 75

제2장 혈(穴) ——————————————————— 77
1. 혈법(穴法) · 77
   1) 穴이란 무엇인가 · 77 2) 혈형(穴形)의 분류 · 78 3) 혈성(穴星) · 83 4) 혈증법(穴證法) · 94 5) 정혈법(定穴法) · 95

제 3 장 사(砂) —————————————— 108
1. 사(砂)의 분류 • 109
   1) 청룡(靑龍)과 백호(白虎) • 109 2) 안산(案山) • 111 3) 조산(朝山) • 112 4) 좌보우필(左輔右弼) • 114 5) 천문지호(天門地戶) • 114 6) 나성원국(羅城垣局) • 114 7) 낙산(樂山) • 115 8) 하수사(下水砂) • 115 9) 화표사(華表砂) • 117 10) 한문(捍門) • 118 11) 북신(北辰) • 118 12) 나성(羅星) • 119 13) 관(官)·귀(鬼)·요(曜)·금성(禽星) • 120

제 4 장 수(水) —————————————— 125
1. 수(水)의 제설 • 126
   1) 수(水)의 발원(發源)과 입당(入堂) • 126 2) 조수(朝水) • 126 3) 거수(去水) • 127 4) 취수(聚水) • 128 5) 수(水)의 분합(分合) • 128 6) 원진수(元辰水) • 129
2. 천(泉)의 종류 • 130
   1) 가천(嘉泉) • 130 2) 냉장천(冷漿泉) • 131 3) 예천(醴泉) • 131 4) 탕천(湯泉) • 131 5) 광천(礦泉) • 131 6) 동천(銅泉) • 132 7) 용천(湧泉) • 132 8) 천천(濺泉) • 132 9) 몰천(沒泉) • 132 10) 황천(黃泉) • 133 11) 냉천(冷泉) • 133 12) 용추천(龍湫泉) • 133 13) 폭포수(瀑布水) • 133 14) 오성수성(五星水城) • 134

제 5 장 명당(明堂) —————————————— 136
1. 명당(明堂)의 분류 • 137
   1) 명당길격(明堂吉格) 10도(圖) • 137 2) 명당 흉격 구도 • 141

제 3 부 오행론(五行論)

제 1 장 태극설 —————————————— 145
1. 태극(太極) • 145
2. 태극도(太極圖) • 145
3. 음양(陰陽 : 兩儀) • 147
4. 사상(四象) • 147
5. 팔괘(八卦) • 148
6. 하도(河圖)와 낙서(洛書) • 150
7. 낙서(洛書) • 153

8. 선천팔괘(先天八卦)・154
9. 후천팔괘(後天八卦)・155
10. 간지의 선후천수(先後天數)・156
    1) 선천수(先天數)・156 2) 후천수(後天數)・157
11. 절기운행(節氣運行)과 괘(卦)의 변화・157
12. 일월(日月)과 오성(五星)의 주천(周天)・158
13. 역법(歷法)・161
14. 표준시・162

제 2 장 각종 오행(五行) ─────────── 164
1. 정오행(正五行)・164
    1) 천간 오행(天干五行)・164 2) 지지 오행(地支五行)・164 3) 육십갑자(六十甲子)・165 4) 24산정오행(山正五行)・165 5) 오성의 상생(相生)과 상극(相剋)・166 6) 오행으로 본 육친법(六親法)・166 7) 오행의 중화(中和)・168 8) 오행 용법상의 사요(四要)・169
2. 십이운(十二運) 양생법(養生法)・170
    1) 십이운성(十二運星)의 해설・170 2) 십이운성의 길흉 분류・173
3. 수(數)의 오행・173
4. 쌍산(雙山) 오행・173
5. 성수(星宿) 오행・175
6. 납음(納音) 오행・175
7. 홍범(洪範) 오행・176
8. 소현공(小玄空) 오행・176
9. 대현공(大玄空) 오행・177
10. 팔괘(八卦) 오행・177
11. 화기(化氣) 오행・177
    1) 천간합화(天干合化) 오행・177 2) 지지육합(地支六合) 오행・178
    3) 간지삼합(干支三合) 오행・178
12. 구성(九星) 오행・178
    1) 재천(在天) 구성・178 2) 재지(在地) 구성・178
13. 팔문(八門) 오행・179
14. 이십팔수(二十八宿) 오행・179
15. 두수(斗首) 오행・181

16. 월건(月建)과 시(時) 일으키는 법 • 181
   1) 월건 보는 법 • 181　2) 시(時) 일으키는 법 • 181

제3장 길흉신살(吉凶神殺) ──────────── 182
1. 길신(吉神)의 종류 • 182
   1) 녹(祿) • 182　2) 마(馬) • 183　3) 천을귀인(天乙貴人) • 183　4) 천월덕(天月德) • 184
2. 흉신(凶神)의 종류 • 186
   1) 상충(相冲) • 186　2) 삼형살(三刑殺) • 187　3) 순중공망(旬中空亡) • 188

제4장 나경(羅經) 해설 ──────────── 190
1. 나경(羅經)의 유래와 용도 • 190
2. 나경 층차(層次) 해설 • 191

제5장 기타 제설 ──────────── 201
1. 천심(淺深) • 201
2. 토색론(土色論) • 202
3. 택일(擇日) • 202
4. 석물(石物)과 축조물(築造物) • 202
5. 풍수요역(風水要逆) • 203
6. 정음정양설(淨陰淨陽說) • 204
7. 입수(入首)의 요이승기(腰耳乘氣) • 206
8. 기종어팔방(氣從於八方) • 208
9. 부두법(符頭法) • 209
10. 사대국(四大局) 합룡(合龍) 통규법(通竅法) • 212
11. 향상 수법(向上水法) • 219
12. 보성 수법(輔星水法) • 220
13. 삼길 육수(三吉六秀) • 222
14. 용상(龍上) 납갑(納甲) 삼길 육수 • 222

제 4 부 양택론(陽宅論)

제1장 양택의 용(龍) ——————————————— 229
1. 양택 용의 총론 • 229
2. 陽宅立式歌 • 230
3. 家宅의 吉凶斷 • 233

제2장 양택삼요론 ——————————————— 234
1. 三要란? • 234
2. 선천팔괘 • 234
3. 문왕의 후천팔괘와 구궁도 • 235
4. 동서 팔택의 분류 • 237
5. 東西 가택과 택주의 배합 • 238
6. 中宮 정하는 법 • 240
7. 八方位의 길흉 • 240

제3장 가옥삼요(家屋三要) 해설 ——————————— 242
1. 출입문 • 242
2. 주방(廚房)의 길흉 • 244
3. 안방과 書房 • 249
4. 아동, 기타 가족방 • 252
5. 공부방 또는 책상의 방위 • 253

제4장 서사택(西四宅) 32宮 설명 ——————————— 256
1. 乾門乾主=두 건이 겹쳐 순양의 기이므로 부녀를 상한다 • 257
2. 乾門坎主=天門이 낙수하므로 음광(淫狂)이 나온다 • 258
3. 乾門艮主=山上에 하늘이 임하였으니 집안의 부귀가 크게 있으리라 • 260
4. 乾門震主=귀신이 雷門에 드니 장자를 상하게 되리라 • 261
5. 乾門巽主=건손이 상극하므로 산망(産亡)이 있고 심통(心痛)과 다리병이 있다 • 263

6. 乾門離主=건金과 이火가 상극하고 동과 서가 상극하는
   흉가이다 • 264
7. 乾門坤主=건방의 출입문과 곤방의 안방은 천문이 地에
   이르렀으니 영화 만당이다 • 265
8. 乾門兌主=건출입문에 태안방은 천택(天澤)이 되므로 재물은
   왕성하나 음란함이 많다 • 267
9. 坤門坤主=地가 거듭되었으니 과부들의 세상이다. 집안에 남자
   보기가 힘들다 • 268
10. 坤門兌主=곤출입문에 태안방이니 지택이 되어 부귀하나 모두
    음패이므로 절손은 면할 수 없다 • 270
11. 坤門乾主=땅에서 천문을 일으키니 부귀가 영창하리라 • 271
12. 坤門坎主=곤土는 노모이고 감水는 둘째 아들인데 출입문의 극을
    받으므로 중남이 손상된다 • 272
13. 坤門艮主=곤의 비옥한 땅과 산의 두터운 땅이 만났으므로 전답을
    많이 갖게 된다 • 273
14. 坤門震主=사람이 龍을 걸터앉으니 이치에 맞지 않아서 어미가
    산망(産亡)한다 • 275
15. 坤門巽主=사람을 지호(地戶)에 묻는 상이니 노모가 사망
    한다 • 276
16. 坤門離主=사람의 문에 불을 만났으니 과부가 발생한다 • 278
17. 艮門艮主=2土가 난동하니 중중 첩첩이 되어 처와 자식을
    상한다 • 279
18. 艮門震主=산과 우레가 만나면 소아를 상하게 된다 • 281
19. 艮門巽主=산이 지호(地戶)에 임하니 절손하여 과부만 살게
    된다 • 282
20. 艮門離主=귀임지호(鬼臨地戶)하니 부녀자들만 강력하다 • 283
21. 艮門坤主=山地가 만났으니 전답이 많고 나날이 부자가
    된다 • 285
22. 艮門兌主=산택이 통기하니 사람은 왕성하고 부귀도
    누린다 • 286
23. 艮門乾主=산이 하늘 가운데서 일어나니 자손이 귀히 되고

지혜롭다 • 288
24. 艮門坎主=왕양한 귀신을 만난 격이니 물에 상하게 된다 • 289
25. 兌門兌主=택(潭)이 거듭되었으므로 막내 며느리가 집안의 권한을 휘어잡는다 • 290
26. 兌門乾主=택천이 만났으나 홀어미가 재원을 장악하는 상이다 • 292
27. 兌門坎主=백호가 강에 빠진 상이니 육축을 상하게 된다 • 293
28. 兌門艮主=연못과 산이 협조하여 복을 증진시키는데 소방(少房 : 셋째아들)이 대영한다 • 294
29. 兌門震主=호랑이가 용의 굴에 들어갔으니 일을 하여도 이루는 것이 없다 • 296
30. 兌門巽主=호랑이가 막다른 골목을 만났으니 음양간에 역시 불리하다 • 297
31. 兌門離主=맹호를 화염 속에다 삶은 꼴이니 소녀에 요망(夭亡)함이 있다 • 298
32. 兌門坤主=택지는 재상이 융성하고 이성이 동거하며 발전하는 상이다 • 299

참고도 1. 動宅 四隅門 보는 법 • 301
참고도 2. 西四宅 乾 坤 艮 兌 四遊年 起例 • 301
참고도 3. 연년택 • 천을택 • 생기택의 도표 • 302

제5장 동사택(東四宅) 32宮 설명 ———— 304

1. 坎門坎主=水가 만약 거듭되면 처자와 이별한다 • 305
2. 坎門艮主=水가 산의 극을 받으니 반드시 절손한다 • 306
3. 坎門震主=물과 우레가 만났으니 발복한다. 오래되면 절손하는데 모두 양괘이기 때문이다 • 308
4. 坎門巽主=水木이 상생되어 영화롭고 여인이 빼어나고 크게 발한다 • 309
5. 坎門離主=水火가 既濟되어 대길창이다 • 311
6. 坎門坤主=水土가 상극하니 중남에게 불리하다 • 313

7. 坎門兌主=연못의 물이 새는 상이니 소녀(少女)가 요망한다 • 314
8. 坎門乾主=건방 金기운을 출입문 水가 누설하니 음란하고
    패절하는 배치이다 • 316
9. 離門離主=火炎이 중중하므로 자녀를 둘 수 없다 • 318
10. 離門坤主=火가 人門에서 음의 세상을 만드니 과부가 성하여
    절손한다 • 319
11. 離門兌主=이태가 만나면 火의 빛이 소녀를 상하게 한다 • 321
12. 離門乾主=이와 건이 만나면 노공(老公)이 불리하고 타인도
    오래가지 못한다 • 323
13. 離門坎主=음양정배되는 국이므로 부귀를 크게 한다 • 324
14. 離門艮主=火와 山이 만나니 부인이 강폭하고 경영사가 순조롭지
    못하다 • 326
15. 離門震主=화뢰가 협조하니 크게 발복한다. 특히 부녀자가
    지혜롭다 • 327
16. 離門巽主=화풍이 만나니 인정은 희소하나 가내는 편안하고
    안정한다 • 329
17. 震門震主=우레가 천지를 진동하니 만인이 두려워한다. 震은
    亨通이니 부엌의 배치에 陰卦를 만나면 크고 길게 번영한다 • 330
18. 震門巽主=뇌풍이 상배되었으므로 발복이 속빠르다 • 332
19. 震門離主=뇌화는 광명이니 부귀 창성한다 • 333
20. 震門坤主=용이 사람 사는 곳에 든 상이니 노모를 상한다 • 335
21. 震門兌主=용호가 쟁투하는 상이니 장방 장자에 손상이
    온다 • 336
22. 震門乾主=용이 하늘을 나니 늙은이가 재앙이로다 • 337
23. 震門坎主=뇌화가 만나면 자손이 희귀하나 선행은 많이
    한다 • 338
24. 震門艮主=용호가 산중에 만났으니 소아를 상한다 • 340
25. 巽門巽主=거듭된 바람이니 아녀에게 어려움이 많다 • 341
26. 巽門離主=풍화가 만나니 부귀가 크나 자손이 희소하다 • 343
27. 巽門坤主=땅에 인문이 이르니〔地到人門〕어머니를 먼저
    상한다 • 344

28. 巽門兌主＝여인들의 음란과 질투로 가도(家道)를 기울게
    한다 • 346
29. 巽門乾主＝풍천(風天)의 동통이 큰며느리를 상하게 한다 • 347
30. 巽門坎主＝다섯 아들이 등과하니 풍수의 덕이다 • 348
31. 巽門艮主＝풍산(風山)은 과부가 많고 절손한다 • 350
32. 巽門震主＝바람과 우레를 타고 공명을 불처럼 재촉한다 • 351

　　참고도 4. 東四宅 坎 震 巽 離 四遊年 起例 • 353

■ 용어 해설 • 355

제1부 서 론

제 1 장 총론

　풍수지리는 우리 민족 사회에 깊고 넓게 뿌리박힌 오랜 전통 문화이다. 미신이나 도참설로 보기 이전에 그 무엇을 믿고 풍수지리를 해 왔는지를 정확하게 분석하여 과학적으로 조명하고 학문적인 근거를 찾아 제시하여 올바로 이해시켜서, 앞으로 우리 민족의 주거 문화와 장법(葬法) 문화 중에 개선할 것은 개선하고 지킬 것은 지키게 하고자 한다.

1. 풍수지리를 하는 목적

　풍수지리를 하는 가장 큰 목적을 몇 가지로 분석하여 보자. 첫째, 지리를 합리적으로 이용하여 효과적으로 살아가는 방법을 모색하는 데 있다. 둘째, 충효에 바탕을 두고 자신의 종족을 영원히 유지 번식시켜 보자는 데 있다. 셋째, 자손의 안녕과 발복을 꾀하는 데 있다고 하겠다. 사실 자손의 안녕과 발복을 책임질 수 있다고 믿었기 때문에 천 년이 훨씬 넘은 오늘날까지도 많은 사람들이 좋아하는 과목이 된 것이라고 할 수 있다.

2. 풍수지리의 학문적 근거

1) 생기설(生氣說)

풍수지리를 알려면 먼저 氣를 이해하지 않으면 안 된다. 氣라 하면 낯선 단어는 아니지만 대단히 광범위하고 복잡하여 웬지 전문가적인 말처럼 느껴져 쉽게 알려 하지도 않으며 접근하려고도 않는다. 사실 전문가라는 사람들도 쉽게 설명할 수 있다거나 이해를 시키지는 못한다. 그러나 알고 보면 대단히 가깝고 친근감 있는 것이 氣이다. 장자(莊子)는 "萬有는 一氣"라고 말하였다. 이 말은 우리 인간이 의식 중에 생각할 수 있는 모든 것, 즉 모든 사물이 통틀어 다 氣의 한 분야라는 것이다. 다시 말하면 지구를 포함한 모든 행성, 곧 수없이 많은 별들과 끝없는 공간을 꽉 메우고 있는 대기까지 다 포함되는 말이다. 따라서 우리 몸뚱이를 포함하여 지구상의 어떤 물체도 氣의 집합체임에는 예외일 수가 없다.

그러나 氣라고 해서 다 같은 것은 아니며 생기(生氣:生氣之氣)와 무기(无氣:無生氣之氣)로 편의상 나누어 생각할 수 있다. 생기는 물과 열과 대기가 화합하여 생명력을 갖게 되는데 무기는 생명력을 갖지 못하는 찌꺼기 등 사기(死氣)로 되어 있다. 예를 들면 비닐·플라스틱 같은 것은 무기이다. 그런데 달, 수성 같은 곳에는 대기가 없으며 물도 없으므로 무기에서 생기로 바꾸지 못하여 생명체가 살지 못한다고 생각한다. 그러나 생기나 생명체가 없다고 해서 氣가 없는 것은 아니다. 행성 자체의 토양도 氣의 한 분야이며 대기가 없다는 진공 그 자체도 氣의 일부이기 때문이다. 다만 생기라고 하지 않고 무기라 표현할 뿐이다.

생기이든 무기이든 모든 氣는 청탁(淸濁)과 무게·질량·부피가 다르다. 그러므로 끝없이 자리바꿈을 하게 된다. 氣가 더워지면 질량이 가벼워져서 상승하고 냉각되면 질량이 생겨서 다시 하강하고 이것이 또 압력을 받아 폭발하기도 하는데, 더운 공기와 찬 공기가 만나는 과정에서 기압골이 생겨 비도 내리고 폭풍 등 바람을 일으키기도 하는데 이러한 현상을 순환이라 한다. **순환**이란 氣의 이산집합(離散集合) 작용에 불과하다. 그러나 여기서 중요한 것은 공기만 이산집합 작용을 하는 것은 아니다. 생물이건 무생물이건 일체 사물이 다 이산집합 작용을 하는 것이다. 생물도 氣에서 탄생하고 죽어서도 분해되어 결국은 氣로 되돌아가며 광물이나 어떤 물체도 氣에서 왔다가 氣로 돌아간다. 이곳에 쇳덩어리가 한 개 있다면 공기 중에서 산화되어 氣로 반환된다. 그러한 현상이 이산집합 작용이다. 氣가 이산집합 작용을 하는 과정에서 찌꺼기가 생기는데 대기 중에서 생긴 찌꺼기는 떠돌아다니다가 뭉쳐진 것이 운석을 만든다. 이 운석이 모여서 지구를 포함한 다른 행성까지 만들었으며 수많은 별들의 탄생 과정도 다를 것이 없다.

운석이 합쳐질 때 충돌이 일어나는데 충돌할 때 생긴 열로 용암이 생겼고 이 때의 열로 氣는 따로 분리되어 구름과 비를 내려 바다가 되었으며 물은 햇빛과 작용하여 이끼류 같은 종류의 생물을 만들고 이곳에서 발생한 산소로 인하여 동식물을 발생시켰다. 이는 과학에서도 이미 밝혀진 바 있거니와 동양 철학에서도 태초의 혼돈 속에서 물체 등 생명체가 생겼음을 설명하고 있다. 이와 같은 과정을 가리켜 **변화**라고 한다. 변화가 있기 때문에 물체의 탄생과 쇠멸이 있게 되며 무에서 유가 창조된다. 유라고 하는 존재는 모든 사물을 다 포함하는 말이다. 그러나 이 유의 존재는 영원한 존재가 될 수 없으며 완전한 존재일 수도 없다. 영원하다거나 완전하다면 변화라는 말이 필요없기 때문이다. 따라서 유의 존재는 어떤 것이든 다시 분해되어 氣로 환원하는 것이다. 지구상의 어떠한 생물체도 그러하거니와 은하계의 무수한 별들도 반드시 쇠멸을 겪게 되니 비록 외형적으로 형체는 갖추고 있더라도 안으로 꾸준히 변화하여 전혀 다른 물체가 되기도 하는 것이다. 결국 순환과 변화를 통하여 氣에서 왔다가 氣로 돌아가는 이산집합 작용은 끊임없이 이어지게 되는 것이다. 그러므로 장자(莊子)는 만유일기(萬有一氣)라 하였고 석가(釋迦)는 사물의 실상은 개공(皆空)이라 하였으며 공자(孔子)는 일이관지(一以貫之)라 하였다.

그러면 여기서 제기되는 문제를 생각해 보자. 즉 변화하게 하는 원리는 무엇인가? 그것이 바로 '열(熱)'이다. 이 세상의 생물체이건 무생물체이건 우리가 생각할 수 있는 모든 것은 다 열의 운동에 의하여 생성되기도 하고 소멸하기도 하는 것이다. 그래서 나는 '**만유화생 개열**(萬有化生 皆熱)'이라 표현하고 있는 것이다. 혼돈 속에서도 냉각 속에서도 열의 작용으로 유무가 결정된다. 다시 정리하여 보면 물체는 氣의 유행으로 생성되며 氣를 유행시키는 주재자는 열이다. 그러니까 만물을 만들어 내는 기능공은 열이며 열에게 기능을 준 자가 백광(白光)이라고 비유해서 말할 수 있다.

여기까지가(氣의 유행과 열의 주재) 물리학적 이기설(理氣說)이라 할 수 있으며, 또 성리학적 이기설로는 성(性)이니 주로 오성(五性), 즉 선성(善性)과 악성(惡性)의 변화에서 답을 찾아야 하며 오성의 변화는 성명규지(性命圭旨)에 "性者 元始眞如一靈烱烱"이라 하였으니 태극설(太極說)에서부터 전개되어야 하는데 이는 이 책의 목적과 다르게 흘러가게 되므로 결론만을 말하고자 한다. 선성(善性 : 仁義禮智信)과 악성(惡性 : 喜怒哀樂慾)을 나타내는 것은 氣의 작용이니 청기(淸氣)가 주가 되면 선성을 갖게 되고 탁기(濁氣)가 주가 되면 악성을 나타낸다. 탁기는 청기에 침투하고자 하고 악성은 선성을 침범하고자 하는데 이러한 유혹을 물리치기 위한 노력이 理이며 후천으로는 수도이다. 理가 주재하면 덕(德)을 갖게 되고 氣가 주재하면 청탁의 혼돈이 온다. 이러한 물리학적 이기설과 성리학적 이기설에 대한 대대자(對待者)가 수(數)이다. 數로서만 이들의 형체와 선악을 분별할 수 있다. 이것을 내구 당(來瞿 唐) 선생은 "주재자리(主宰者理), 유행자기(流行者氣), 대대자수(對待者數)"라고 역경내주도해(易經來註圖解)에다 밝혀놓았으니 저 유명한 이기설(理氣說)의 근본이 된다.

2) 인간의 출생

태초에 인간이 출생한 과정도 다른 생물의 출생과 같다. 氣가 자연 속에서 삼원소(三元素 : 물, 산소, 열)의 도움으로 생기를 발생하였으니 이것이 오청기(五淸氣)와 오탁기(五濁氣)이다. 다시 오청기는 발하여 선성을 만들고 오탁기는 악성을 끌어서 생명력을 갖게 되었다. 이 생명력은 性을 발하여 혼(魂)의 종자(種子)를 받아 비로소 생명체가 된다. 이 생명체는 사람으로 말하면 정자에 해당하므로 난자를 만나 수정한 후 일정한 기간을 경과하면 출생하며 이렇게 탄생한 생명체가 계속 진화하여 지금의 인간이 되었음은 다른 생물과 크게 다를 것이 없다. 다만 태초부터 고도의 청량하고 강력한 五行의 全기운을 모두 갖추어 받았으므로 생각할 줄 아는 동물이 되었고 생기를 효과적으로 이용할 줄 알았기에 천지의 주인이 된 것이다.

그러면 여기서 《정인도서(精印道書)》〈하도조(河圖條)〉에 있는 인간의 출생설을 먼저 소개하고 이에 나타나 있지 않은 것이나 설명이 부족한 대목은 보충하기로 한다.

"사람은 천지 음양오행(陰陽五行)의 기를 받아야 생신(生身)한다. 음양오행에는 선천(先天)이 있고 후천(後天)이 있으며 선천은 오행순행(五行順行) 무위자연지도(無爲自然之道)를 말하며, 후천은 음양착종(陰陽錯綜) 오행역운(五行逆運) 유위지도(有爲之道)를 말한다."고 하였고, 또 선천에서 五元이 생성하는 과정을 보면, "一은 원정(元精)이니 속수(屬水)며 임수(壬水)이고, 三은 원성(元性)이니 속목(屬木)이며 갑목(甲木)이다. 五는 원기(元氣)이니 속토(屬土)며 무토(戊土)요, 七은 원신(元神)이니 속화(屬火)며 병화(丙火)요, 九는 원정(元情)이니 속금(屬金)이며 경금(庚金)이 된다." 이것을 오원(五元)이라 한다. 오원이 이미 갖추어진 다음에는 오덕(五德)이 즉시 이에 따라붙게(寓) 된다.

"오덕(五德)이란 인의예지신(仁義禮智信)을 말하는데, 원정(元精)은 부정지정(不精之精)으로 그 체(體)는 순수하고 발하면 지(智)를 일으킨다. **원신**(元神)은 불신지신(不神之神)으로 그 체는 원통(圓通)하며 발하여 예(禮)가 된다. **원성**(元性)은 무성지성(無性之性)으로 그 체는 유자(柔慈)하며 발하면 인(仁)이 된다. **원정**(元情)은 무정지정(無情之情)으로 그 체는 강렬하며 발하여 의(義)가 된다. **원기**(元氣)는 무기지기(無氣之氣)로 그 체는 순일(純一)하여 발하면 신(信)이 된다." 하였으니 오원이란 오행의 기운을 말하며 오덕이란 오행의 성품을 말한다. 오원과 오덕은 모두 선천에서 생하여 후천에 장(藏)하게 된다. 사람이 포태(胞胎)할 때 혼혼돈돈(混混沌沌)한 가운데서 일기가 혼륜(渾淪)하여 형적은 아직 나타나지 아니하였지만 그 理는 이미 갖추어져 활동하고 가운데에 응결하면 비로소 태극의 상(象)을 형성한다. 이것이 고인이 말하는 부모의 극진함을 취한 것인바 우리 몸이 출생하기 이전의 면목인 것이다. 그러므로 이를 가리켜 선천이라 한다.

또 후천으로 오물(五物)의 생성은, "二는 식신(識神)이니 속화(屬火)이며 정화(丁火)가 된다. 四는 귀백(鬼魄)이니 속금(屬金)이요 신금(辛金)이다. 六은 탁정(濁精)이니 속수(屬水)며 계수

(癸水)가 된다. 八은 유혼(游魂)이니 속목(屬木)이며 을목(乙木)이다. 十은 망의(妄意)니 속토(屬土)이며 기토(己土)가 된다." 하였으니 이를 오물(五物)이라 하며 오물이 이미 갖추어지면 오적(五賊)이 즉시 이에 따라 붙게 된다.

"오적이란 희(喜)·노(怒)·애(哀)·락(樂)·욕(慾)을 말한다. **유혼**(游魂)은 주생(主生)이며 그 性은 선이나 감(感)하면 희(喜)를 생(生)한다. **귀백**(鬼魄)은 주사(主死)하며 그 性은 악(惡)이며 감하면 노(怒)를 생한다. **식신**(識神)은 지령(至靈)이며 그 性은 탐(貪)이고 감하면 낙(樂)을 생한다. **탁정**(濁精)은 지부(至浮)이며 그 性은 치(癡)이며 감하면 애(哀)를 생한다. **망의**(妄意)는 지동(至動)이며 그 性은 난(亂)이며 감하면 욕(慾)을 생한다."

다만 후천의 오물과 오적이 비록 오행이 화한 바이나 그 가운데도 분별이 있으니 오물 가운데 정신의(精神意)는 다 뒤에 일어나는 것들이고, 혼(魂)과 백(魄)이 가장 먼저 일어나는 것이며, 혼백 중에서도 혼이 먼저 나타나고, 백은 그 다음에 나타난다.

혼(魂)은 곧 역겁윤회(歷劫輪迴)의 종자가 되는 것이다. 이 종자는 신(身)이 생하기 전에 먼저 와 붙고 氣가 끊어지기 전에 먼저 떠나는 것이다. 사람이 파포(破胞)하고 출두(出頭)할 때 크게 울음을 터뜨리는데 이 때에 즉 혼(魂)이 입규(入竅)한다. 이 때가 후천목기(後天木氣)를 받아 선천원성(先天元性) 목기(木氣)와 상합하는 과정이다. 이는 가(假)가 진(眞)을 의지하여 존재하고 진(眞)은 가(假)를 빌려서 유하는 법칙이다. 그러므로 영아(嬰兒)가 낙지(落地)할 때 울지 않으면 후천유혼(後天游魂)을 받지 못하여 살지 못한다. 비록 선천원성(先天元性)을 받았다고 하지만 선천 홀로 존재할 수 없기 때문이다.

백(魄)은 혈기지령(血氣之靈)을 빌려서 금기(金氣)를 받아 응결시키는데 생후 49일이 되어야 온전함을 갖추게 되고 사후에는 49일이 되어서야 비로소 소멸하게 되는 것이다. 혼(魂)이 물(物)에 붙여져서는 끊임없이 옮기고 이동하여 정함이 없으니 이쪽에서 이동하면 저쪽에서는 거하며, 저쪽에서 이동하면 이쪽으로 오는 등 윤회를 그치지 아니하고 역겁불괴(歷劫不壞)한다. 백(魄)은 신(身)을 따라와야만이 유지하므로 신이 없으면 존재할 수가 없다. 식신(識神)은 비록 화기(火氣)를 받아서 생하나 역시 혼(魂)의 소생인 것이다. 탁정(濁精)은 비록 수기(水氣)를 받아서 생하나 이 역시 백(魄)의 소섭(所攝)을 받게 된다. 의(意)는 사려동작(思慮動作)을 하는 것이나 정신혼백(精神魂魄) 사물(四物)로 하여금 역종(役從)하는 바가 된다. 이와 같은 오물(五物)과 오적(五賊)은 모두 생신(生身) 이후에 있는 것들이니 이른바 후천이라 한다.

　이상과 같이 후천오행(後天五行)은 선천오행(先天五行)과 더불어 합일하여 하나의 생명체를 만든다. 오물(五物)은 오원(五元)으로 하여금 통섭받으며 오적(五賊)은 오덕(五德)으로 하여금 제복(制伏)된다. 그러므로 일거일동은 다 선천이 주재하고 후천은 사역함에 지나지 아니한다.

　그림에서 보는 바와 같이 하나의 생명체가 탄생하려면 일기(一氣) 중에서 생기로 분리 전환되는 것이 중요하다. 양청기(陽淸氣)가 자리를 잡으면 선성(善性：五德)이 이에 우거(寓居)하게 되는데 인(仁)·의(義)·예(禮)·지(智)·신(信)이 그것이다. 또한 음탁기(陰濁氣)가 자리를 잡으면 악성(惡性：五賊)이 이에 우거하게 되는데 희(喜)·노(怒)·애(哀)·락(樂)·욕(慾)이 그것이다. 오청기(五淸氣)와 오탁기(五濁氣)까지가 생기의 분야이며 이에 선악 오성이 발하면 생명력을 갖게 된다. 생기와 생명력을 갖춘 다음에는 생명체가 되기 위하여 대기 중에서 선천 혼백을 받게 되는데 양청기에는 혼이 우거하고 음탁기는 백의 집이 된다. 혼은 역겁윤회(歷劫輪廻)의 종자이니 이 종자에는 백이 역종(役從)하는데 백이 아니면 체(體)가 없으므로 후천의 영(靈)을 받을 수 없기 때문이다.

　우주 속에 꽉 차 있는 이 혼의 종자에는 본시 대소 선악이 없

정자(精子)의 생성표

주재자 太陽(白光)				
陽淸氣	善性	陰濁氣	惡性	
一水 元精 三木 元性 五土 元氣 七火 元神 九金 元情	智 仁 信 禮 義	六水 濁精 八木 游魂 十土 妄意 二火 識神 四金 鬼魄	哀 喜 慾 樂 怒	
生 氣	生命力	生 氣	生命力	
生 命 體				
熱(변화를 주재하는 기능공)				

좌측: 魂(歷劫輪廻之種子)
우측: 先天祖氣(太初는 水)

난자(卵子)의 생성표

太陽光	
元精 濁精 元神 識神 元性 游魂 元氣 妄意 元情 鬼魄	淸濁混沌(血氣)
熱	

좌측: 先天祖氣(본)

+ 受胎(先天之後天) → 出生

주재자는 태양광이니 열(熱)이라는 기능공에 게 지시하여 생명체를 만든다. 열은 오기라는 주 자료로 선천조기(先天祖氣)라는 본을 써서 생명체를 만든 후 대기 중에서 혼(魂)을 빌 려서 불어넣어 준다.

난자는 性이 없기 때문에 혼(魂)을 받지 못한 다. 정자와 난자가 결합하기 이전에는 정(精) 은 천양이니 혼이 주재하고 난(卵)은 지음(地 陰)이니 백(魄)이 주재한다.

고 선택의 능력도 없어서 사람이든 짐승이든 인용하는 대로 따라 붙게 된다. 그러나 생기에는 청탁경중(淸濁輕重)이 다르기 때문 에 음양이 갈라지고 선악이 나타나게 된다. 그러므로 혼을 받을 때 청기(淸氣)가 우세할수록 성인(聖人)에 가까우며 탁기(濁氣) 가 많이 섞일수록 악성을 갖게 된다. 여기서 말하는 청기란 당시 주거하는 그 지역 산천의 氣와 사계절의 氣와 음식에서 공급되는 식기(食氣)와 선천조기(先天祖氣)까지 포함하는 말이다.

사람은 태초의 발생 당시부터 오청기(五淸氣)를 골고루 온전하 게 받았기 때문에 높은 지능을 가지고 빠른 속도로 진화하여 천 지의 주인이 될 수 있었다. 그러나 오기 중 모자라는 것이 있거 나 탁기가 주가 될 때에는 지능이 낮을 수도 있으며 인도하는 선천조기의 유전자가 없을 때에는 태란습화(胎卵濕化) 등 어떤 종류의 짐승의 원시동물이나 하등동물의 생명체가 될 수도 있는 것이다.

생명력에서 혼백종자(魂魄種子)를 받아서 선천적인 생명체가 된 후에는 그 체를 발달시키고 성장시켜서 다음의 종자인 유전자를 만들기 위하여 즉시 세포 분열을 하게 되는데 이렇게 완성된 것이 사람의 경우 정자라 할 수 있다. 이 정자는 아직 난자를 만나 수정하기 전이므로 편의상 선천지선천의 생명체라 분류할 수 있다. 왜냐하면 어머니 뱃속의 임신 기간이 선천이라면 임신 이전의 수정도 되지 않은 홀씨의 상태이기 때문이다.

지금까지 설명한 모든 과정은 태초의 발생이건 어머니로부터의 출생이건 간에 태양광(또는 神)의 힘이 생명력(氣)과 합성하여야 하며 또 열이라는 기능공의 운동에 의지하여야 변화를 할 수 있고 선천조기라는 유전자로 '본'을 떠 줘야 혼이 유하고 백이 간직할 만한 조건이 갖추어져 비로소 새로운 생명이 창조되는 선천종자(先天種子)가 ♂25와 ♀30의 비율로 완성되는 것이다. 그러나 만약 어미로부터 선천조기인 유전자를 이어받는 경우라면 태초의 발생으로부터 수백만 년 동안을 진화해 온 지금과 같은 생명체가 단번에 탄생하기도 한다.

난자는 비교적 단순한 편인데 탄생 과정을 보면 일세 정자에서 혼의 씨앗을 받고 만들어진 ♀정자가 수정되어 후천 생명체가 되었으니 반드시 순음(純陰 : XX염색체)이 탄생한다. 순음인 ♀에서는 청탁의 氣와 선악의 性을 대기 속에서 받지 못하고 순전히 선천조기에 의하여 음정(陰精)인 축양혈기(蓄養血氣)만을 생산하므로 양(陽)의 배합이 없어서 선천혼(先天魂)을 받지 못한다. 따라서 순음에서 출산된 음정(陰精 : 卵子)은 순수한 지기(地氣)가 유전자와의 합성으로 만들어진 백의 정(精)이므로 양정(陽精 : 精

子)의 악탁(惡濁)하기 쉬운 것에 비하면 지선무악(至善無惡)하다.

 음정이 양정을 받아 수정이 되면 비로소 선천 중의 후천(後天: 어머니 뱃속의 잉태기)으로 형체를 갖추었다가 열 달이 되면 출세하게 되는데 낙지할 적에 크게 울며 호흡기로 후천혼백(後天魂魄)과 오기(五氣)를 받아들이고 차차 오관(五管)과 피부를 통하여서도 후천세상(後天世上)의 모든 것을 상접시켜 적응하게 된다. 이러한 전 과정을 도서(道書)에서는 선천본체(先天本體)에다가 후천용사(後天用事)를 합일시키는 것이라 하니 하나의 개체를 완성시키는 과정이며 후천은 선천에서 체(體)를 빌려야만이 호흡 왕래할 수 있고 선천은 후천의 용(用)을 빌려야만 축양혈맥(蓄養血脈)할 수 있다고 한다.

 이상과 같이 하나의 생명체가 탄생하려면 대기 중에서 생기를 받아야 하고 생기는 생명력을 갖게 될 때 선천혼의 종자를 받을 수 있다. 인간의 선악은 氣의 청탁에 달려 있지 선악의 씨앗(종자)이 따로 있는 것이 아니며 건강하고 장수하고 지능 지수가 높고 낮은 것도 氣의 청탁에 달려 있으며 다만 달리 작용하는 것이 조금 있다면 어떤 종류의 선천조기(유전자)가 생명 원소와 합성하느냐에 달려 있음을 알 수 있다. 따라서 우리 인간은 氣를 효과적으로 이용하는 방법을 찾는 것이 과제이며 氣를 능숙하게 사용할 수 있을 때 인류는 구제되는 것이다.

3. 인간의 죽음

 사람들은 심장이 멎고 호흡이 중지되면 죽었다고 말한다. 그러나 이것은 의학적인 기준은 될지언정 생기학적인 판단으로는 그렇지 아니하다. 앞에서 본 바와 같이 생물의 탄생하는 과정은 단계가 있다. 따라서 죽어가는 과정도 절차가 있으며 그 순서대로 진행된다. 사실 세상 사람들이 죽음이라 하니까 여기서도 편의상 죽음이라 말하지만 철학적으로 말한다면 이것은 氣에서 받은 생명체를 氣로 다시 반환시키는 물리적인 현상에 불과하다. 이것을 크게 분류하여 보면 5단계로 나눌 수 있는데 정(精)의 죽음, 성(性)의 죽음, 명(命)의 죽음, 육신의 죽음, 영혼의 죽음 등이 그것이다.

1) 정(精)의 죽음

남자는 64세, 여자는 49세가 되면 1단계의 죽음을 맞이하여 남자는 자손의 출산 능력을 잃게 되고 여자는 폐경을 맞이한다.
정이란 정력의 샘을 말하는데 인체 내에 오기(五氣)의 정이 모여서 한 사람의 정이 만들어지는 것이니 간정(肝精)·심정(心精)·폐정(肺精)·비정(卑精)·신정(腎精)이 그것이다. 남자는 8세가 되면 오기의 정을 생산하기 시작하여 16세가 되면 주머니 속에다 가득 채운다. 정의 양은 음정팔량(陰精八兩), 양정팔량(陽精八兩)을 합하여 16량이며 이것을 자손의 번식을 위하여 사용하게 되는데 소비하는 대로 보충 생산을 하다가 64세가 되면 생산을 중지한다. 그러나 나이에 비례하여 보충되는 속도가 느려서 30세 전에는 한 번 사용한 양을 보충하는데 약 8일 정도 걸리고 50세를 전후해서는 약 24일 정도 걸린다고 보는데 사람에 따라 다소의 차이는 있다. 정을 생산하는 주 원소는 음식과 운동량(熱)과 일조 시간이며 그 외에는 선후천(先後天)의 본 체질과 심성도 적지 않게 작용한다.
여자는 7세가 되면 난정(卵精)를 생산하기 시작하여 14세가 되면 역시 주머니 속에 음정팔량(陰精八兩), 양정팔량(陽精八兩)

씩 16량이 만당하게 된다. 이 때부터 임신이 가능하며 축양혈기(蓄養血氣)로 월경이 시작되었다가 49세가 되면 생산이 일체 중지되는데 이 때가 폐경기이다. 여자도 나이가 많아짐에 따라 소비한 정을 보충하는 속도가 느려지며 특히 아이를 분만하고 나면 더욱 많은 시간이 소요된다. 그러나 여자는 음정(陰精)이라는 신체적 특수성 때문에 남자보다는 배 정도 빠르게 보충된다. 그러므로 남녀 공히 "精爲命根이니 少時에는 節慾保精하고 中老에는 固守補精하라"고 가르친다. 정 속에는 고도의 오청기(五淸氣)를 갖추고 있으며 선천혼백(先天魂魄)의 집이 되고 있기 때문에 그러하다. 예를 들면 등잔불과 같아서 기름이 조금이라도 있어서 심지를 적셔 줄 때까지는 불이 꺼지지 않다가 기름이 고갈되면 불이 꺼져 버린다. 정도 인체에서 조금이라도 남아 있으면 죽지 않다가 정이 소진되면 함께 사망하게 되는 것이다. 참고로 한 마디 덧붙인다면 남녀 공히 100세 정도는 살아야 정상이며 이 숫자는 하도낙서(河圖洛書)의 선후천(先後天)을 합친 수이다.

2) 성(性)의 죽음

性의 죽음이란 의학적 용어로 치매(癡呆) 현상과 같은 것을 말한다. 性의 죽음을 맞이한 사람은 정신력과 기억력이 급격히 저하되는 것을 알 수 있다. 어느 날 갑자기 그 사람답지 않은 말을 하고 억지 소리도 하며 주위 사람들을 놀라게 하기도 하는데 이를 다른 말로는 노망기라고도 하며 심하면 식물인간까지 된다. 이러한 현상을 철학적인 표현으로는 性의 죽음을 맞이하였다고 규정할 수 있다. 사람뿐만 아니라 생물체는 모두가 심하게든 가볍게든 정도의 차이는 있을지라도 일정한 기간이 지나면 性의 죽음을 맞이하게 되는 것이다. 다만 지능이 낮은 생물일수록 이를 발견 못하고 지날 뿐이다. 치매 현상도 실은 氣의 이산집합 작용의 범주를 벗어날 수 없는데 선천적으로 건강한 양질의 氣를 받았느냐에도 관계가 되지만 출생 후에도 후천적인 氣의 공급이 어떻게 되었느냐에 절대적인 관계가 있다. 이것도 역시 음식과 운동량과 일조량에 관계되는데 그 중에서도 호흡을 통하여 대기 중에서 받는 氣가 더욱 중요하고 강력하다. 그러므로 사람이 나이를 먹으면 여름철 같은 때에는 산세 좋고 경치 좋은 곳, 즉 양질의 氣가 많이 모여 있는 숲속에 들어가 돗자리를 펴놓고 낮잠을 잔다거나 하면 치매를 예방하는 하나의 방법이 될 수도 있다.

3) 명(命)의 죽음

명의 죽음이란 세상 사람들이 통칭 말하는 죽음을 말한다. 의학적으로는 호흡을 멈추고 심장의 운동이 중지된 상태를 말한다. 주위에서 흔히 들을 수 있는 "아무개가 어제 저녁에 운명하였다"는 식으로 말하는 그것이다. 대개의 사람들은 운명을 당하면 죽었으니 이제 인간 세상에서의 모든 것이 다 끝난 것으로 생각한다. 그러나 그렇지 않다. 죽었다 함은 육신 유지에 필요한 정이 고갈되어 열을 빼앗겼다는 말이므로 오관오식(五管五識)에 의한 활동만 정지하였을 뿐 시신(屍身)과 영혼은 이승 세상에서 무위자연(無爲自然) 활동이 계속되며 특히 자손에게는 지대한 영향을 끼치기 때문이다.

4) 영혼의 죽음

운명하면 영혼은 시신과 분리된다. 혼은 생물이 선천적으로 받는 역겁윤회의 종자이며 영은 생명체가 후천 세상으로 진입할 때, 즉 파포출세시(破胞出世時)에 크게 울며 대기 속에서 끌어들이는 윤회의 종자를 말한다. 혼은 무위자연(無爲自然)으로 이루어지는 것이니 종자의 체이며 영은 유위행동(有爲行動)으로 이루어지는 것이니 종자의 용이라 할 수 있다. 이 영혼에는 본시 생명력이 없으므로 생명력이 있는 임자의 몸을 만나 우거하는 것이기 때문에 임자의 몸이 죽더라도 자기가 죽었다는 것을 알지 못하고 살아 생전에 하던 생활 습관대로의 일을 계속 진행하려고 하며 방황한다. 다만 임자인 육신을 잃었으므로 산 자와의 소통이 안 될 뿐이다.

대부분의 사람들은 살아 생전에 오욕(五慾)과 칠정(七情)을 버리지 못하고 살아왔기 때문에 죽어서도 영혼은 방황하게 되며 원한이 많았던 자나 악사(惡死)·급사(急死)한 영혼은 더욱더 간절하게 방황한다. 그러므로 무속인들은 성인의 경문을 외며 굿을 하여 그 원한을 풀어 주고 저승길을 닦아 주는 의식이 필요했던 것이고 불가(佛家)에서는 극락과 지옥을 갈라 심판한다는 49일 천도식을 하게 된 것이다.

영혼은 본시 주인도 없고 의식도 없고 생명력도 없으므로 죽어서 육신과 분리되면 다시 대기 속으로 반환되어야 마땅한 것이다. 그러나 극락이든 지옥이든 저승길을 떠나지 못하고 방황하는 까닭은 영혼이 임자 몸에서 오랫동안 동기동류(同氣同類)로 함께하며 길들여졌기 때문에 그 임자 몸의 남은 기운이 분해되어 없어질 때까지는 일기 속으로 반환되지 못하고 함께하고 있기 때문이다. 생명체가 죽으면 체내에 아직도 남아 있던 오기 오정의 기운이 열의 분리와 함께 육신을 빠져 나와 한동안 뭉쳐 있다가 (이 때를 세인들은 妖精이라고도 함) 연기가 흩어지듯 서서히 분해된다. 대개의 사람은 정명을 다하고 죽을 경우 영혼은 49일 정도에서 분해되어 대기 중의 종자 속으로 반환되어 버리고 만다. 이는 천지 대연수(大衍數)가 50이며 태극수일을 제하고 49수에서 탄생하였기 때문에 49에서 반환하는 것이다. 만약 젊은 사람이 악사(惡死)한 영혼이라면 오정의 남은 氣가 많을 것이니 강력하여 산 사람을 이롭게든 해롭게든 할 수도 있을 것이다. 또 반대로 생전에 수도(修道)를 많이 하여 정신이 일도(一到)한 고승 달사라면 49일이 아니라 수십 년 수백 년도 갈 수 있으며 성인이나 성불한 사람이나 신선의 경지에 이른 사람은 영구 불멸일 수도 있다. 그렇기 때문에 수양가들은 많은 공부를 하고자 하고 한평생을 수련한다.

영혼과 임자 몸의 여기(餘氣)가 분리되지 아니하고 순회하는 동안 새로운 임자의 몸이 탄생하는 것을 만나면 환생하는 수도 있는데 이것이 불가에서 말하는 윤회설이다. 그러나 말같이 그리 쉽지는 않다. 왜냐하면 새로이 탄생하려는 생명체와의 시기가 맞아야 하고 적정 온도가 맞아야 하고 청탁의 농도가 맞아야 하는 것이니, 이른바 사이클이 맞을 수가 없기 때문이다. 따라서 사람이 죄를 많이 짓고 죽었다고 하여 짐승이나 물고기 등 엉뚱한 것으로 다시 태어난다는 것도 대단히 희소한 일이며 대개는 순환하고 방황하다가 대기의 일기 속으로 분리·흡수되고 만다.

이상과 같이 육신을 떠난 영혼이 다시 임자 몸의 남은 氣와 분리되는 현상을 영혼의 죽음이라 할 수 있다.

5) 육신의 죽음

육신에서 영혼이 떠나면 생명력을 잃는 것이니 체내의 열을 빼앗겨 시신이 되는바 땅 속에 장사(葬事)하게 된다. 이것으로 한 생애가 끝난 것으로 착각하기 쉬운데 그렇지 아니하다. 비록 땅 속에 묻혀 생명체로의 의식적인 활동만 중지하였을 뿐 인자와 생기를 유지하고 있기 때문에 물리적인 활동을 계속하며 특히 자손에게 지대한 영향을 주기 때문이다. 이 시신이 형성될 때 고도의 생기가 응결하여 만들어졌으므로 그 시신의 모든 것이 氣로 다시 반환될 때까지, 즉 완전히 소골되어 흙이 되어 없어질 때까지는 끝났다고 볼 수 없는 것이다.

풍수지리에서는 생기를 이용하는 방법론을 제시하고 있는데 그 중의 한 방법이 시신을 양질의 생기가 충만하게 모여 있는 땅을 찾아 장사하는 것이다. 시신은 공기 중의 동정열(動靜熱)에 의하여 산화(부패)하는 동안 다시 발생하는 열과 전파의 힘으로 자손에게 생기를 주고 지혜를 주고 건강을 주며 때로는 영을 자극하여 안전을 도모케 하는 것이 특징이다.

죽음이란 이상과 같이 5단계로 활동이 모두 끝났을 때야 비로소 죽었다고 하며 자손을 포함하여 인간 세상의 모든 것과도 모든 인연이 끝난다고 할 수 있다.

4. 전파설

모든 사물은 다 전파를 발생한다. 어느 물체도 전파를 발생하지 않는 것이 없다. 동물도 식물도 광물도 종이도 비단도 모두 전파를 발생하는데 다만 동기 동류가 아니면 감지하지 못할 뿐이다. 따라서 육신이든 시신이든 예외 없이 전파를 발생한다. 전파가 있게 한 원리도 열 때문이지만 열이 있는 곳엔 전기가 있고 전기가 있는 곳엔 진동이 있으며 진동이 있으면 파장을 통하여 같은 형질의 물체끼리 교신한다. 교신한다는 것은 약속된 주파수가 있음을 말하는 것이고 주파수로 약속이 된 것끼리는 언제 어디서든지 교신할 수 있다는 것이다. 약속이 있다는 것은 전파를 연결하는 선(線)과 數가 있다는 것이다. 선은 방위를 말하고 數는 사이클(방위각)을 말한다.

적절한 예가 될지 모르겠으나 간단한 실험으로 이를 증명할 수 있다. 라디오를 놓고 KBS든 MBC든 원하는 곳에 사이클을 맞추면 원하는 방송을 잘 들을 수가 있다. 이는 보내는 송신기와 받는 수신기 사이에 주파수가 약속이 되어 있기 때문이다. 또 잘 들리던 라디오의 방향을 돌려놓으면 잡음으로 양질의 음을 들을 수가 없게 된다. 이는 전파가 흐르는 선이 있다는 것을 말해 주는 것이다. 시골(屍骨)에도 이와 같은 논리가 적용된다. 즉 부모 조상과 자손 사이에는 같은 형질의 유전인자를 갖추고 있으며 유전자가 같다는 것은 서로 모르는 사이에 약속된 주파수와 선을 연결하고 있다는 것을 말해 주는 것이다. 이를 정자(程子)와 주자(朱子)는 "부조와 자손은 同氣·同類·同根이니 彼安則 此安하고 彼危則 此危하다"고 말하고 있다. 만약 부모 조상의 시골을 열이 많은 곳, 즉 풍수가가 말하는 흙 속에다 장사하였다면 이상과 같은 논설에 의하여 그 자손이 어느 곳에 가 있든지 생기가 연결된다는 것이다.

5. 생기의 이용

지금까지 설명한 몇 가지 자료를 종합해 보니 해야 할 일이 생각난다. 이는 두말할 것도 없이 생기 이용에 관한 연구이다. 어떻게 하면 생기를 가장 효과적으로 이용하여 내 것으로 만들 수 있겠는가 하는 것이 인간 사회에서의 최고의 숙제가 된다. 왜냐하면 탄생, 건강, 장수를 포함하여 인간이 원하는 모든 것은 氣를 이용하지 아니하고는 해결할 수 없기 때문이다. 생기를 이용하면 인간의 심성과 선악까지도 해결할 수 있으며 종교에서 원하는 최고의 경지에 도달하는 방법까지도 찾을 수 있는 것이다.

현재까지 사람이 생기를 이용하는 예를 보면 한의학과 단전 호흡에서 많이 사용하고 있으나 이는 한 개인의 후천적인 건강 관리 정도에 그치고 동양 철학가도 운명을 감정할 때에 오행의 氣를 분석하여 왕약(旺弱)을 보는 정도에 그친다. 그러나 선후천(先後天)을 통하여 氣를 가장 지혜롭게 이용하는 방법을 밝힌 학문은 풍수지리학이 대표적이다. 풍수지리학에서는 선천적으로 '생이지지(生而之地)'라 하여 묘를 쓰고 또는 집을 짓고 사람이 태어나도록 유도하는 방법이 있으며, 후천적으로 '최관지지(催官之地)'라 하여 태어난 사람을 출세·발전시키는 방법도 있으며, 양택(陽宅)에서 외기(外氣)·내기(內氣)·식수(食水)를 이용하여 건강하게 부귀를 누리는 방법도 확실하게 제시하고 있다. 또한 풍수지리는 한 개인의 자아 완성뿐만 아니고 집단이나 한 가문 전체를 영광스럽게 할 수 있는 복수성이 있다는 것도 유의할 필요가 있다.

6. 풍수지리의 구조

풍수지리학은 크게 나눠서 體가 있고 用이 있다. 體는 산봉(山峰)·용(龍)·수(水)처럼 일정함이 있어서 변경할 수 없는 것을 말하고 用은 體를 효과적으로 활용하기 위하여 좌향을 찾고 택일하여 연월일시를 결정하는 것처럼 정함이 없는 것을 말한다.

그러나 다음 도표에서 보는 것처럼 體 중에서도 다시 체용(體用)을 나눌 수 있고 用 중에서도 다시 체용을 나눌 수 있음을 알아야 한다. 따라서 풍수지리는 體가 요구하는 가장 합리적이고 효과적인 최선의 이용법을 찾아 결합시켜야 한다. 이러한 방법을 찾았다면 풍수지리는 비로소 완성되는 것이다.

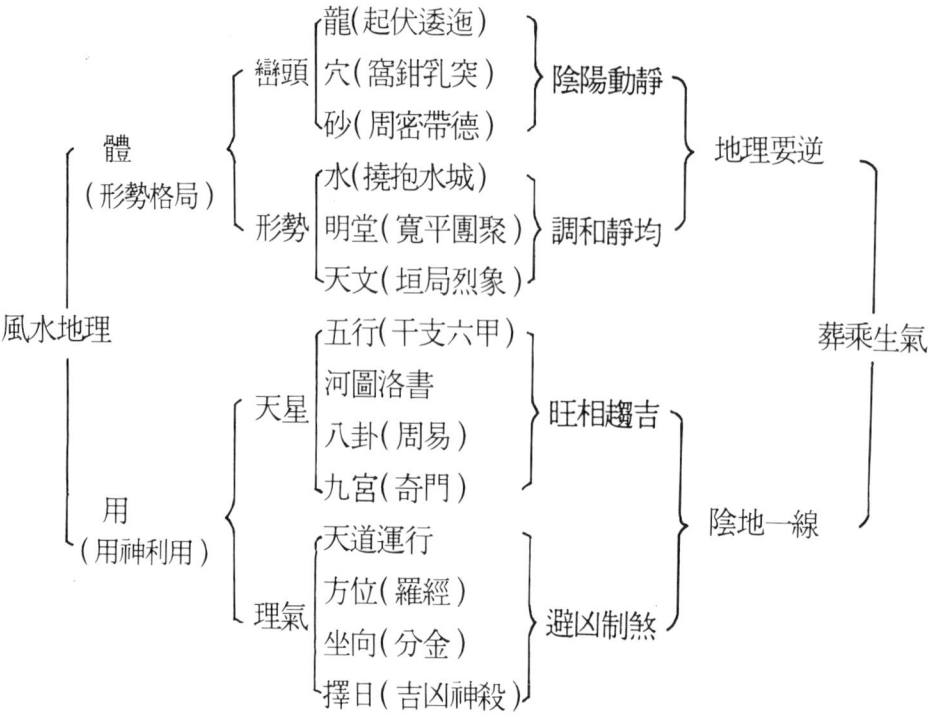

제2부 형세론(形勢論)

제 1 장   용(龍)

　용이란 산맥을 말한다. 왜 하필 산맥을 가리켜 용이라 하였는가? 우리 인간은 용의 변화를 알 수 없다고 한다. 상상의 동물이기는 하지만 용이라는 짐승은 그 변화가 어찌나 비상한지 예측을 불허한다. 때로는 구름을 모아 비를 내리기도 하고, 비상하여 하늘을 날기도 하고, 자취를 감춰 숨었다가 예상치 못한 놀라움을 주기도 한다.
　풍수지리의 주체인 산맥도 그러하다. 우리가 많은 산을 보았지만 똑같은 산은 없다. 용의 변화처럼 어느 산은 길고 멀리 나가기도 하고, 어느 산은 짧게 나가 끝나기도 하고, 어느 산은 높이 솟구쳤다가 다시 납작 엎드려 자취를 감춰 버리기도 하고, 어느 산은 좌우로 활동을 많이 하며 가지를 무성하게 뻗쳐 주밀하기도 하고, 어느 산은 단조로워 외롭기도 하고, 험악한 돌이나 암벽으로 된 산이 있는가 하면 덕을 갖춰 순한 산도 있으니 실제로 산의 변화는 답산하여 결과를 확인하지 않고서는 알 수 없으니 산을 용에다가 비유했음에는 이해가 되는 바이다.
　그러므로 산에는 선악이 있게 마련이고, 우리 인간이 이용함에 길흉이 따르게 마련이다. 산에 길흉과 선악이 있다 함은 그 산의 형상에 따라 기(氣)의 변화도 달리 나타나기 때문이다. 산세에 따라 어느 장소에 기가 모이기도 하고, 어느 곳에는 기가 흩어지기도 하고 산의 모양과 형태에 따라 물길도 결정되니 기의 집산도 달라지고 바람이나 구름의 진로와 강약까지도 이의 영향을 받게 되니 기의 청, 탁, 왕, 약도 달라짐을 말하는 것이다.
　그러면 용의 종류와 길흉 등을 조목조목 따져 보기로 하자.

1. 용의 분류

용은 편의상 옆 그림과 같이 봉만을 태조산, 조종산, 소조산, 부모산 혈성 등으로 분류하고 이산봉우리들을 연결하는 산맥을 대간룡, 소간룡, 대지룡, 소지룡, 세룡 등으로 분류하고 있다.

1) 간룡(幹龍)

간룡(幹龍)이란 큰 산맥을 말한다. 대개 큰 산맥의 조산(祖山)은 명산에서 시작되는 것이 보통인데 우리나라의 경우 백두

태조소조산 도식(太祖小祖山圖式)

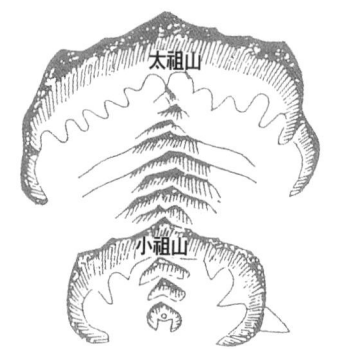

그림 2. 장차 결혈할 즈음에 먼저 고대하게 성진을 일으키니 이것이 소조산이다. 소조산 아래로 수절을 지나 결혈되니 극히 길하다.

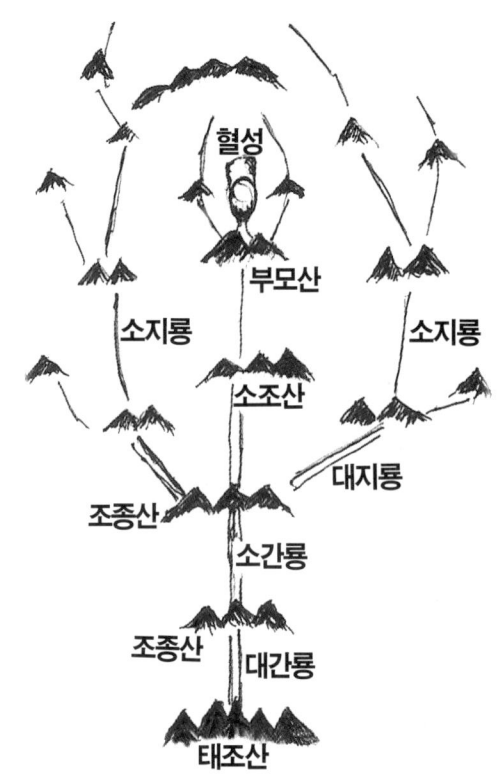

그림 1. 산맥도 과일나무처럼 큰 줄기를 대간룡, 작은 가지를 지룡이라 하고, 봉(峰)을 만두라 한다. 열매는 물론 끝부분에서 열린다.

산으로부터 시작한 태백산맥 같은 것은 대간룡(大幹龍)에 해당되고 대간룡에서 다시 뻗은 산맥은 보다 작으니 소간룡(小幹龍)이라 하여 광주산맥이라든지 소백산맥 등이 이에 속한다.

또 소간룡에서 다시 분지(分枝)되면 대지룡(大枝龍)이라 하고 또 다시 분지되면 소지룡(小枝龍)이라 하며 더욱 작은 끝 부분의 지룡(枝龍)을 방룡(旁龍)이라 한다.

이와 같은 대소간룡에서는 혈(穴)이 결작되는 경우가 좀처럼

드문데 규모가 너무나 커서 명산을 많이 거느리고 행맥(行脈)하며 물의 근원도 대개는 이곳에서부터 시작하여 내수(來水)는 짧고 거수(去水)는 멀 것이며 산이 높고 크기 때문에 운무(雲霧)가 늘 끼어 있고 바람이 세차기 때문에 생기(生氣)가 머무르지 못하여 결혈(結穴)이 잘 안 된다. 혹 작국(作局)이 된다면 대개 회룡고조(回龍顧祖)로서 주밀하게 결혈하여 바람을 피하고 수구(水口)가 철저하게 여러 겹으로 잘 막았을 때 가능하다. 이와 같은 대간룡은 역량이 너무 커서 멀리 수천 리를 뻗기도 하며 적어도 수백 리는 나아가서 수도나 대도시를 형성하기도 한다. 고서에 "산을 보려거든 물을 먼저 보라"고 하였는데 산을 보려면 물만이 판단할 수 있기 때문이다. 풍수지리학에서는 산을 음(陰)으로 하고 물을 양(陽)으로 하여 음양 관계를 중요시하였기 때문이다. "龍本靜物이니 爲陰이요, 水本動物이니 爲陽이라"함이 동양철학의 대종(大宗)인 음양사상과 밀접한 관계가 있다. 또한 큰 산맥은 큰 강이 협송하고 작은 산맥은 작은 물이 협송하여 용이 가는 곳엔 물이 따르고 물이 만나는 곳은 용이 그치는 곳임을 알 수 있는 것이다.

2) 지룡(枝龍)

지룡에는 대지룡과 소지룡이 있는데 대지룡은 지(枝) 중에서 큰 줄기에 해당되고 소지룡은 작은 줄기에 해당되는 것이다. 간룡의 경우에는 대개 태조산(太祖山)이나 태조종산(太祖宗山)을 이루지만 지룡에서는 소조산(小祖山)·소종산(小宗山) 등을 이루어 결혈(結穴)도 되며 거의가 지용 이하의 대진처(大盡處)에서 穴이 많이 맺어진다. 그러므로 우리들이 산을 볼 때는 지룡 이하의 산 끝에 해당되는 용의 진처를 잘 살펴보아야 하는 것이다.

지용의 좋은 것으로는 조종산으로부터 출발하여 기복(起伏)하고 박변(剝變)하여 좌우로 서섬(捿閃)하여 혹 옆으로 활짝 개장 천심하며 지현굴곡(之玄屈曲)으로 마치 산 뱀이 물을 건너는 것과 같고 혹은 끊어진 것 같다가도 다시 이어지고 양쪽 변(邊)으로 지각이 많이 따르고 바람을 막아 주고 옹호하며 창고와 기고(旗鼓)를 대(帶)하고 인홀(印笏)이나 검극(劍戟) 天乙, 太乙을 이루며 문무시위(文武侍衛)를 대동하고 내려오다가 결작할 즈음에 와서는 높고 크게 성신을 일으켜 소조산이 되면 아래로 2~3절이나 4~5절 내려가 반드시 대지를 결작하게 될 것이다.

참고로 이 穴에서 보이는 모습을 잠시 열거해 본다면 좌우에는 전송하고 보호하고 의지하는 산이 중첩되어야 하며 아름답고 다정한 자태로 몸에 바짝 붙어서 좌우에는 시중을 드는 것 같으며 안산(案山)은 가깝고 부드러우며 조산(朝山)은 용수(聳秀)하며 수구산(水口山)은 역으로 여러 겹을 막아 준다면 진결(眞結)한 대지라 하겠다.

또다시 분지한 소지룡이 있고 소지룡에서 또다시 분지한 용을 방지룡(旁枝龍)이라 하는데 이 모두 큰 산의 용맥 중에서 대진하는 곳들을 말하는 것이다. 이 역시 행룡의 미악(美惡)은 지룡에서와 다를 게 없다. 그러나 소지룡 이하는 용이 끝나는 부분이므로 水의 경계나 합처가 되는 곳이며 용의 氣가 머무르는 곳이 되어 穴이 많이 결작되는 곳이다. 마치 과일나무에서 원줄기와 큰 가지에서는 열매가 달리지 아니하고 끝 가지에서 열매가 많이 열리는 것과 같은 이치인 것이다.

이상의 대지룡까지를 고산룡(高山龍) 또는 농룡(壠龍)이라 하며 穴은 산 끝에서 찾아야 하니 바람타는 것을 가장 두려워하기 때문이다.

3) 지룡(支龍)

　지룡이란 평야지(平野地)의 용을 말한다. 앞의 방지룡까지는 큰 산의 끝나는 부분까지를 말하고 이곳 지룡은 완전히 평지로 낙(落)하여 비교적 낮게 행맥(行脈)하는 용이라 하겠다. 이와 같은 평지룡이 낮다고 해서 역량이 작은 것은 결코 아니다. 평지에서는 "한 치만 높아도 산이요 한 치만 낮아도 水로 본다" 하였고 "窮源千仞이 평지의 一堆만 못하다" 함은 평지룡이라도 고산룡과 다를 게 없음을 말한 것이다. 이와 같은 평지룡은 고산룡보다 알아보기가 대체로 까다로운 편인데 행룡이 숨고 끊기고 종적을 감추었다가 엉뚱한 곳에서 다시 나타나기 때문에 용의 행적을 추적하기가 어렵기 때문이다.

　이와 같은 평지룡에서는 물이 흐르는 것을 보고 용의 행적을 아주 간단하게 알아내는 것이다. 즉 물이 흘러가는 곳으로 산도 가고 두 물줄기가 합하는 곳에는 용이 끝나고 물이 감싸는 곳에 산이 내밀고 있다는 것을 알 수 있다.

　대개 큰 산의 농(壠)은 뇌락기복(磊落起伏)하고 위이분주(逶迤奔走)한 것을 아름답다 하고 연약수삭(軟弱瘦削)하고 추악능증(醜惡崚增)함을 흉하다 하는 반면 평지지룡(平地支龍)에서는 계수명백(界水明白)과 척맥분효(脊脈分曉)한 것을 아름답다 하고 고저가 분명하지 아니하고 내세가 단절된 것을 흉하다 한다.

　또 穴이 되는 것을 보면 큰 산룡은 바람타는 것을 가장 무서워하므로 산록에서 맺고 평지룡에서는 물의 깎임이나 침해를 가장 무서워하므로 산上에서 穴을 맺는 것이다. 또 평지룡에서는 물 모이는 곳을 살펴 입혈(立穴)하며 돌혈(突穴)이 많고 간혹 겸구(鉗口)를 열고 있는 경우도 있으며 순전(脣氈)을 토하기도 하며 보조개, 닭의 둥지, 소라 선회(旋回), 매화 낙지, 해바라기 등의 모양을 하고 있기도 하는데, 반드시 입수가 귀척(龜脊), 우배(牛背), 초사(草蛇), 회선(灰線) 등의 맥으로 미약하나마 연결되어야 하며 고저가 분명하고 수분(水分) 명백하여야 함도 잊어서는 안 된다.

4) 태조산(太祖山)

태조산이란 용이 가장 먼저 비롯된 산을 말하는 것이다. 용의 시작을 알고 끝남을 알아야 용의 원근 장단과 경중 후박과 역량의 대소를 알 수 있기 때문이다. 대저 뿌리가 깊고 근원이 멀면 가지 또한 무성하고 멀리 뻗을 것이니 복력(福力) 또한 오래도록 이어져서 가문의 자랑거리가 될 것이다. 따라서 태조산은 반드시 높아야 좋고 크고 멀며 특이하며 그 주위에서 으뜸이 되어야 아름다운 것이다. 고서(古書)에 "祖宗이 聳拔하면 자손(穴)이 반드시 貴하다" 함이 이것이다.

그러면 어떻게 하여 태조산을 알아볼 것인가? 대개는 그 지역에서 가장 고대한 산이 되며 산정에는 "항상 운무가 나타난다" 하니 이와 같은 방법으로 알아내는 것이다. 그 다음으로는 정출맥(正出脈)의 출신 행도를 살펴서 용의 시작으로 삼는 것이다.

그러나 태조산이 간혹 특이하게 높지 않은 경우도 있는데, 우리나라의 천안에 있는 태조산(黑城山이라고도 함) 같은 것이 이에 해당된다. 산이 비록 보기에는 높지 않으나 차령산맥의 시발점이며 동시에 제수(諸水)의 발원지가 되어 날이 흐리면 이곳에 먼저 운무가 끼고 눈비도 다른 지역보다 자주 내리는 것이 특징이다. 아마 그렇기 때문에 천안이라고 '천' 자를 쓴 게 아닌가 생각된다.

5) 소조산(小祖山)

소조산이란 혈장(穴場)으로부터 수절(數節 : 대개는 3~5절 사이임) 뒤로 높고 크게 일어난 산만(山巒)을 말하는 것이다. 무릇 용을 살피는 데는 태조종산으로부터 궁구(窮究)하는 것이 원칙이나 태조종산은 황원(荒遠)하므로 진(眞)을 잃을까 두려운 바가 있으므로 소조산으로부터 미악(美惡)을 살펴 나가는 것이 보통이다.

태조산으로부터 혈장까지 오는 동안에 고대하고 특이하게 용발(聳拔)한 산이 두 가지가 있는데, 하나는 주필산(駐蹕山)을 말하고 하나는 소조산(小祖山)을 말한다.

주필산은 행룡(行龍)하다가 잠시 멈추어 쉬었다가 다시 멀리 뻗어 나가는 산을 말하는데 이곳에서 많은 분용을 하여 여러 갈

중첩소조도(重疊小祖圖)　　　　무소조산(無小祖山)

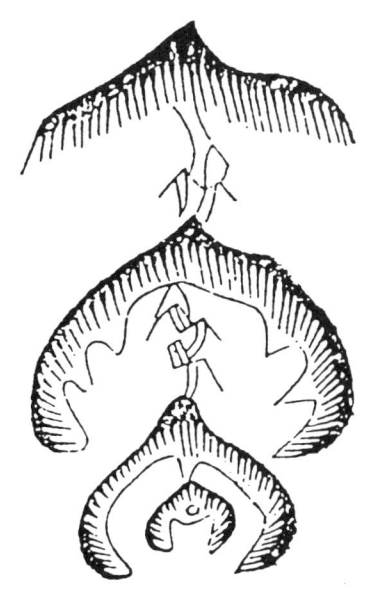　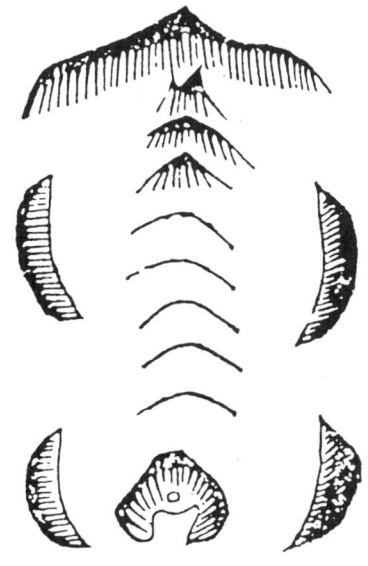

위 그림은 소조산을 일으키고 수절을 내려와 다시 소조산을 일으켰으며, 소조산에서 일절 아래로 작혈하였으니 대복이 후한 극길지이다.

위 그림은 소조산을 일으키지 아니하였으므로 힘은 약하고 기는 경(輕)하므로 비록 주위가 주밀하고 사랑스러워도 흉지이다.

래로 뻗어 나간다. 소조산과의 차이라면 단지 氣를 멈추지 못하고 멀리 뻗어 나간다는 것만이 다르다. 이 소조산은 수절 내에서 바로 혈장을 맺는 것이 보통인데 주필산은 멀리 뻗어 나가므로 혈장을 열지 못한다. 또한 소조산은 아래로 2~3절 내에서 혈장을 열어야 소조산의 축기된 힘을 받을 수 있다. 만약 용의 활동이 아무리 활발하다고 해도 5~6절을 넘기면 용기(龍氣)가 쇠진하여 약해지므로 다시 소조산을 일으켜야 함을 요한다.

　소조산의 아름다운 것으로는 기이특달(奇異特達)하고 수려광채(秀麗光彩)함이며 화개(華盖)·운개(雲盖)·보개(寶盖) 등 삼태(三台)나 옥침어병(玉枕御屛) 등을 대동하면 더욱 좋다. 또 불미(不美)한 것은 기사부정(欹斜不正)하고 고로능증(孤露崚增)하며 수삭파쇄(瘦削破碎)하고 옹종추악(臃腫醜惡)하며 참암대살(巉岩帶殺)하고 추루위미(醜陋委靡)한 것 등이다.

　또 혹은 소조산이 없는 경우도 있다. 평지의 평강룡(平崗龍)은 무소조산(無小祖山)이 보통이다. 평강룡에서는 기복과 굴곡으로서 소조산을 대신하기도 하는데 다만 입수 2~3절 내에서 반드시 질단속기(跌斷束氣)하고 결인과맥(結咽過脈)하면 소조산이 있는 것과 다를 바가 없다. 대개 산은 "한 번 기할 때 氣가 더 강해지고 또 한번 복할 때 더욱 왕성하여진다"고 하니 반드시 높은 산이 아니더라도 穴 후에 속기맥(束氣脈)만 있으면 길할 수 있음을 말한 것이다. 만약 혈성(穴星) 후에 속기(束氣)한 곳이 없으면 비록 굴돌(窟突) 등의 혈증(穴證)이 있더라도 산만하여 참될 수 없는 것이다.

6) 용의 부모와 태식잉육(胎息孕育)

　부모산(父母山)이란 소조산(小祖山) 아래로 1~2절 현무정(玄

武頂) 후로 일절되는 강력한 성신(星辰)을 말한다. 이 부모산 아래로 낙맥처(落脈處)를 태산(胎山)이라 하고 속기처(束氣處)를 식(息)이라 하며 현무정은 잉처(孕處)가 되고 융결한 혈처(穴處)가 육(育)이 되는 것이다. 이는 학자들마다 학설이 많이 다르나 이와 같은 논리가 가장 정확한 것이라고 인정받고 있는 것이다. 이와 같은 과정을 반드시 거쳐야 융결된다는 논법에서 나온 것이니 독자들은 소홀히 취급해서는 절대로 안 되겠다. 부모 조상이 없는데 어찌 자손이 연결되리요. 무릇 풍수지리를 공부하는 학자들은 오로지 소조산 이하가 가장 중요하니 부모 태식잉육도 이에 포함된다. 이곳이 아름다워야 가정도 안정되고 자손의 운도 좋은 것이며 만약 파쇄(破碎)되었다거나 참절(斬絶)되었으며 조악대살하였다면 가문이 볼 것 없고 큰 흉화가 바로 닥치는 것이다.

조종부모 태식잉육지도(祖宗父母胎息孕育之圖)

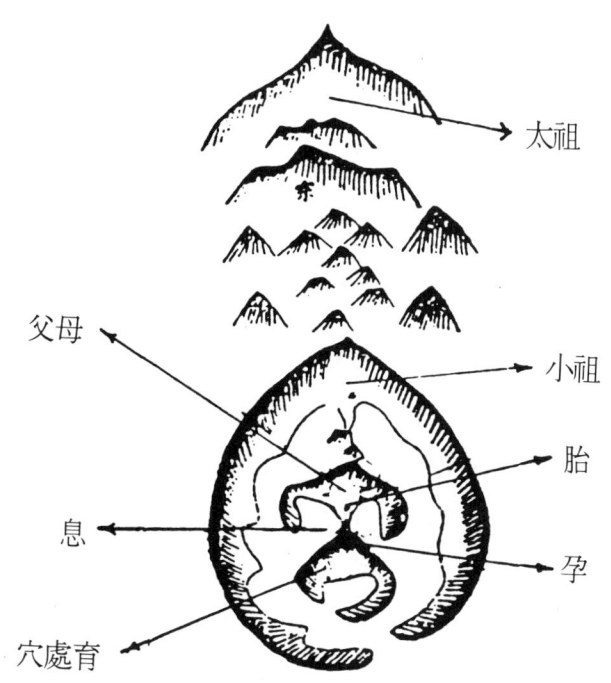

7) 용의 입수(入首)

　입수(入首)란 정확히 말해서 穴로부터 소조산(小祖山)까지 모두 포함하는 말이다. 그러나 대개의 시사(時師)들은 穴 후 소조산이 대단히 멀리 있는 것처럼 착각하고 입수 3절이란 말만 많이 쓰고 있다. 또 "千里來龍을 논하지 말고 穴星 후의 來倒를 중요하게 살펴라"고 하는 말은 먼 후룡보다도 穴 가까이의 입수에 의하여 미악이 결정된다는 말이다. 다시 말해서 穴 가까이 입수가 아름다우면 비록 먼 후룡이 흉하다 하더라도 선길후흉(先吉後凶)할 것이니 장지로 썼다가 흉절에 이를 때 옮길 수도 있지만 穴 가까이의 입수가 흉하면 소조산 후의 용이 아무리 좋다고 하더라도 흉화가 먼저 닥치므로 쓸 수 없는 것이다. 입수처는 穴의 최종적으로 마무리짓는 곳이기 때문에 가장 민감하여 자손의 길흉화복이 발돌릴 사이도 없이 나타나기 때문이다.

　형세로서 입수를 호칭할 때는 穴에서부터 뒤로 한 마디를 입수일절(入首一節), 두 마디를 입수이절(入首二節), 세 마디를 입수삼절(入首三節)이라 말하는데 이기(理氣) 음양으로는 혈후(穴後) 일절과 수구(水口) 일절, 조산출맥(祖山出脈) 일절을 가리켜 3절이라 하기도 한다.

　또 좋은 입수로는 용세(龍勢)가 기복이 많고 위이주롱(逶迤走弄)하며 활동이 서섬하고 두면(頭面)이 단정하고 성봉(星峰)이 수려한 것이 아름다운 것이다. 이에 또 지각(枝脚)이 많이 따라오며 귀사(貴砂)인 태병(台屛), 장개(帳盖), 주마(走馬), 관주(串珠), 뇌편(蘆鞭), 王字, 개자(介字), 지자(之字), 북, 보검, 문관, 무고(武庫), 천을, 태을 등이 따르면 더욱 귀하게 된다.

　흉입수는 용세가 대단히 게으르며 겁약하고 사경(死硬)하며 옹종(臃腫)하고 직장(直長)하며 산란하면 흉이 되므로 그 후룡이

입수룡길지도(入首龍吉之圖)   입수룡흉지도(入首龍凶之圖)

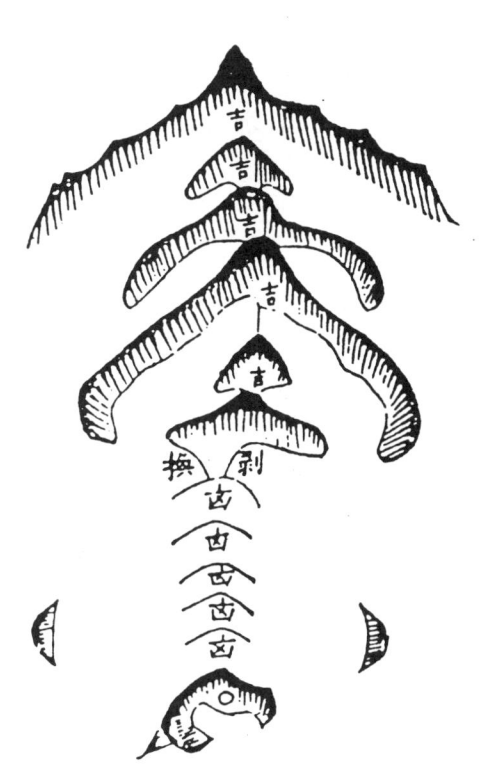

아무리 좋아도 쓸 수 없는 것이다. 그러나 한 가지 참고로 덧붙인다면 참된 용에는 반드시 참된 穴이 있는 법이다.

  이와 같이 미루어볼 때 용의 미악을 살핀다 함은 소조산 이하의 穴까지를 살피는 것으로 족하다고 표현해도 과언은 아닐 것이다.

  다음은 입수룡의 형태를 분류해 보자.

  용의 입수에는 6격이 있으니 직(直), 횡(橫), 회(回), 비(飛), 잠(潛), 섬(閃) 여섯 가지가 있다.

① 직룡입수는 용의 중심으로 등을 밀고 들어오는 것이니 배회(徘徊)하여야 귀가 된다.

② 횡룡입수는 용이 측락(側落) 역전한 것이니 오로지 방박(傍礡)

하여야 귀가 되며

③ 회룡입수는 곡(曲)으로 몸을 돌려 조(祖)를 바라보는 것이니 준순(逡巡)함을 귀하게 치며

④ 비룡입수는 氣를 상(上)으로 모아 결국(結局)한 것이니 앙수(昂首)함을 기이하다 하는 것이고

⑤ 잠룡입수는 평양(平洋)으로 낙(落)한 살맥(撒脈)이니 유양(悠揚)함을 아름답다 하는 것이며

⑥ 섬룡입수란 용맥(龍脈)이 측면으로 급(急)을 피하여 깃들여진 섬결(閃結)함을 아름답게 친다.

이상의 여러 격은 입수일절(入首一節)로써 기준한 것이니 그 후의 용은 구애되지 않는다.

직룡입수(直龍入首)

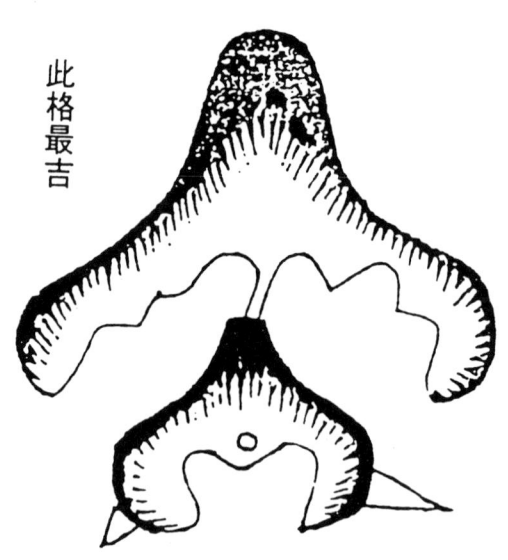

此格最吉

직룡(直龍)은 당배입수(撞背入首)이니 정(頂)과 내맥(來脈)이 대응되게 결혈한 것이다. 위와 같은 당배룡의 결혈은 발복이 극히 상쾌하나 조금 늦는 수도 있다. 원진(元辰)이 또한 해가 되지 아니하며, 穴의 한가운데 등을 치고 곧게 들어오므로 기세가 웅대하며 반드시 여기(餘氣)가 있어 전욕(氈褥) 등이 되기도 한다.

횡룡입수(橫龍入首)   비룡입수(飛龍入首)

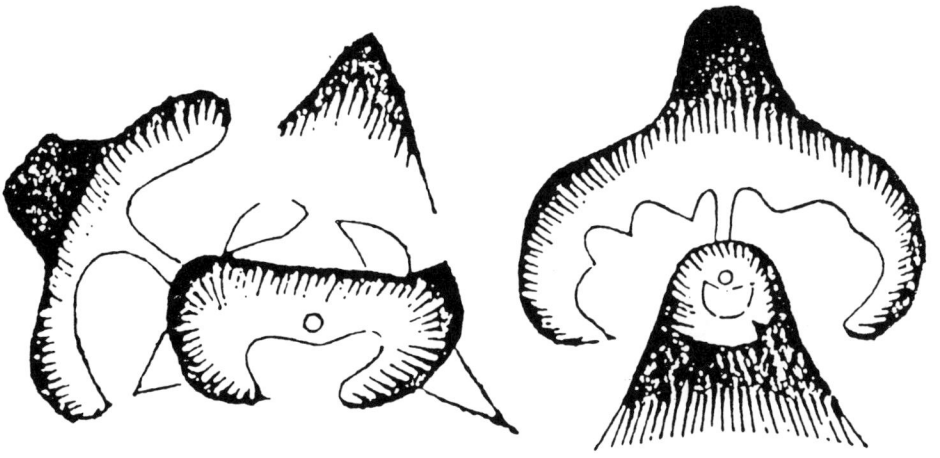

용맥이 좌나 우로 입수하여 穴을 맺은 것이니 반드시 穴 뒤쪽으로 낙산(樂山)과 귀(鬼)가 있어야 한다. 이는 원진(元辰)이 곧게 길게 나가는 것은 마땅하지 못하다.

차격은상취(此格乃上聚)니 穴 앞이 요평탄(要平坦)이며 동혈하여 보면 높은 줄을 모른다.

회룡입수(回龍入首)   잠룡입수(潛龍入首)

 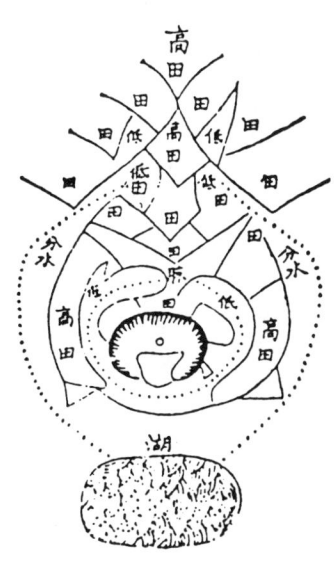

회룡입수는 낚시바늘처럼 몸을 뒤집어 조산을 바라보고 결작한 것을 말한다. 조산이 높아도 凶하지 않다.

잠룡입수는 용기가 평지로 숨어 흐르는 것을 말하니 용맥을 분간하기 어려우나 물이 돌아 흐르는 것을 보면 분별이 가능하다. 요혈(凹穴)을 맺는 것이 보통이다.

8) 용의 출신(出身)과 개장(開張)

용은 조산으로부터 처음 출신할 때부터 이미 미악이 결정된다는 말이다. 대개 한 조산 아래에는 여러 개의 용으로 분행(分行)되는데 수혈하는 정출맥(正出脈)은 특이하고 양쪽 변에는 선익사(蟬翊砂)가 호대(護帶)하며 굴곡하령(屈曲下嶺)하기 때문에 앞으로 나아가 대지를 結하지만 수약위미(瘦弱委靡)하며 바람이 타는 것은 결작이 없음을 의미한다.

용의 개장이란 양 어깨와 팔을 다정하게 넓게 벌려 안을 듯한 모양을 한 것이며 천심(穿心)은 그 가운데로 출맥함을 말한다.

개장천심도식(開張穿心圖式)

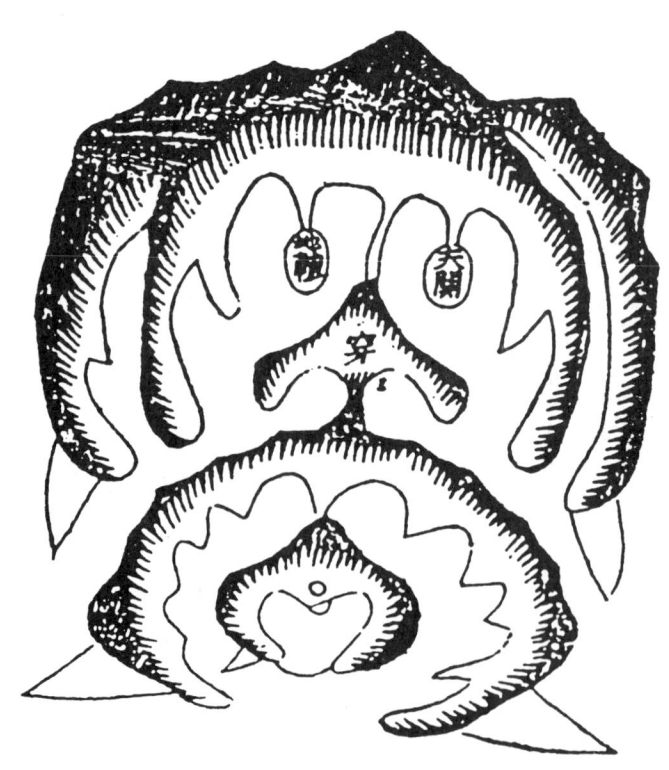

이와 같은 개장과 천심룡은 대단히 귀한 것이며 2, 3절을 연달아 개장 천심하면 극귀(極貴)에 해당되는 벼슬이 나온다. 이와 같은 개장 천심용은 흔히 볼 수 있는 것이 아니다. 그러나 규모가 적당해야 하고 너무나 넓게만 벌리고 전변(傳變)이 난잡하면 산만할까 두렵다. 또한 편사추루(偏斜醜陋)함도 흉이다. 천출(穿出)한 후에 완만 산란함도 꺼리고 경중과 수습이 고르지 아니함도 불리하며 당국(堂局)이 파쇄하고 조응(朝應)이 무정한 것도 취할 수 없는 것들이니 이들은 비록 개장 천심은 되었을지라도 쓸 수 없는 것이다.

요(廖)씨의 말에 "용은 개장 출맥한 것이 가장 유력하며 金水腦가 上이고 水星腦가 다음이며 中出穿心이 上이요, 양각이 나온 것이 다음이다. 또 돌이 왼쪽에 있으면 天關이요, 오른쪽에 있으면 地軸이며 모양이 龜蛇·串珠·印劍 등의 격이 되면 더욱 묘하다"고 하였다.

9) 용의 박환(剝換)

어느 산이나 소조산 이상 조종산은 거칠고 조악하기 마련이다. 사실상 이곳은 조악하고 웅위한 것을 역량이 있다 하여 上으로 치는 것이다.

그러나 소조산을 지나면서부터는 노(老)가 눈(嫩)으로, 조(粗)가 세(細)로, 악(惡)이 미(美)로, 흉성이 길성으로 변화하여야 되는 것인데 이와 같은 과정을 박환이라 한다. 고서에 "星은 박환해야 貴가 된다" 하였다.

또 박환이 오성으로 상생되면 더욱 길하고 상극되면 다시 박환해야 한다.

즉 木星이 火星으로, 火星은 土星으로, 土星은 金星으로 전변함을 말하는 것이다. 고서에 "용이 전변 천락이 없으면 조화가 없는 것이고 退卸(퇴사 즉 박환)을 거치지 않으면 수기가 없는 것이라" 하였다.

10) 용의 과협(過峽)

과협이란 용의 속기처(束氣處)를 말한다. 용을 보는 것 중의 가장 중요한 부분 중의 일부이다.

왜냐하면 과협의 미악에 따라서 穴의 미악이 결정되고 과협의 태도에 따라서 穴의 태도도 같이 나타나기 때문이다. 따라서 협(峽)이 좋은데 穴이 나쁜 경우는 없는 법이고 협이 나쁜데 穴이 좋은 법은 없는 것이다. 지리가라면 꼭 알아두어야 할 비결인 것이다.

가령 협(峽)의 좌변(左邊)의 砂가 짧거나 부족하면 穴에서도 왼쪽 편의 砂가 짧거나 부족한 것이고, 협의 오른쪽 편이 결(缺)하면 穴 또한 오른쪽 편이 허술하고, 협이 정출하면 穴 또한 바르고, 협이 좌출하면 穴도 왼쪽에 있고, 협이 우출하면 穴 역시 오른쪽에 있으며, 협이 석맥(石脈)으로 되었으면 穴도 석요(石曜)로 되어 있고 협의 땅색까지도 穴은 흉내를 내는 것임을 말한다.

또 지호(池湖)의 협을 지났는데 앞에서 또 지(池)를 만나면 좋은 것이고 건곤협(乾坤峽)을 지나 건곤향이 되었다거나 기고협(旗鼓峽)이 기고를 만났다거나 귀사협(龜蛇峽)으로 되었는데 앞에서 또 귀사를 만난다거나 자오묘유협(子午卯酉峽)이 자오묘유향(向)이 되었다거나 건곤간손협(乾坤艮巽峽)이 건곤간손향으로 작하였다면 매우 아름다운 것이 된다.

협과 穴과의 관계가 이와 같다면 과협이 아름다워야 되겠는데 우선 제 귀사(貴砂)의 호위가 주밀하고 분수가 명백하며 활동이 유양하여야 하며 가장 피하는 것은 풍취(風吹)와 수겁(水劫)을 입지 말아야 한다는 것이다. 요씨가 "蜂腰鶴膝이 最爲奇이나 風吹水劫은 最大忌니라"함이 이것이다.

과협을 호위하는 귀사로는 대개 일월, 기고, 천마, 귀인, 금상(金箱), 옥인(玉印), 수영(垂纓), 천주, 귀사, 사상(獅象), 소흘(釗笏), 과간(戈干) 등은 귀사로 칠 수 있으나 이 밖에도 창고 등 부사(富砂)가 많이 있다.

그러나 이와 같은 귀부사가 혹 아니라고 해도 차호(遮護)가 주밀하고 내종(來從)함이 유정하면 진룡(眞龍)으로 진혈을 결작할 수 있음은 물론이다.

또 과협의 미악을 살펴보면 고과하여도 한경(悍硬)하지 않고 저과하여도 상잔됨이 없고, 장과하여도 바람을 타지 않으며 단과하여도 맥이 조종(粗腫)하지 아니하고 활과하여도 뇌산(懶散)하지 아니하고 직과하여도 사경(死硬)하지 아니하고 밭을 지나도 수겁이 없고 물을 건너도 석량(石梁)이 있으면 붕홍(崩洪)이라 하여 단절되지 아니하고 아름다운 것이며 이상과 반대되면 꺼린다.

곡협(曲峽)   양협(陽峽)

곡협은 그 맥이 굴곡하고 활동하여 생사(生蛇)가 물을 건너는 것과 같으니 귀격이다.

양협은 요(凹) 중에서 출맥하는 것이 보통이나 요의 뇌탄(腦坦)에서 출맥하는 경우도 있다.

직협(直峽)

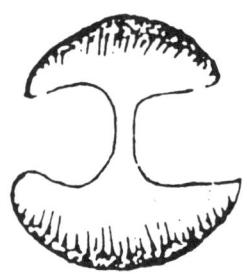

과협의 맥은 곡(曲)함을 요하고 직(直)함은 이롭지 못한 것이니 사맥(死脈)이라 한다. 중간에 포(抱)가 있는 것은 직이라도 길하다.

음협(陰峽)

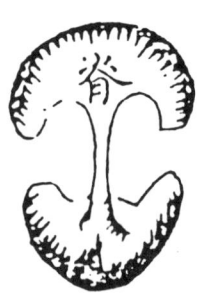

음협은 그 맥이 정(頂)으로부터 등성이가 있어 출하는 것이다. 혹 기돌(起突)이 있기도 한다.

원협(遠峽)

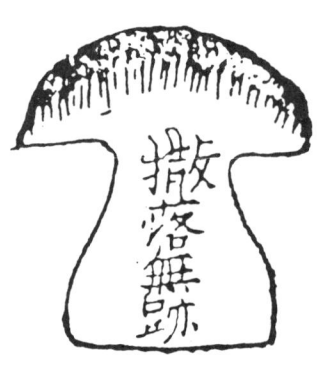

대용협(大龍峽)이 수천 리를 탄과(坦過)한 것이니 원협(遠峽)이라 한다. 양쪽 변(邊)의 영송과 호응함을 요하며 단룡원협(短龍遠峽)이 아니다.

활협(闊峽)

활협은 흩어지고 모이지 아니하며 중간에 초사(草蛇), 회선(灰線), 미고(微高) 등의 척(脊)이 있어야 아름답고 양변은 전욕(氈褥)이 있으면 하피협(霞帔峽)이니 부귀하다.

장협(長峽)

장협은 태장(太長)하면 마땅히 수풍(受風)이요, 차호(遮護)가 주밀함이 좋고 직장(直長)은 꺼리는 것이니 장(長)한 것이 직(直)하면 사맥이 되며 불길하다.

고협(高峽)   단협(短峽)   천전협(穿田峽)

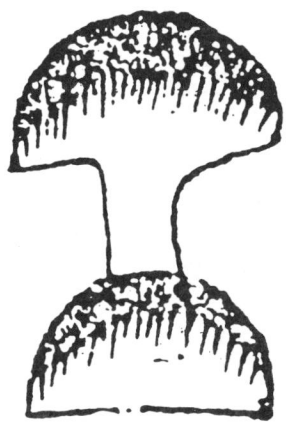

고협은 큰 산의 단처(斷處)가 평지에 이른 것이 아니고 사람이 많이 다니는 영(嶺)이다. 고과(高過)한 협은 호산(護山)이 주밀하여야 한다.

단협은 짧기 때문에 바람은 받지 않으나 단질(斷跌)이 명백하여야 한다. 만약 모호하면 협이라고 할 수 없다.

이 협은 양변이 모두 낮고 중앙에 과맥(過脈)의 전(田)이 독고(獨高)하고 분수(分水)가 명백한 것이다. 요씨가 말하기를 청암(靑岩) 중에 과골(過骨)이면 이 협을 길하다고 한다.

도수협(渡水峽)

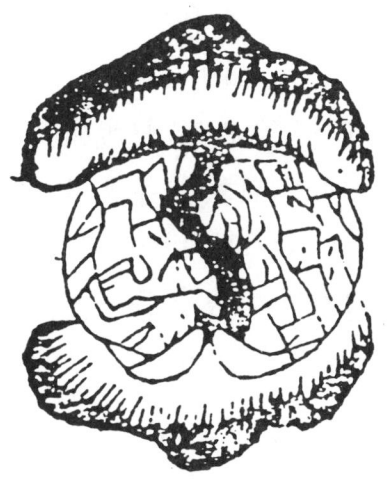

도수협은 수중에 석량이 있음을 요하는 것이니 이를 붕홍맥(崩洪脈)이라 한다. 〈장서(葬書)〉에 말하기를 "맥을 界하는 水가 그치면 渡는 어떻게 하겠는가?" 대개 水가 석맥을 경계하지 아니하면 경계가 토맥(土脈)이 되는 것이다. 소자(邵子)가 말하기를 "水는 人身에서 血에 해당하고 石은 骨에 해당하며 土는 肉에 해당하는 고로 血은 肉에서 形하는 것이지 骨을 따라 行하는 것이 아니고 血로써 肉을 養하여 身體를 이루는 것이지만 오직 氣만이 無往이면 不通하는 것이다."

봉요(蜂腰)	학슬(鶴膝)

용맥을 속취(束聚)하면 봉요학슬(蜂腰鶴膝)의 형이 되는 것이니 그곳의 氣가 왕성하면 결혈이 반드시 가까이에 있다. 양균송(楊筠松)이 말하기를 "蜂腰鶴膝은 용이 成하고자 하는 징조이므로 이와 같은 形이 보이면 용이 결작함을 알리는 것이니 혈장을 찾아보아라" 하였다.

또 어떤 일등 흉룡이 있어 먼데서부터 내려온 용이 질단(跌斷)이 없고 과협도 없이 곧게 혈장으로 이르게 되면, 비록 굴곡(屈曲) 분주한 세(勢)라고 하더라도 협이 없으니 탈사(脫卸)도 없을 것이며 살기도 제거하지 못하여 오하(悟下)하면 주는 흉화악역을 당한다. 만약 맥이 평지로 낙하하여 살기를 벗어 내리고 작혈하여야 하는데 평지에서도 반드시 평지협이 있음을 알아야 한다. 협이 없으면 높은 산이나 평지에서나 살(殺)이 된다는 것을 말한 것이다.

이와 같이 협이 살피는 경우 지리학의 비결이며 관건이 되는 것이요, 협을 볼 줄 안다는 것은 형세(形勢) 공부를 마쳤다고 할 수 있다.

11) 용의 지각(枝脚)과 요도(橈棹)

지각 요도는 용의 분기인 가지를 말한다. 고서에 "獨龍은 不可葬이라" 하니 용에는 지각 요도가 있어야 아름다우며 지각 요도가 없으면 흉용이 됨을 말한다.

그러나 지각 요도도 용에 따라 길흉이 다르니 용이 길하면 지각 요도도 길하고 발하는 성신도 아름다우며 용이 흉하면 발하는 지각 요도도 흉류가 됨을 말한다.

우선 길기(吉氣)를 발한 대표적인 것들을 들어 본다면 지각이 나아가 번연옹종(蕃衍擁從)하여 창고, 검, 인, 기고와 같으며 천을,

용신지각대제귀도식　　　　용신지각대제흉도식
(龍身枝脚帶諸貴圖式)　　　(龍身枝脚帶諸凶圖式)

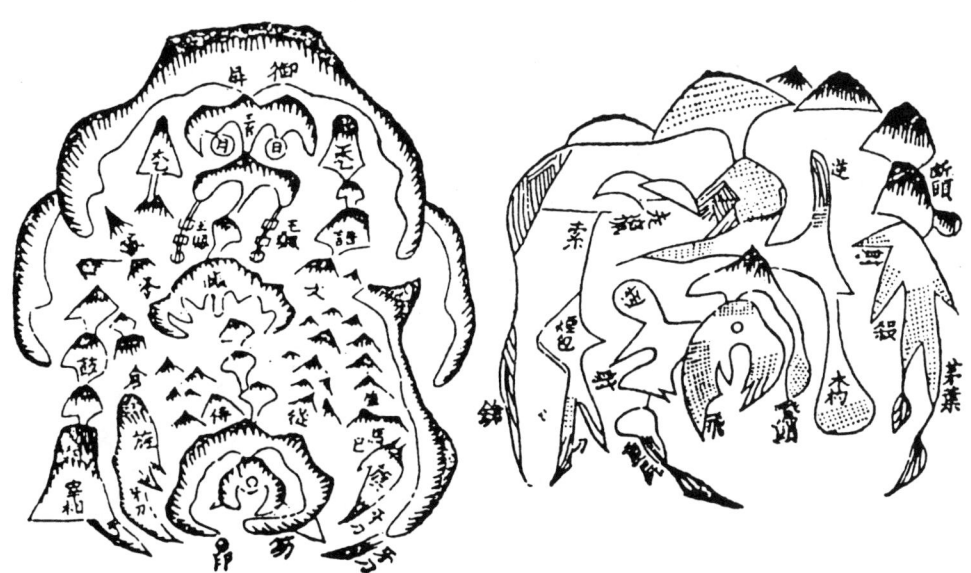

좋은 穴은 입수하는 주위로 모든 귀격을 대동하는데 천을과 일월은 벼슬이 장관 이상이요, 창고는 거부가 나오고 기와 고는 무관이 나온다.

산이 첨(尖)하고 창 끝과 같거나 꿇기고 패고 추악하며 송장과 같은 것 등을 대동하면 대흉하여 穴이 될 수 없다. 산이 질서가 없이 흩어진 모양이기도 하다.

용신대제귀격작조대도 (龍身帶諸貴格作朝對圖)   지각대절균균지도 (枝脚對節均均之圖)

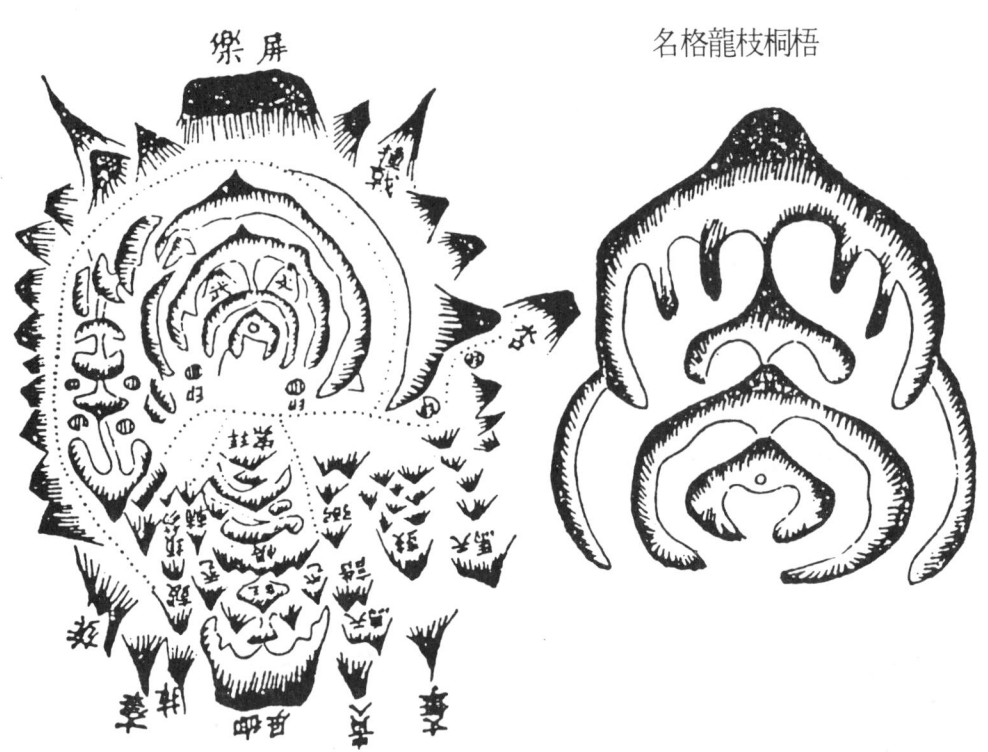

좋은 자리에서는 안산 조산도 여러 귀격사(貴格砂)를 대동한다. 문 내에 귀인이 있으면 문 밖에서도 귀인이 찾아오는 것이기 때문이다.

이는 지각절절이 좌우가 동형이 되니 귀격이 된다. 이를 오동지격이라 한다. 이와 같이 대생(對生)인 것은 천지의 영기를 모으기 때문에 기(奇)하다고 한다.

태을, 천관, 지축, 천마, 귀인, 귀사, 사상, 옥대, 금고, 문필, 관주와 같기도 하며 배아창야(排衙唱喏)하기도 하고 가축 무리가 떼를 지은 것 같기도 한 것 등이다.

그러나 요씨가 말하기를 "이들은 오직 本身에 있어야만 枝脚

도 重用되고 隊仗도 得用되는 것이라" 하였으니 비록 호사(好砂)라 할지라도 객산(客山)이 와서 된 것이라면 모든 사람의 공유물이 되므로 차길하고 본신으로부터 나온 지각은 전용물이기 때문에 상길(上吉)한 것이다.

이와 같은 지각 요도는 穴에서 꼭 보이지 않더라도 길한 것이니 전백통이 말한 "不貴其見而貴其不見"이라 함이 이것이다.

또 흉한 것으로는

奴 : 용에 지각 요도가 없는 것
弱 : 지각 요도가 뛰어나지 못한 것
虛 : 지각 요도가 산만 위미(散漫委靡)한 것
逆 : 반배(反背)하여 무정한 것
殺 : 흉악 첨리(凶惡尖利)하게 본신(本身)을 반사(反射)하는 것
劫 : 동서남북으로 분주하는 것
病 : 지각이 좌우가 편고(偏枯)한 것

등은 모두 흉하여 결작이 안 되며 비록 형혈(形穴)이 있다고 해도 가(假)일 것이다.

이상은 지각 요도에 대한 올바른 상식론이며 혹 대룡(大龍)이 평락(平落)한 경우에 있어서는 융결처(融結處)에로 갈수록 단행(單行)하는 경우가 있으니 참으로 혜안을 가져야 할 일이다.

이러한 대룡의 대진처(大盡處)로서 단행함은 지각 요도가 없으니 입수처(入首處)를 자세하게 살펴야 한다. 내룡(來龍)이 분명하고 전호(纏護)가 충실하고 지현굴곡(之玄屈曲)이 아름다울 것이다. 다시 눈을 돌려 이와 같은 대룡이 평락한 곳을 바라보면 용척(龍脊)을 간간이 드러내며 수절(數節)을 행하다가 결혈한다.

지각장단불대한 맥천심도 (枝脚長短不對한 脈穿心圖)

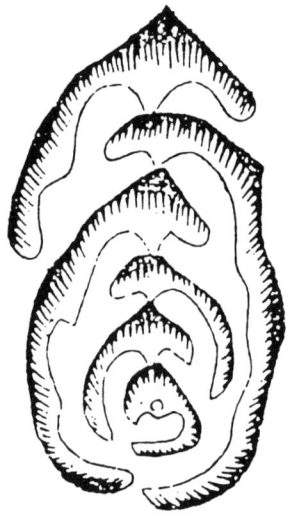

지각 요도가 비록 길고 짧음이 같지는 않으나 교호하여 균형을 잡으니 길격이 된다. 이를 작약(芍藥)지격이라 하기도 한다.

지각유무교호정균지도 (枝脚有無交互停均之圖)

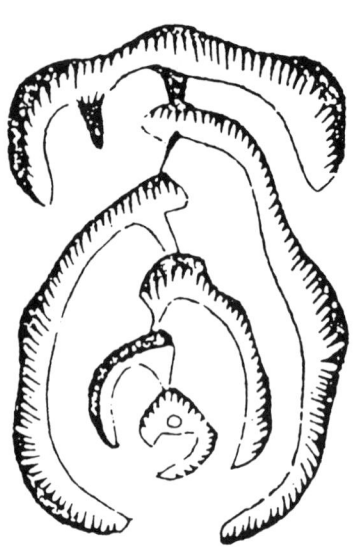

이 그림 역시 지각의 장단이 다르기는 하나 전체의 균형이 잡혀 대칭이 되므로 길격이다. 그러나 역량은 가볍다.

지각전편도(枝脚全偏圖)

이는 한 변만이 지각이 있으니 穴을 맺지 못한다. 흉격룡이다.

지각편고도(枝脚偏枯圖)

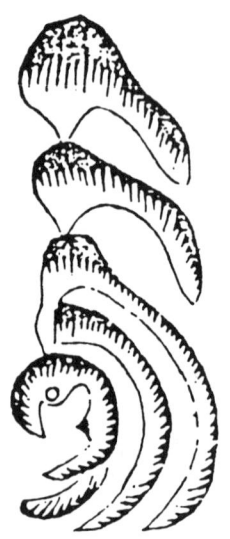

한 변은 지각이 길고 한 변은 짧아 穴이 될 수 없으며 만약 穴이 된다고 하여도 공위(公位)가 같지 않아 형제간에 불화를 낳는다.

지각장단불균(枝脚長短不均)

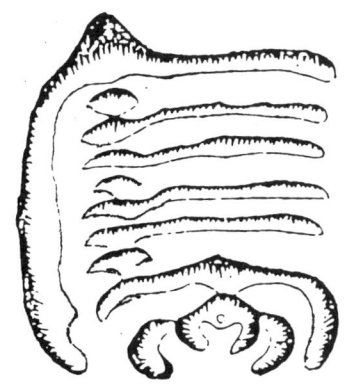

지각이 짧은 쪽은 한 가지가 길게 뻗어 감싸주니 비록 편고하나 견고한 것으로 보지 않는다. 길격이다. 이는 권렴(捲簾)격이라 한다.

지각장단불균(枝脚長短不均)

이 역시 지각의 길이가 길고 짧아 균형이 맞지 않으나 짧은 쪽에 방조(傍助)하는 산이 있어서 보호하니 장단만으로 논하지 않는다. 길격이다.

지각미악불균(枝脚美惡不均)

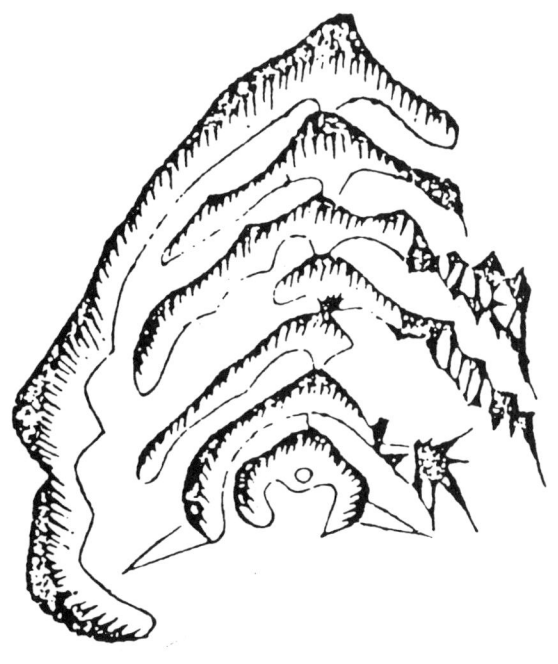

한 변은 길하나 한 변이 흉하여 흉격이다. 만약 묘를 쓰면 어떤 형제는 잠시 길할 수 있으나 어떤 형제는 대흉하다.

무지각도(無枝脚圖)

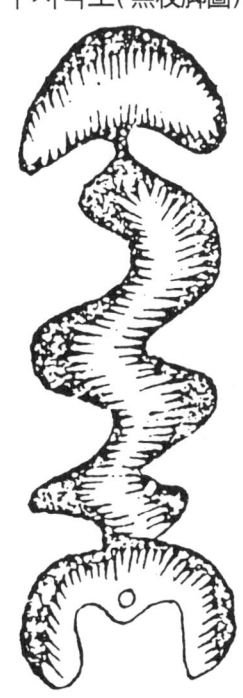

위는 지각이 없어도 혈처에 용호가 있으면 길하다. 생사출동(生蛇出洞) 또는 비단필 용이라 한다.

지각단도(枝脚短圖)

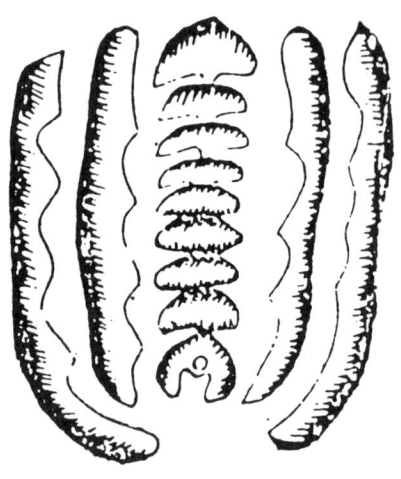

12) 용의 귀천(貴賤)

용의 귀천을 보는 중요한 법 중의 하나는 조종 부모로부터 출생하는 것이니 방정(旁正)과 미악을 보는 것이다. 〈용경(龍經)〉에 "生子 生孫은 교묘하게도 서로 비슷하게 닮는다"고 하였고 복씨도 "조종이 용발한 자는 자손이 반드시 귀하다" 하였으니 가령 사람에 있어서도 부모 조고가 현귀하고 명문가였다면 그 자손은 선세(先世)를 많이 닮게 되는 것과 같다.

그러므로 귀룡은 반드시 조종의 발맥(發脈)부터 수려하고 헌앙준위(軒昂俊偉)함을 알아야 한다. 특히 소조산으로부터는 정신이 탁절(卓絶)하며 기상이 존엄하며 행도에는 반드시 개장 천심을 중으로 거듭하고 편사(偏斜)하지 아니하고 지각이 아름다우며 호송사(護送砂)가 가까이 임하고 산들이 유정하게 돌아보고 본신룡은 정출맥으로서 기복돈질(起伏頓跌)이 많고 활동이 백단(百端)하며 피부가 곱고 가장 아름다움을 갖추었으니 아래로 내려가 반드시 대지를 결작할 것이다. 이와 같은 진룡의 결작은 穴에서 보면 전안이 특달하고 사수(四獸)가 유정하며 수구가 유력할 것이니 이는 천조지설(天造地設)이 생성하는 자연의 묘인 것이지 털 끝만큼도 억지로 꾸밀 수는 없는 것이다.

정출맥을 알아보는 요령은 특이한 것으로 삼는 것이니 즉 '지리요역(地利要逆)'이란 말로 표현할 수 있다. 〈장경〉에 "衆枝가 특대하면 특소를, 특소하면 특대를 취하라" 하였고 일행선사(一行禪師)도 "衆短하거든 長處에서 衆長하거든 短中에서 衆高하면 低下에서 衆石이면 土에서 衆土이면 石山에서 현묘함을 찾으라" 하였음이 바로 이것이다.

이와 같은 귀룡은 여러 갈래의 용 중에서도 한눈에 알아볼 수 있게 특별한 것이며 닭의 무리 속에서 학을 보는 것 같고 모래 가운데서 금을 만나는 것 같으며 또 귀한 집의 자제와 같이 단독으로 출입하지 아니하고 대개 중앙에서 이상한 자태를 하는 것이다.

또 천룡(賤龍)은 조종은 있으나 출맥이 아름답지 못하고 과맥이 편사하며 파쇄하고 지각이 첨직(尖直)하며 성체가 파쇄하고 혼탁하며 호위가 없어 바람이 타고 생기가 없이 쇠약하며 경직하며 기복 활동이 없고 추루(醜陋)하고 게으르고 수습이 없이 흩어지고 이웃과 사귀지 못하는 것 등을 말하니 결작할 수 없다.

13) 용의 배면(背面)

사람도 앞뒤가 있듯이 용에게도 앞뒤가 있는데 앞을 면(面)이라 하고 뒤를 배(背)라 한다. 더 쉽게 표현한다면 유정(有情)한 쪽을 면이라 하고 무정(無情)한 쪽을 배라 하는 것이다. 이와 같은 배면은 용과 砂에서 공히 적용되는데 용에서는 용의 배면이 있고 호(護)는 호대로 배면이 있고 穴은 穴대로 배면으로 구분되며 면 쪽은 수혈하지만 배 쪽에선 결혈하지 못한다.

용의 앞쪽은 수려하고 광채가 나며 호사가 질서정연하게 정돈이 되고 안으로 고개를 돌려 사람의 얼굴을 대하는 것처럼 정이 있으며 관평하고 온후하며 안정감이 든다. 이와 같은 면 쪽에서는 대개 중앙에서 결혈되어 조수도 완만하게 흐른다. 용의 배 쪽은 직급하고 파쇄되며 거칠고 추악하며 호사가 많이 따르지도 아니하고 혹 따른다고 하여도 고개를 반대로 돌려 도망가므로 무정하며 바람을 타고 갑갑할 정도로 핍착(逼搾 : 가깝고 좁음)한 것이 보통이다. 또 거수(去水)가 직급한 것도 배가 되는데 이곳에서는 생기가 모이지 않으니 穴을 힘써 찾을 필요가 없다.

또 평양지룡(平洋之龍)의 배면을 찾는 요령은 물로서 알아보는 것이니 물이 좁게 흐르고 깎인 곳이 배요, 완만하고 넓게 흐르면 앞이 되는 것이다. 또 평양에서는 개구한 곳이 면이 된다는 것을 참고로 알아둘 것이다. 대개 평양의 穴은 반드시 개구하여야 진(眞)이 된다 하니 "平洋이 개구하지 않으면 신선도 下葬치 못한다" 함이 차설이다.

그러나 또 일등용에서 氣가 극왕한 경우 배면을 따로 논할 필요가 없는데 기복 굴곡이 모두 용격에 합하고 양쪽 모두 호종사도 제정하여 아름다우며 형혈이 양쪽 다 열려 수혈하고 계속 내려가 크게 결작하는 것인데 이는 대룡의 대진처이기 때문에 용기가 넉넉하고 크고 작은 穴이 많이 결작되기 때문이다. 그러나 이곳에서는 정혈(正穴)은 하나뿐이며 나머지는 차격의 방수혈(旁受穴)임을 알 것이다.

14) 용의 빈주(賓主)

이 세상 어느것이나 상대적으로 인정되고 상대가 있음으로써 비교 평가되지 않는 것이 없다는데 용에서도 마찬가지로 상대적인 것을 중요시한다. 이것을 빈주 관계라 한다. 고서에 "穴毋友

不知己者"라 함도 穴은 자기만 못한 자와는 벗하지 않는다는 말이니 주산(主山)과 빈산(賓山)은 형세와 역량도 비슷하여야 하지만 서로 정이 있어야 됨을 말한 것이다.

또 한 가지 빼놓을 수 없는 것은 빈주가 분명함을 요하는 것이다. 만약 빈주가 혼잡되어 태도가 분명하지 못하면 음양무별(陰陽無別)하므로 쟁룡쟁주(爭龍爭主)하여 흉하기 때문이다.

또한 상대 관계란 군신이 서로 믿는 마음이요, 부부가 서로 친하는 마음이요, 형제가 서로 화목하는 마음과 같은 것이라 하니 용의 빈주 관계는 그 진정을 득하여야 함을 말한 것이다.

15) 용의 여기(餘氣)

용의 여기란 용기가 남아 돌아 멈추지 못하고 결작한 후에도 얼마간 뻗어 나갔다가 다시 돌아와 나의 용신(用神)이 됨을 말한다. 대개의 穴은 대진처에서 많이 맺는 것이 보통이나 이는 방수혈이나 소혈의 경우이고 대지의 정결은 대진처에 이르기 전에 요락(腰落)처럼 보이고 사위(四衛)가 주밀한 곳에 작국하는 것임을 알아야 한다. 왜냐하면 대진처까지 나가면 이수(二水)가 상교하는 곳으로 풍취수겁(風吹水劫)을 받을 가능성이 높기 때문이다.

그러면 고서를 인용하여 대궁진처(大窮盡處)에서 큰 穴이 맺지 않는 이유를 몇 가지 들어 보자.

첫째, 맥궁(脈窮)하면 氣가 흩어지기 쉽고 둘째, 호(護)가 穴을 감싸지 못함이요 셋째, 바람을 타고 水에 깎임을 받기 쉽고 넷째, 명당이 넓어서 모으지 못함이요 다섯째, 수기(受氣)가 성하지 못하고 후탁(後托)이 무력하기 때문이다.

이와 같이 대부귀지(大富貴地)를 작하는 진룡은 결혈한 후에도 큰 것은 십 리 이상까지도 여기가 뻗어 나가며 그 여기에서도 또 다시 소혈은 결작할 수 있는 것이다. 그러므로 여기라 하였다.

여기산이 아름다운 것은 다시 돌아와서 하수사(下手砂)가 되기도 하고 전(轉)하여 탁락(托樂)이 되기도 하고 몸을 돌려서 전호가 되기도 하며 수구의 문호가 되기도 하고 요(曜)나 귀(鬼)가 되기도 하고 앞으로 돌아 나가 안산이 되기도 한다.

16) 용격(龍格)의 분류

학자들은 용격을 분류하기를 생룡(生龍), 강룡(强龍), 순룡(順龍), 진룡(進龍)을 4길로 하고 사룡(死龍), 약룡(弱龍), 퇴룡(退龍), 역룡(逆龍)을 4흉으로 하여 8격으로 나누는 것이 보통이나 병룡(病龍), 살룡(殺龍)을 합하여 10격으로 함이 그 대강이다.

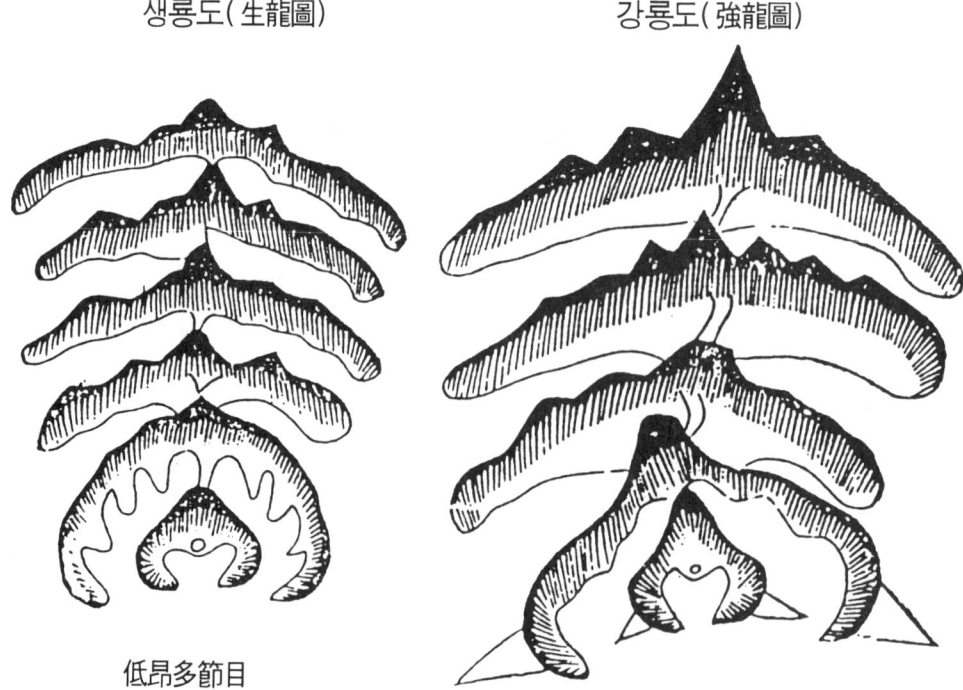

생룡도(生龍圖)   강룡도(强龍圖)

低昂多節目

생룡은 성봉이 뇌락하고 지각이 활롱(活弄)하며 행도가 기복하고 뱀이 물을 건너가는 형상을 한 것.

강룡은 세력이 홍대(弘大)하고 건장하며 파(擺)·섭(摺), 횡활(橫潤)하고 자유롭다. 이는 맹호가 산림하는 것, 탁룡이 강을 건너는 것, 비늘이 서 있는 것과 같은 것이다.

순룡도(順龍圖)

枝脚向前

순룡은 성봉이 순출하고 지각은 순포하며 행도는 단취하다. 존비의 질서가 있고 좌우가 감싸준다.

진룡도(進龍圖)

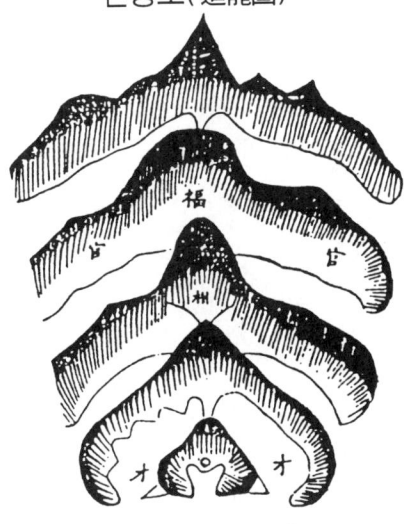

進是龍身節節高

진룡은 한절 한절이 보다 높게 일어나고 질서가 정연하여 봉(鳳)이 덕휘(德輝)를 감싸려고 내려오는 형상이다.

사룡도(死龍圖)

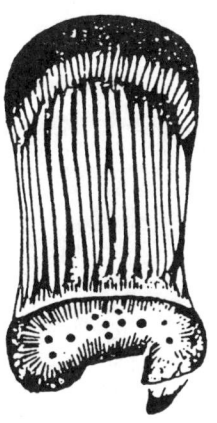

無起伏

사룡은 봉만이 모호하고 수각도 분명치 못하며 곧고 굳으며 혹 대단히 게으르고 가물치나 미꾸라지처럼 생의가 없는 형상이니 가장 흉룡이다. 이 사용은 穴을 맺을 수 없고 불사나 신단, 사묘 정도가 된다 하여도 결코 영험이 나타날 수가 없다.

약룡도(弱龍圖)

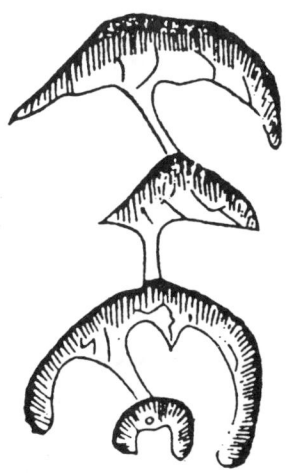

약룡은 성봉이 깡마르고 지각은 짧으며 약하고 게으른 것이다. 행룡함에 수습이 없고 꺼지고 깎여 충실하지 못하며 풍취와 수겁도 받기에 융결이 안 되는 곳이다.

역룡도(逆龍圖)

逆進枝脚望後去

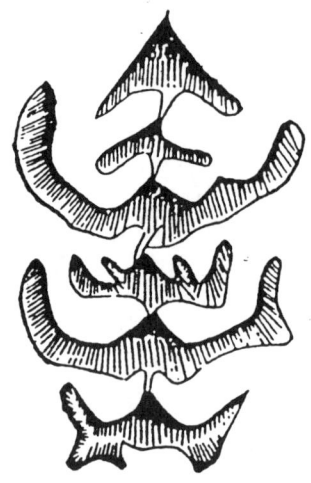

역룡은 성봉이 측위(側位)하고 지각이 역으로 빗지르며 행도가 괴려(乖戾)한다. 용이 앞으로 가는 것을 잊고 뒤로 고개를 돌리며 호위하는 산도 없다. 이는 대단히 흉하여 主는 오역(忤逆)하며 도적이나 반란군의 무리가 된다.

퇴룡도(退龍圖)

退是漸消條

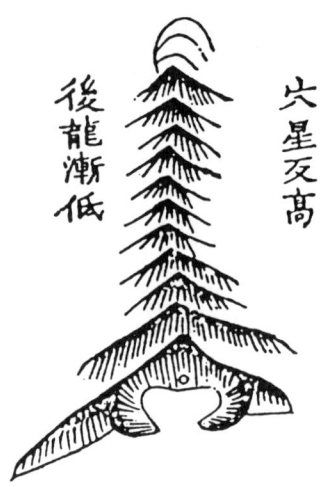

퇴룡은 성신이 차서(次序)를 잃고 퇴후함을 말한다. 비록 형혈이 있더라도 흉하여 장(葬) 후에 계속 퇴패한다.

병룡도(病龍圖)

동병룡도(同病龍圖)

同病龍被傷害

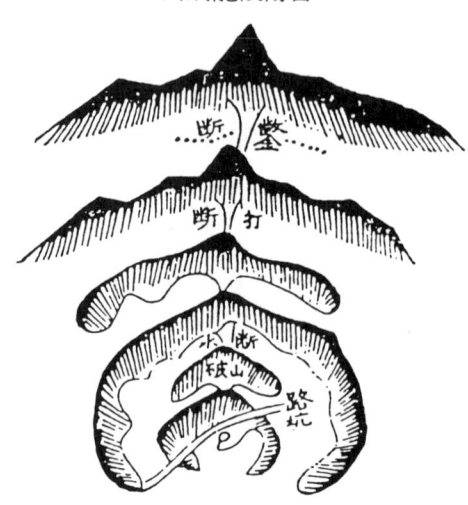

병룡은 용신에 결함이 있는 것을 말하니, 가령 한쪽은 아름다우나 한쪽이 모자란다거나 도로가 맥을 끊었다거나 파쇄되어 쓸 수 없는 것을 말한다. 이를 상룡(傷龍) 또는 주룡(蛀龍)이라고 표현하는 이도 있다.

살룡도(殺龍圖)

살룡은 용신이 탈사(脫卸) 박환을 하지 아니하여 추악하고 바위 등으로 험준하며 거칠고 첨리거나 기울고 몰골이 사나운 형상을 한 것이다. 대단히 흉하므로 잘못 사용하면 강폭하여 무두귀(無頭鬼)를 면치 못할 것이다.

17) 용의 수혈(受穴)

용이 穴을 받는 방법을 보면 크게 셋으로 구분하여 설명된다.

첫째는 정수혈(正受穴)이라 하여 길게 뻗어 온 용이 대진처(大盡處) 가까이 와서 바르게 결혈(結穴)한 것이다. 역량이 크고 발복(發福)이 장구하다.

둘째는 분수혈(分受穴)인데 정룡(正龍) 신상에서 일지가 분출해 성신(星辰)을 일으킨 다음에 호위를 받아 결혈한 것이다. 이것도 역량의 차이는 있겠지만 정수혈만은 못하다.

셋째는 방수혈(旁受穴)이니 왕성한 정룡이 행하다가 과협처(過峽處)라든가 지각 요도(枝脚橈棹)의 사이에서 여기로 소혈이 생기는 것을 말하니 역량이 클 수는 없다. 이를 양(楊) 공은 "千里 來龍에 只一穴이니 正者爲優요 旁者爲劣이라" 함이 이것이다.

18) 용의 결혈오국(結穴五局)

이는 결혈처의 국세를 다섯으로 구분하여 설명한 것인데 모두

水의 형세를 따라서 결정하는 것이다.

① 조수국(朝水局) : 水가 穴 앞으로 조래(朝來)하고 들어오는 것이니 뻗어가는 용이 몸을 뒤집어 역세(逆勢)로 결혈되는 경우에 많다.

 이 국(局)은 결혈한 후로 여기가 있어야 좋고 혹 저사(低砂)가 가로로 막아 주어 水의 충격과 깎임을 막아 주면 더욱 길한 것이다. 또 水는 지현굴곡(之玄屈曲)으로 조래(朝來)한다거나 평전양조(平田洋朝)로 들어와야 길한 것이지 급류로 쏘듯이 穴을 보고 달려옴은 대단히 흉한 것이니 역국(逆局)이라고 탐하지 말 것이다. 대저 지리는 음양상교처(陰陽相交處)를 찾는 것이라 하지만 음양의 차이가 커서 짝이 안 되면 어찌 중화(中和)라 말하겠는가?

② 횡수국(橫水局) : 이 국은 穴 앞의 수가 좌에서 우로 또는 우에서 좌로 흐르는 것을 말한다. 이 水는 반드시 穴을 감싸고 흘러야 길하지 등지면 대단히 흉하며 하관산(下關山)이 역으로 막아 줘야 유력한 것이다. 이 국은 대체로 평온하다.

③ 거수국(據水局) : 이 국은 穴 앞에 큰 저수지나 연못 같은 것이 있어서 水를 모아 주는 것이므로 극히 길한 것이다. 水는 동물(動物)이니 고요한 것으로 아름답다 하는 것이기 때문이다. 이 국은 水가 치고 깎이고 뚫는 근심이 없을 것이니 무엇을 더 바라겠는가?

④ 순수국(順水局) : 이는 거수국(去水局)을 말하는 것이니 지리의 흉격 중에 하나이다. 그러나 내룡(來龍)이 장원(長遠)한 대지결작(大地結作)은 혈전수(穴前水)가 잠시 나가더라도 밖에 큰 물은 돌아오는 것이며 사세(四勢)는 주밀하고 수구(水口)는 교고(交固)한 것이니 주의하지 않으면 안 된다. 이 순수국은 비록 용진혈적(龍眞穴的)하더라도 초년에는 흉하여 가계가 기울어진 후 대개는 이향하여 다시 크게 발복하게 된다.

⑤ 무수국(無水局) : 이 국은 건파(乾坡)에서 결혈된 것이니 비록 水는 없더라도 산세가 반취(盤聚)하여 주밀하다. 이는 水가 없으므로 알아보기가 매우 어렵다. 산곡(山谷)에서는 水보다도 먼저 장풍(藏風)됨이 더욱 시급하며 귀(貴)로 치기 때문이다. 그러나 이 국은 청귀불부(淸貴不富)함이 보통이나 혹 거부도 나오는 것은 용신(龍身)에 창고를 대하고 있기 때문이다.

2. 오성(五星)

1) 오성(五星) 총론

오성이란 오행(五行)을 말하는 것이니 金·木·水·火·土가 그것이다. 군자가 말하기를 "大極이 分하여 음양이 되고 음양이 播하여 오행을 만들고 오행은 散하여 각각 만물을 만든다" 하였다. 고로 "오행의 精은 天에 계하여 오성이 되고 形狀은 地에 効하여 五材가 되며 氣는 歲를 통하여 五長이 되었다" 하니 사람에게는 오장(五臟)이 있고 물(物)에는 오색(五色)이 있으며 오음(五音), 오미(五味)와 더불어 행실에 비추면 오상(五常)이 되는 것이라 한다.

이 때문에 인군(人君)이 온 세상을 다스리며 오사(五事)의 득실을 살피지 않으면 안 되었으며, 지리가는 이 오행의 변화를 살피지 않고서는 길흉을 알 수 없으며, 오재(五材)의 변화를 살피지 아니하고서는 형기(形氣)를 다 알 수 없으며, 오신(五辰)의 변화를 살피지 아니하고는 순역(順逆)을 다 알 수 없기 때문에 중요시하는 것이다.

2) 오성의 형(形)

木은 조달(條達)이니 상(象)을 직(直)에서 취하였으며, 火는 염염(炎焰)이니 상을 예(銳)에서 취하였으며, 土는 후중(厚重)이니 상을 방(方)에서 취하였으며, 金은 주견(周堅)이니 상을 원(圓)에서 취하였으며, 水는 유동(流動)이니 상을 곡(曲)에서 취하였다.

그러므로 산형(山形)이 곡동(曲動)한 것을 수성이라 하고 광원(光圓)한 것을 금성이라 하며 방정(方正)한 것을 토성이라 하고 첨예(尖銳)한 것을 화성이라 하며 직취(直聚)한 것을 목성이라 함은 물론이다.

이와 같은 오행의 형태일지라도 역시 완전할 수가 없으며 직첨방원곡(直尖方圓曲)이 오로지 순전하지 못하기 때문에 변격이 생기므로 양구빈(楊救貧)의 재천구성(在天九星)과 요금정의 재지구성(在地九星)이 그 대표적인 것이다.

그러나 구성과 더불어 어떠한 변격도 이 오성 중에서 근원되었음을 명심하고 오성의 형세를 정확하게 터득하고 난 연후에 구성 등은 참고만 할 것이다. 오성의 변화도 알기 어려운데 어찌 구성의 변화를 알 수 있단 말인가? 이 구성에도 너무도 많은 허점이 있다는 것을 알아야 한다.

그러나 여기서 참고해 둘 것은 양씨의 재천구성은 탐랑(貪狼), 거문(巨門), 녹존(祿存), 문곡(文曲), 염정(廉貞), 무곡(武曲), 파군(破軍), 좌보(左輔), 우필(右弼)이니 간룡(幹龍)과 용조(龍祖), 성신 이상을 보는 데는 다소 참고가 되었고 요금정의 재지구성은 태양, 태음, 금수(金水), 자기(紫氣), 천재(天財), 천강(天罡), 고요(孤曜), 조화(燥火), 소탕(掃蕩)이니 지룡(枝龍) 이하 구성에서는 다소 참고가 된다는 것이다.

화성도(火星圖)　　　　　수성수(水星水)

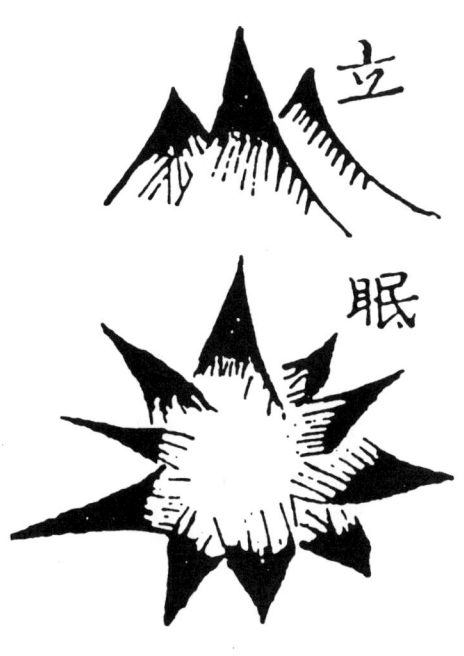

오성도는 서 있는 것과 누운 것으로 구분하였다. 정체로 각 성(星)의 기본을 삼을 것이며, 형(形)이 불순하여 변체가 되는 것도 있으나 생략하였다.

토성도(土星圖)　　목성도(木星圖)　　금성도(金星圖)

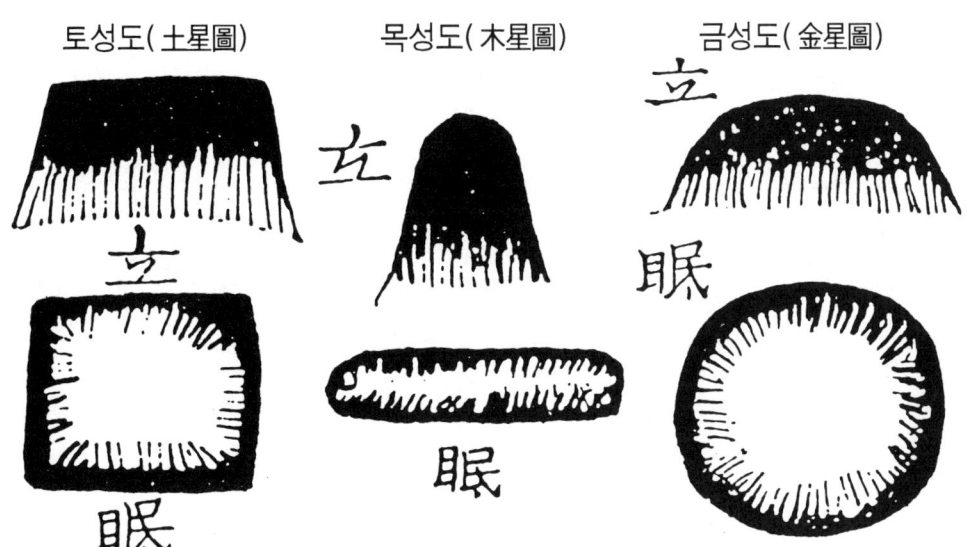

3) 오성의 성정(性情)

① 금성(金星)

체(體)는 둥글지만 뾰족(尖)하지는 아니하고 고요하며 동요하지 아니하다.

金은 서방성(西方星)이니 계절로는 가을이 되고 백색이므로 밝고 맑고 귀하며 쇠북 소리가 나고 세인의 진보(珍寶)가 되며 백 번 단련(鍛煉)하여도 변치 않으며 휘황 찬란하고 예리하며 강직하고 충정하며 굴하거나 흔들림도 없다.

청(淸)하면 귀상으로 관성(官星)이 되고 공명이 현달하며 문장이 청수하고 충정 절연한다. 탁(濁)하여 빼어나지 못한 것도 한때는 위무(威武)를 크게 떨치게 되나 일단 그 운이 지나면 큰 위험이 따르거나 형편없이 시들어 버리니 金 기운은 가을의 숙살(肅殺)로서 살벌함이 항상 따르기 때문이다.

흉한 것은 모질고 참폭하여 군적(軍賊), 대도(大盜), 주이(誅夷), 절멸(絶滅)의 응(應)이 온다.

그러면 금체의 길흉을 살펴보자.

산세(山勢)는 정정광원(定靜光圓)하여야 길하고 유동부정(流動不正)하면 흉하다.

산면(山面)은 원비평정(圓肥平正)하면 길하고 기사옹종(欹斜臃腫)하면 흉하다.

산각(山脚)은 원제비윤(圓齊肥潤)하면 길하고 첨사주찬(尖射走竄)하면 화목각(火木脚)이 되니 흉하다.

산두(山頭)는 평원비만(平圓肥滿)하면 길하고 파쇄참암(破碎巉岩)하면 흉하다.

② 목성(木星)

木의 체는 곧고 모나지 아니하며 성품은 순하고 인자하며 가지가 많이 퍼진다.

木은 동방성(東方星)이며 춘시(春時)가 되므로 만물을 발생시킨다.

목성이 청하면 문필의 상이니 문리에 밝으며 과명현달(科名顯達)하고 명예를 멀리까지 다양하게 떨친다.

목성이 탁하면 재성(財星)이 되는 것이니 부귀하며 기예(技藝)에도 밝다.

목성이 흉하면 높이 자라다가도 부러지는 상이니 출세를 하다가 결실을 못 보고 쓰러지며 형액(刑厄)과 요절(夭折), 잔질(殘疾), 고과(孤寡) 등의 응이 있다.

그러면 목성체의 길흉을 알아보자.

산세는 곧고 견고하며 청수하여야 길하고 기사산만(敧斜散漫)하면 흉하다.

산면은 광윤청결(光潤淸潔)하면 길하고 붕석파쇄(崩石破碎)하면 흉하다.

산항(山項)은 직삭원정(直削圓靜)하면 길하고 옹종기사(臃腫敧斜)하면 흉하다.

③ 수성(水星)

수성체는 동하며 정(靜)하지 아니하고 성품은 낮게 거하기를 좋아하고 겸손하다.

水는 북방성(北方星)으로 동시(冬時)가 되며 그 정광(精光)은 하늘에 달려 있어서 항상 태양을 따라 행하므로 인사에는 길하여 천제(天帝)를 가까이하는 귀가 있다. 水는 맑고 깨끗하며 어디에나 잘 적응하며 빛을 반사하여 더욱 밝게 하며 은혜를 지킬 줄 안다.

수성이 청하면 명결(明潔)하고 도량이 큰 바다와 같다.

수성이 탁하면 유성(柔星)이 되어 귀약하므로 귀루(鬼陋)와 유순을 주장한다.

수성이 흉하면 탕성(蕩星)이 되어 폭창(暴漲)이 극도에 이르고 가계를 뒤집어 버리며 불미스런 냄새를 풍겨 음람(淫濫)과 이향(離鄕) 객사를 당한다.

산세는 횡파(橫破)가 층첩하면 길하고 끌고 끌려서 탕산(蕩散)되면 흉하다.

산면은 수포(水泡)가 뇌뢰(磊磊)하면 길하고 눈탄산만(嫩坦散漫)하면 흉하다.

산두는 원곡(圓曲)하고 욕동(欲動)하면 길하고 의사하고 준증(峻增)하면 흉하다.

산각은 평포유사(平舖流瀉)하면 길하고 탕연불수(蕩然不收)하면 흉하다.

④ 화성(火星)

화성의 체는 예염하여 동하여도 둥글지 못하고 성품은 불꽃과 같고 정하지 못한다.

화성은 남방(南方)으로 하절(夏節)에 해당하며 속성속패(速成速敗)하고 남과 정이 없고 냉정하며 일어날 때는 극심하게 발하고 사양길에 접어들면 흔적도 없이 멸망한다. 판단력이 예리하여 왕성한 것은 어느것으로도 저지할 수 없다.

화성은 탈사(脫卸)하지 않으면 안 되는데 평양(平洋)으로 철락(撤落)하고자 함이 많다. 대저 천전도수(穿田渡水)하고 과협이 중첩된 연후에 살기를 모두 털어버리고 결혈한다면 대단히 길하다.

대저 왕성한 화성 밑에서 穴을 찾을 때에는 멀리 평양으로 나가 대강(大江) 근처에서 찾아야 한다. 만약 화성 가까이 탈사도 올바르게 안 된 상태에서 穴이 되면 반드시 큰 복 다음에 큰 화가 온다는 것을 명심할 것이다.

 이와 같이 화성은 먼 조산이 되었을 때는 국(局)이 커서 삼공(三公) 이상에 이를 것이나 穴 가까이에서 보이면 흉한 것이다.

 대개 오성 중에서 金은 나누어질수록 경(輕)하고 木은 나누어질수록 작고 水는 나누어질수록 천하고 土는 나누어질수록 미세(微細)하는 것인데 오직 火만은 나누어질수록 더욱 왕성하여지는 것이므로 화성의 조산만은 멀수록 좋다는 것이다.

 그러면 화성체의 길흉을 살펴보면,

 산세가 초준(硝峻)하여 불꽃이 움직이는 듯하면 길하고 탈사(脫卸)를 하지 않았으면 흉하다.

 산면은 평정불활(平靜不濶)이면 길하고 계두파항(痵頭破項)이면 길하고 반역악루(反逆惡陋)하면 흉하다.

⑤ 토성(土星)

토성은 모나지만 바르고 성품은 조용하고 더디다.

 토성은 진성(鎭星)이니 정덕(靜德)을 함유하여 중앙에서 공(功)을 땅에다 두고 제존(帝尊)의 위(位)가 된다.

 대개 오성 중에서 木은 화려하여 천홍만자(千紅萬紫)의 향기를 풍겨 문성(文星)으로 하였고 金은 광채와 성음이 널리 퍼지는고로 관성으로 하였으며 水는 파문이 일고 탕양비사(蕩漾飛瀉)하고 겸양하므로 지혜로 치며, 火는 광명이 있고 염동(焰動)한다고 해서 문명으로 하였다. 그러나 오직 토성만은 그 중에 들지 않았다. 토성은 지존의 자리가 되니 중앙에 거하며 만물의 모체로서 천덕(天德)을 사방으로 베풀어 주니 어찌 저들과 같을 것이냐? 그러므로 토성은 소박 후덕하여 화려한 것을 흉내내지도 않고 작록(爵祿)의 후함과 품위의 높음과 후사(後嗣)의 번(番)과 만전의 복은 다른 성신으로서는 비교도 할 수 없다.

따라서 오성 중에 토성을 단연 으뜸으로 치는 것이다.

토성이 청하면 존성(尊星)이니 왕후와 극품의 귀가 되고 사직(社稷)을 평안케 하며 백성에게 보혜(普惠)를 베푼다.

토성이 탁하면 부성(富星)이 되어 재화와 전산(田產)이 많다. 그러나 오성 중에서 이 탁한 토성이 가장 많음을 알아둘 것이다.

토성이 흉하면 체성(滯星)이라 하는데 이 土는 없는 곳이 없으므로 흉하더라도 큰 화만은 없는 것이 특징이며 질병 등 경미한 흉만이 따른다.

다음 토성의 길흉을 살펴보자.

산세가 혼후고웅(渾厚高雄)하면 길하고 기사경함(敧斜傾陷)하면 흉하다.

산면은 평정용립(平正聳立)하면 길하고 옹종파함(臃腫破陷)하면 흉하다.

산항은 방평활후(方平濶厚)하면 길하고 원각연겁(圓角軟怯)하면 흉하다.

산각은 제평단감(齊平端歛)하면 길하고 견타파랑(牽拖破浪)하견 흉하다.

오성의 체성(體性)을 다시 한번 요약해서 정리해 보면,

金은 원정함을 기뻐하고 편(偏)하면 결손이므로 나쁘다.

木은 용수(聳秀)함을 기뻐하고 직함은 불기(不欹)이며 기가 되견 고고(枯稿)이므로 나쁘다.

水는 활발함을 기뻐하고 동(動)은 불경(不傾)이며 경이 되면 표탕(漂蕩)이므로 나쁘다.

土는 방정(方正)함을 기뻐하고 후(厚)는 불박(不薄)이며 박이 되면 겁약(怯弱)하므로 나쁘다.

火는 웅건함을 기뻐하고 명(明)은 부조(不燥)이며 조가 되면 요조(燎燥)이므로 나쁘다.

4) 오성의 취강(聚講)과 귀원(歸垣)

오성 취강이란 금성산, 목성산, 수성산, 화성산, 토성산이 모두 모여 삼(森)을 이룬다는 말이다. 이는 제현(諸賢)들이 모두 모여 도덕을 강론하는 것과 같다 하여 극히 귀한 것이다. 이는 대개 조산 등이 되는 경우가 많은데 수려 존엄하여야 더욱 좋다.

오성취강지도(五星聚講之圖)   오성귀원도(五星歸垣圖)

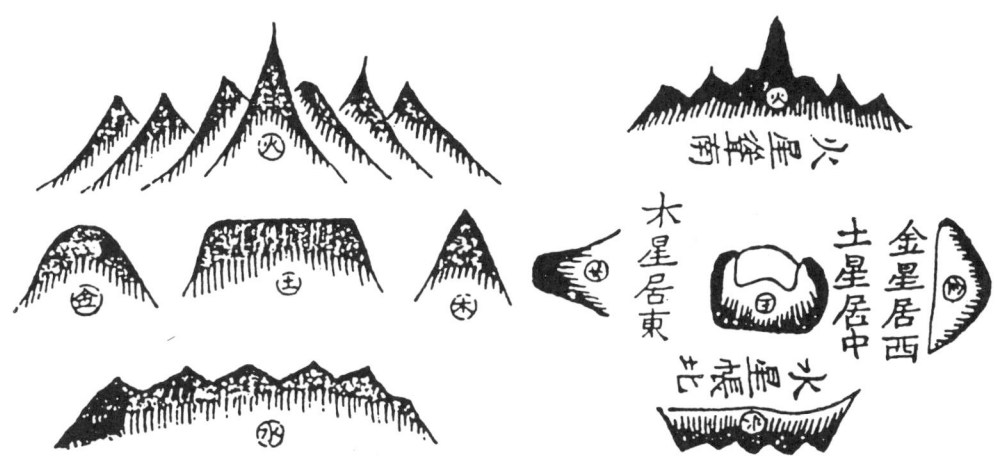

연주제3격(連珠第三格)   연주제4격(連珠第四格)

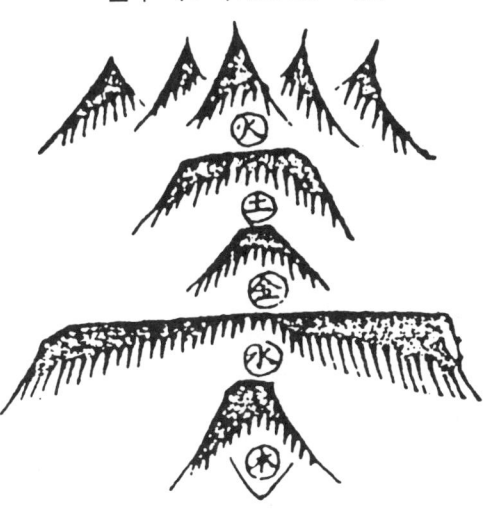

또 오성 귀원이 있는데 취강과 꼭같으나 귀원은 화성은 남쪽에, 금성은 서쪽에, 목성은 동쪽에, 수성은 북쪽에 자리잡고 토성이 중앙에 자리잡고 앉아서 결혈한 것을 말하는데 취강보다 역량이 더욱 크다고 한다.

또 오성 연주(連珠)라는 것이 있는데 이는 오성산이 구슬을 꿴 것처럼 간격 없이 연결된 것을 말한다. 이것은 서로 접속 상생(相生)이 되어야 길하며 상극이 되면 역량이 감소된다.

제 2 장 혈(穴)

1. 혈법(穴法)

1) 穴이란 무엇인가

　穴이란 글자 그대로 구멍이란 뜻이니 산천의 생기가 모이는 아주 작은 구멍을 말하는데 음택(陰宅)의 경우 생기가 더욱 강력하게 모이는 곳, 즉 초점에 해당하는 곳을 穴이라 할 수 있으며 대개 이곳을 묘지로서 이용하고, 양택(陽宅)에서의 穴은 생기의 모임이 좁고 강력하다기보다는 넓고 풍족하게 꾸준히 모이는 곳을 말하며 이곳에 집을 짓고 살면서 생기를 받는 방법이니 이 두 곳을 모두 穴이라 할 수 있다. 그러나 올바른 穴이란 침(鍼)구멍과 같기 때문에 어느쪽으로든 조금도 옮겨질 수 없는 것이며 천심(淺深)까지도 맞아야 한다. 만약 좌우 상하 어느 한쪽이든 조금 옮겨 서서 보았는데 그럴듯하다면 이를 보살면이라 하여 결코 穴이 될 수 없는 것임을 알아야 한다. 또 이와 같은 穴은 천조지설(天造地說)의 무궁한 조화 속에서 생성하는 자연의 오묘한 이치인 것이지 처음부터 털끝만큼이라도 억지로 꾸며진 것이라든지 거짓이 섞인 것이 아니다. 즉 좋은 穴이 있다면 반드시 좋은 용이 있는 것이고 穴이 이미 좋은 것이라면 이를 따르는 사수

(砂水)도 좋을 수밖에 없는 것이다. 이것이 법(法)인 것이다.

이와 같이 穴이 산천의 이치를 會得하면 좌우 상하 천심(淺深), 좌향(坐向)까지도 천연적으로 이미 확정되어 촌보(寸步)도 옮겨질 수 없는 것인데, 물건의 형을 잡고 "모형이니 모처에 穴이 있다" 하는 등으로 穴을 임의대로 결정하는 것은 대단히 잘못되어 오류를 범한다는 것을 알아야 한다.

대저 이와 같이 穴의 형상은 천태만상으로 나타나기 때문에 대단히 어렵고 복잡한 것 같으나 실제로 음양 두 穴만으로 크게 나눌 수 있으니 穴을 찾는다 함은 음양 동정(動靜)을 살피는 것에 불과하다. 다시 말하면 음래(陰來)하면 양수(陽受)하고 양래하면 음수하는 것을 말한다.

여기서 또 음 중에는 양을 내포하고 양 중에는 음을 내포하는 것이므로 양은 태양과 소양, 음은 태음과 소음으로 구분하는데 이것이 역학의 사상(四象)이며 풍수지리에서는 와(窩)·겸(鉗)·유(乳)·돌(突)로 지칭한다.

이상을 종합하여 부연을 가한다면 풍수지리를 공부한다 함은 穴을 찾는 요령을 공부하는 것이고 穴은 반드시 음양 두 상태로서만이 나타나며 종류로는 와겸유돌(窩鉗乳突)인 사혈(四穴)밖에 없다는 점에 유의하기 바란다.

2) 혈형(穴形)의 분류

① 와혈(窩穴)

와혈이란 일명 개구혈(開口穴)이라고도 하는데 모양이 키와 같고 제비의 집과 같이 혈면(穴面)이 우묵하게 들어간 형상을 한 것이다. 이 穴은 혈성이 개구하여 양손으로 안을 듯이 교회(交會)하는 것인데 그 양손이 균균(均均)하여야 정격(正格)이 되고 좌우가 같지 않으면 변격(變格)이 된다.

이 와혈은 다시 4격으로 구분하는데, 심와(深窩)·천와(淺窩)·협와(狹窩)·활와(濶窩)가 그것이다. 또 와혈은 평지나 높은 산에 모두 있는데 높은 산에 더욱 많다. 높은 산에서는 와를 진(眞)으로 하고 평지에서는 돌(突)이 되어야 진이 되기 때문이다.

와형의 좋은 것은 양팔이 고르고 같아야 하며 편안(偏顏)이 되어도 안 되며 파함(破陷)되어도 안 되고 와 가운데에는 다시 미유돌(微乳突)이어야 진이 된다. 요씨의 〈구성(九星)〉에 보면 "개구혈은 靈光이 가운데로 모이고 餘氣는 밖으로 分行하는 것인데 자웅이 서로 돌아보고 혈맥은 교통하므로 吉穴이 된다. 이의 중요한 것은 弦稜이 영리하고 兩掬이 만환하며 口中은 圓淨하고 窩가 衝融하여야 하며, 가장 꺼리는 것은 穴 앞이 落槽됨이요 더욱 혐오하는 것은 偏陷한 것이라" 하였다.

② 겸혈(鉗穴)

겸혈은 또 개각혈(開脚穴)이라고도 하는데 양다리를 벌리고 그 사이로 겸을 물고 결혈한 것이다. 겸을 물었다 함은 횡으로 막아 거두어 준 모양을 말한다. 이 겸혈은 평지나 높은 산에 함께 많이 있는데 모두 8격으로 구분한다. 즉 직겸(直鉗)·곡겸(曲鉗)·장겸(長鉗)·단겸(短鉗)·쌍겸(雙鉗)을 정격으로 하고 선궁(仙宮)·단제(單提)·첩지(疊指)를 변격으로 함이 그것이다.

겸혈은 계수(界水)가 분명하고 정두(頂頭)가 원정(圓正)하여야 하며 가장 기피하는 것은 穴 앞이 낙조되어 원진(元辰)이 직장(直長)하게 빠져 나가는 것이고 더욱 혐오하는 것은 임두수(淋頭水)가 침입하는 것이다.

겸혈은 대개 겸 중에 미소한 와나 유가 있는 것이 보통이며 반드시 유두(乳頭)와 와간(窩間)에 점혈하여야 한다. 요씨의 〈구성〉에 "개각혈은 영광을 안쪽에 潛藏하고 餘氣는 본신에 붙어 호위하며 좌우와 상하가 혹 고르지 아니하더라도 달라질 수 없는 것이므로 길혈이 된다. 중요한 것은 정상이 단원하여야 하고 겸중으로 藏聚하고 弓脚은 반드시 역수하여야 하며 單股는 직장함을 일절 꺼리며 더욱 두려운 것은 漏槽貫項과 임두수가 뒷머리를 치는 것이며 元辰이 傾瀉하여 堂水가 도망가는 것이라" 하였다.

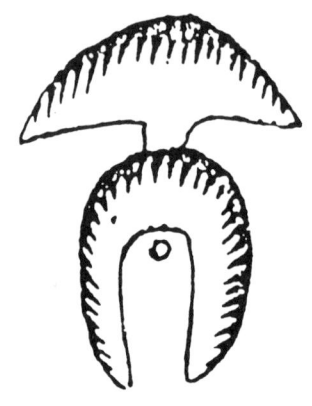
凡鉗中微有窩
宜就窩間托穴
忌漏槽貫頂界
水淋頭

凡鉗中微有乳
宜就乳頭托穴
忌乳頭峻急脚
下落槽

③ 유혈(乳穴)

유혈은 일명 현유혈(懸乳穴)이라고도 한다. 혈성(穴星)을 연양 팔뚝 중간으로 유가 생긴 것을 말한다. 유혈은 평지나 높은 산에 많이 있으며 장유(長乳)·단유(短乳)·대유(大乳)·소유(小乳)·수유(垂乳)·삼수유(三垂乳) 등 6격으로 구분한다. 이 6격에는 또 2체가 있는데 유회(紐會)와 불유회(不紐會)가 그것이다. 유회는 좌우 양 팔뚝이 궁포(弓抱)한 것을 말하고 불유회는 양 팔뚝이 감싸 주지 못한 것이다.

대개 유혈은 결로(缺露)됨과 요철됨을 가장 꺼리는 것이므로 양 팔뚝으로 감싸 줌을 필요로 한다. 요씨의 〈구성〉을 보면 "懸乳穴은 생기가 融聚하여 下垂하고 영광은 외견으로 발로하며 양宮이 一乳로 함께 이르니 길혈이 된다. 중요한 것은 圈中이 舒暢하고 乳上이 光圓하여야 하며 가장 꺼리는 것은 양 팔뚝이 무정한 것이요, 더욱 두려운 것은 좌우가 空缺하고 折陷하여 水穿風射함이라" 하였다.

유회(紐會)   불유회(不紐會)

좌우 양팔로 감싸니　　좌우를 감싸지 못하였으니
　유회(紐會)　　　　　　　불유회

④ 돌혈(突穴)

돌혈은 평평한 가운데서 돌기한 것을 말하니 솥을 뒤집어 놓은 것 같고 엎어놓은 표자(杓子)와 같은 것을 의미한다. 돌혈은 땅에 길기가 있기 때문에 土가 일어난 것이라 한다. 이 돌혈은 평지나 높은 산에 모두 있으나 평지에서 더욱 많이 볼 수 있다. 대개 높은 산에서는 바람을 막아 주어야 하기 때문에 굴혈(窟穴)을 구하는 것이고, 평지에서는 물이 무섭기 때문에 돌혈을 구하기 때문이다.

　돌혈은 돌면이 광원하고 형체가 수이(秀異)하며 높은 산에서는 바람을 잘 막아 줘야 하고 평지에 있을 때는 수계가 명백하여야 하며 내맥(來脈)이 분효(分曉)하여야 하고 좌우가 균균하여야 하며 이와 반대면 흉하다.

　돌혈은 4격이 있는데 대돌(大突)·소돌(小突)·쌍돌(雙突)·삼돌(三突)이 있다.

　또한 돌혈뿐만 아니라 모든 穴이 그렇지만 혈면이 낮으면 주첨(湊檐)에 쓰고 구(毬)를 피하는 것이며 혈면이 높으면 주구혈(湊毬穴)로 쓰고 첨(檐)을 피하는 것은 상식임을 알아둘 것이다.

　돌혈은 가돌(假突)과 허돌(虛突)에 속는 수가 많으니 대단히 주의하지 않으면 안 된다. 가돌과 허돌이란 다른 주인의 호종사(護從砂)로 된 것을 말하니, 즉 수구사(水口砂), 수구돈부(水口墩埠), 창고(倉庫), 인돈(印墩) 등으로 된 것을 칭한다.

　이상 4격 외에도 변돌(邊突), 병돌(竝突), 분겸(分鉗), 합겸(合鉗), 섬유(閃乳), 측유(側乳), 골돌(鶻突), 병돌(幷突) 등 격이 있는데 자세히 알고자 하면 본인의 역저 《인자수지(人子須知)》를 참고하기 바란다.

대돌도(大突圖)　　　쌍돌도(雙突圖)　　　삼돌도(三突圖)

소돌도(小突圖)   쌍성(雙星)

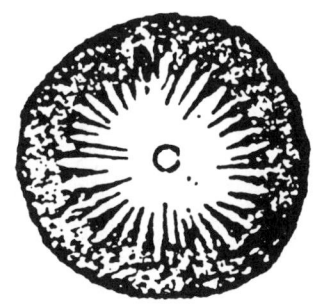

기린(麒麟)

3) 혈성(穴星)

혈성이란 穴을 받는 증거를 갖춘 산을 뜻하며 대개 입수일절(入首一節)에 해당하는 산을 의미하며 간혹 마지막 과협(過峽) 아래 혈처 바로 뒤에서부터 혈성을 갖추는 경우도 있다.

이 성봉(星峰)의 미악(美惡)에 따라 길흉이 달라진다는 것은 이미 용에서 자상하게 설명했지만 이것도 역시 오성으로 분류하여 설명하겠다.

혈성을 보는 것과 혈성이 金木水火土 오성 중에서 어느 성체를 이루었나를 규정짓는다. 왜냐하면 이 성체에 따라서 재혈(裁穴)도 결정되기 때문이다.

이 성체를 보는 기준은 학자들마다 다른 점이 많은데 요금정의 재지구성(在地九星)과 양균송의 재천구성(在天九星)이 그 대표적인 예이다. 그러나 이 모두 오성에서 나온 것이므로 오성전변(五星傳變)으로서 주(主)를 삼고 구성 등은 참고로 하기 바란다.

여기서 어느 오행에 속하든 간에 그 혈성이 바르고 단정한 것을 정체(正體)라 하고 기울고 편측한 것을 측뇌(側腦)라 하며 바닥에 낮게 깔려 있는 것은 평면 혈성이라 하는데 이 가운데 어느 것이든 반드시 와겸유돌의 형이 있어야 함은 물론이다.

① 금성 혈성(金星穴星)

금성은 둥근 것을 칭하며 상하가 모두 둥글고 신고(身高)한 것을 태양 금성(太陽金星)이라 하고 위는 둥글지만 아래쪽은 방(方)을 대(帶)하였으며 신저(身低)한 것을 태음 금성(太陰金星)이라 한다. 이에 정체, 측뇌, 평면 등으로 구분하여 설명할 수 있으나 어느것이든 반드시 와겸유돌의 형혈이 되어야 함을 강조한다.

• 정체 금성혈(正體金星穴) : 이 혈성은 성신이 바르고 존중하며 조화가 완전하므로 가장 귀한 격으로 친다. 이 정체 금성 혈성 밑으로는 반드시 와겸유돌의 혈형을 열어야 하는데 와혈이면 와중이 원정하여야 하고 현릉(弦稜)이 명백하여야 하며 겸혈이 되었으면 겸중으로 장취하고 양도가 만환(彎環)하여야 하고 유혈이 되면 권중이 서창하고 유상이 광원하여야 하며, 돌혈이 되었으면 돌면이 광원하고 형체가 영이(穎異)하여야 한다. 이상은 증좌(證佐)가 명백하고 유신(流神)이 모두 법에 맞아야 함을 강조하고 싶다.

정체 금성 혈격(正體金星穴格)

태음금(太陰金)

와혈

태양금(太陽金)

와혈

태음금(太陰金) 　　　　　　　　　태양금(太陽金)

　　겸혈　　　　　　　　　　　　겸혈

　　유혈　　　　　　　　　　　　유혈

 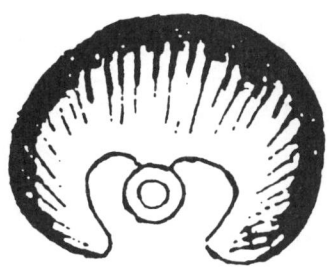

　　돌혈　　　　　　　　　　　　돌혈

• 측뇌 금성혈(側腦金星穴) : 이는 성봉이 穴로부터 바르지 아니하고 어느 한쪽으로 기울고 어긋난 것을 의미한다. 성체가 기울어 세(勢)가 어느 한쪽으로 쏠리면 穴과는 정대(正對)하지 못할 것이니 반드시 낙산을 뒤로 하고 의지하여야 되는 것인데 혹은 유돌혈이 되는 경우는 낙산이 없어도 결혈하는 수가 있다.

이 성신은 비록 측뇌이기는 하나 역량은 정체와 다를 것이 없으니 혈형만 확실하면 크게 발한다. 이 측뇌 금성도 와겸유돌로서 증거를 삼는 것이며 미악을 보는 것은 정체와 같으며 이 성신에서 반안혈(叛鞍穴) 등이 많이 나온다.

측뇌 금성 혈격(側腦金星穴格)

태음금(太陰金)　　　　　태양금(太陽金)

와혈　　　　　　　　　와혈

• 평면 금성혈(平面金星穴) : 이 성신은 평지에 낮게 나타나 있는 금성을 말하는데 혹 고한(孤寒)해 보이기도 한다. 높은 산에도 간혹 있는데 용격과 같기 때문에 알아보기가 매우 어렵다.

이 성신은 영광이 정(頂)으로부터 나타나서 면상의 와겸유돌로 모아 주는 것이므로 최고로 길한 것이 된다. 이도 와겸유돌의 형혈이 있어야 함은 물론이며 미악도 또한 정체에서와 같다.

이상 삼체의 금성은 후룡이 상격에 들면 극귀하고 하격이라도

시장·도지사 정도는 나오고 전무 귀격이라도 거부로 세상의 으뜸
은 된다. 서방 금운(金運)에 발달하고 금생(金生)이 발복한다.

무릇 와겸유돌의 원칙적인 장법(葬法)을 정리해 보면 와혈은
게고취맥(揭高就脈)함을 정론으로 하고 겸혈은 주구피첨(湊毬避
檐)하며 유혈은 잠구취맥(蘸毬就脈)하고 돌혈은 당혈취맥(當穴就
脈)함이 정법이며 이와 더불어 형세에 따라 가감할 수 있는 것이
다.

② 목성 혈성(木星穴星)

목성은 체가 곧고 그 끝은 둥글다. 혈성은 상(上)은 뾰족한 가
운데 둥글며 신(身)은 곧은 가운데 용(聳)한 것이다. 여기에 단
정한 것을 정체라 하고 편측한 것을 측뇌라 하며 평지에 누운 것
을 평면 목성혈이라 하는데 이 역시 그 아래로 와겸유돌의 혈형
이 있어야 진결(眞結)인 것이다.

• 정체 목성혈(正體木星穴) : 이 성신은 바르고 존중한 것이니
조화가 완전하다고 하여 가장 귀혈로 친다. 반드시 와겸유돌의
혈형을 찾아서 점혈(粘穴)하는 것이다. 이 목성 혈격 아래로 그

정체 목성 혈격(正體木星穴格)

와혈 　　　와혈 　　　와혈 　　　와혈

각이 둥근 것을 금각(金脚)이라 하고 굽은 것을 수각(水脚), 곧은 것은 목각(木脚)이라 하고 방(方)한 것을 토각(土脚)이라 하며 뾰족한 것을 화각(火脚)이라 하는데 원칙적으로 혈성과 상생이 되어야 길하고 상극이 되면 살(殺)이 되는 것이다. 장법은 상생이면 장살법(葬殺法)으로 쓰고 상극이 되면 압살법(壓殺法)으로 이용하는 것임을 명심하여야 한다.

• 측뇌 목성혈(側腦木星穴) : 이 혈성은 성체가 편사(偏斜)하여 세력이 한쪽으로 어긋난 것이니 침뇌(枕腦)되지 아니하므로 반드시 낙산을 의지하여 안장하는 것이다.

측뇌 목성혈(側腦木星穴)

• 평면 목성혈(平面木星穴) : 이는 성신이 곧고 길며 면은 평평한 것을 말하는데 이에도 다시 삼체가 있으며 직(直)·횡(橫)·곡(曲) 등의 체를 말한다.

직체는 복자(卜字)나 하자(下字) 같은 형을 말하며 당두(當頭)로 하혈함은 일절 불가하니 투맥살(鬪脈殺)을 범하기 때문이다. 그러므로 반드시 용의(用倚)·점법(粘法)으로 섬탈(閃脫)하여야 기(奇)가 되는 것이다. 이 때 점혈에는 반드시 순전(脣氈)이 있어야 하고 의혈(倚穴)일 때는 반드시 절구(節苞)가 있어야 한다.

횡체는 공(工) 자나 일(一) 자와 같은 형을 말하며 당요(當腰 : 허리)에 하혈함은 불가하니 참맥살(斬脈殺)을 범하기 때문이다. 횡목체에서는 하장(下葬)하기가 더욱 어려운 것이니 중간의 절구(節苞)를 잘 찾아서 쓸 것이다. 오씨가 말하기를 "倒地木星 長百丈 不論橫直 皆可葬 直尋粘倚 莫當頭 橫腰中間 節苞旺"함이 이것이다.

곡목체(曲木體)는 ㄱ 자나 지(之) 자 같은 형을 말하는 것이니 곡동처(曲動處)를 찾아서 안장하는 것이다. 이와 같은 삼체의 장법을 말하였으나 더욱 중요한 것은 입혈처에 와겸유돌의 혈형을 갖춘 맹얼(萌蘖)이나 절구가 있어야 된다는 것을 명심할 것이다.

또한 목성 혈격(木星穴格)은 동방목운(東方木運)에 발달하고 생인(生人)의 용모가 청수하고 심성이 너그럽다. 좌향이 목기가 되면 더욱 좋고 후룡이 상격이 되면 삼공 벼슬이 나오고 하격이라도 차관 이하 중귀는 하며 귀격이 전혀 없더라도 거부 관세(冠世)는 한다.

③ 수성 혈성(水星穴星)

물은 본래 흘러 움직이는 성질이니 대단히 유약하여 수성 단독으로는 이룰 수가 없으므로 반드시 金의 도움을 받아야 성혈(成穴)되는 것이다. 즉 金은 둥글고 水는 굽은 것이니 혈성도 두(頭)는 둥글고 신(身)은 굽은 것이라야 결혈됨을 말한다. 이 수성에도 삼체로 설명되고 와겸유돌로써 증거를 삼는 것이다.

• 정체 수성혈(正體水星穴) : 성두(星頭)와 穴이 똑바르게 침뇌(枕腦)하는 것을 말한다. 이 성신은 금기(金氣)만 대하면 존중되고 조화가 완전한 고로 최귀혈로 치는 것이다. 와겸유돌의 혈형만 확실하면 진(眞)이 된다.

정체 수성 혈격(正體水星穴格)

와혈

• 측뇌 수성혈(側腦水星穴) : 성체가 편사하여 세력이 일반(一畔)으로 어긋남으로 침뇌치

못한 것이니 장법에서는 반드시 낙산을 의지하여 안장하는 것이다. 그러나 유돌 2穴의 경우는 혹 낙산이 없어도 쓰는 수가 있다. 이 성신은 비록 형체는 편(偏)일지라도 역량은 정체와 다를 것이 없는 것이다. 이에 穴은 반드시 와겸유혈의 증거가 있어야 하며 미악을 보는 법은 앞에 설명한 금성혈에서와 같다.

측뇌 수성 혈격(側腦水星穴格)

   와혈   경혈   유혈   돌혈

• 평면 수성혈(平面水星穴) : 뇌(腦)가 둥글지만 곡(曲)을 대하였고 면은 평평하나 낮은 것이므로 평면 수성이라 한다. 높은 산에서는 보기가 어렵고 대개 평지에 많이 있는데 나성(羅星)과 같기도 하다. 수성혈은 윤하(潤下)이므로 평면혈이 많은 것은 당연하며 연꽃, 연잎, 해바라기, 매화낙지 등의 穴이 바로 이것이다. 평면 수성은 진룡(眞龍)이 기복(起伏)한 다음에 평지로 떨어져 결혈한 것이니 올바로만 찾으면 역량이 극대하여 크게 발한다. 요 씨가 말하기를 "평면 수성은 영광이 頂中으로부터 나오고 생기는 面上으로 모아 떠올리므로 정신을 거두어들이고 조화는 완전하다" 하였다. 이 성신은 형세의 내지(來止)가 분명하고 당국(堂局)의 주위가 아름다우며 빈주(賓主)의 정이 있어서 증좌가 확실하면 진결이 된다.

무릇 수성혈의 여러 격들은 좌향에 亥壬子癸가 되면 좋고 申子

辰生이 발음(發蔭)하며 후룡이 上이면 대귀하고 귀격(貴格)이 전혀 없어도 중부(中富) 정도 나오고 여귀(女貴) 또한 나온다.

평면 수성 혈격(平面水星穴格)

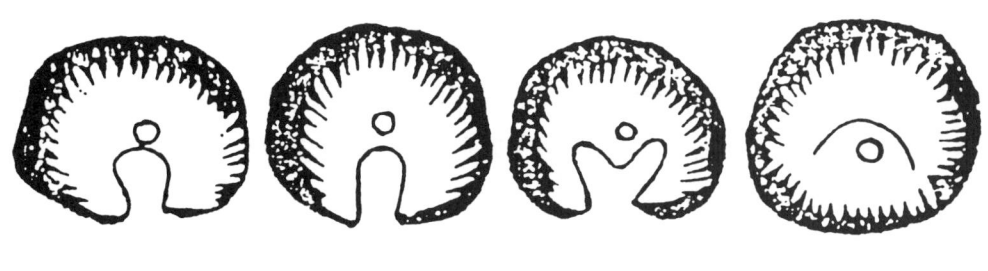

와혈   겸혈   유혈   돌혈

④ 토성 혈성(土星穴星)

토성 혈성은 후중(厚重)하고 방정(方正)하며 몸은 평평하다. 이에 4격이 있는데 정체(正體)·측뇌(側腦)·요뇌(凹腦)·평면(平面) 등이 그것인데 역시 와겸유돌의 형혈로써 증거를 삼는 것이다.

정체 토성 혈격(正體土星穴格)

와혈   겸혈   유혈   돌혈

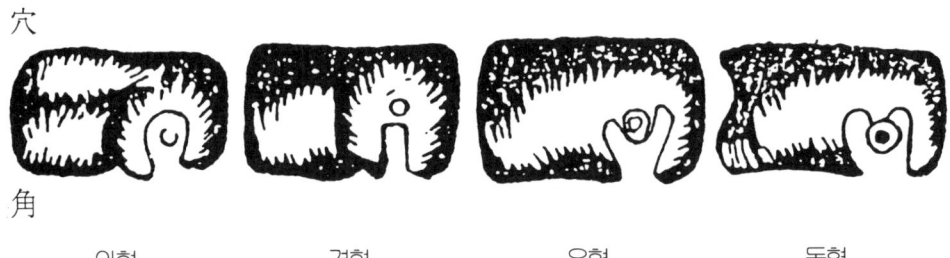

　　　　와혈　　　　겸혈　　　　유혈　　　　돌혈

• 정체 토성혈(正體土星穴) : 이 체는 단정한 것이니 최귀격이라 하겠다. 그러나 양각과 穴 아래가 혈성과 상생되어야 길하고 상극되면 압살법으로 재혈할 것이며 혹 배(培)하거나 제거하여 고칠 수도 있는데 정확히 알지 않으면 오히려 대흉하게 된다. 와겸 유돌 사상의 증좌가 명백하여야 한다.

• 측뇌 토성혈(側腦土星穴) : 성체가 편사하여 세력이 일반으로 어긋나는 것이니 침뇌치 아니하고 낙(樂)을 빌려서 하혈하는 것이다. 혹은 유돌혈이 될 경우는 낙산이 없어도 쓴다. 이는 비록 편하지만 역량은 정체와 다름이 없으나 穴은 사상이 분명해야 하며 와혈은 와중이 원정해야 하고 현릉이 분명하며 겸혈은 겸중으로 장취하고 양국(兩掬)이 만환하며 유혈은 유상이 광원하고 권중(圈中)이 서창하며 돌혈은 돌면이 광원하고 형체가 영이해야 함은 공통된 요건들이다.

측뇌 토성 혈격(側腦土星穴格)

　　　와혈　　　　겸혈　　　　유혈　　　　돌혈

• 요뇌 토성혈(凹腦土星穴) : 토성의 뇌부(腦部)가 우묵하게 들어가 요(凹)한 것인데 이는 반드시 낙산이 있어야 쓴다. 이 성신이 가장 꺼리는 것은 요부(凹部)가 너무 길어 게으른 것인데 길면 水를 대하기 쉬워 흉하게 되는 것이다.

이 성신은 대개 횡룡입수(橫龍入首)에서 볼 수 있는데 만약 낙산이 없으면 효순귀(孝順鬼)라도 있어서 뒤쪽을 겹겹으로 싸준다면 결작할 수 있다. 이에서도 당배(撞背)로 결혈한 유돌혈이 될 경우에는 낙산이 없더라도 혹은 결작할 수 있으나 와겸혈은 반드시 낙산이 있어야 결작하는 것이니 몰골혈(沒骨穴)이 되는 것이 보통이기 때문이다.

요뇌 토성 혈격(凹腦土星穴格)

와혈   겸혈   유혈   돌혈

대개 토성은 부성(富星)으로 취급되는 것이나 이는 탁한 토성의 경우이고 토성이라도 청수하고 기특(奇特)하면 왕후나 삼공 등의 작위가 나오는 것이다.

• 평면 토성혈(平面土星穴) : 평지에서 많이 볼 수 있는 것으로 면이 방평(方平)한 것이다. 대개 기반토(棋盤土), 포인토(鋪裀土) 등이 이것이다. 이는 낮아도 평탄한 곳으로 생기가 모여 정신을 거두어들임으로 조화가 완전하다고 한다. 이 역시 와겸유돌의 형혈이 분명하게 있어야 하며 미악은 앞의 측뇌 토성에서와 같다.

평면 토성 혈격(平面土星穴格)

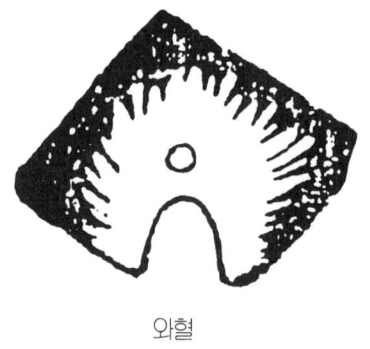
와혈

와혈

 이상과 같이 토성의 穴은 좌향이 丑艮未坤辰戌이 되면 더욱 길한 것이고 장법이 최선이면 크게 발달한다. 만약 후룡이 상격이면 대귀(大貴)하고 하격이라도 소귀(小貴)는 하며 후룡에 전무 귀격이라도 고을에서 으뜸가는 부(富)는 하며 수(壽)도 한다.

4) 혈증법(穴證法)

 혈증이란 穴이 되는 증거가 되는 사항들을 말하니 좋은 용은 참된 穴을 반드시 증좌가 확실한 쪽으로 맺기 때문이다. 이를 열거해 보면 다음과 같다.

- 조산(朝山)이 빼어난 쪽으로 穴이 있다.
- 명당이 바르게 보이는 쪽으로 穴이 있다.
- 수세(水勢)가 모이고 안아 주는 쪽으로 穴이 있다.
- 낙산이 빼어나게 받쳐 주는 쪽으로 穴이 있다.
- 귀성(鬼星)이 붙은 쪽으로 穴이 있다.
- 용호(龍虎)가 유정하고 높이가 비슷한 곳에 穴이 있다.
- 호종(護從)하는 사(砂)가 다정한 쪽으로 穴이 있다.
- 순전(脣氈)이 확실한 곳에 穴이 있다.
- 천심십도(天心十道)가 어긋나지 않으면 중앙에 穴이 있다.

• 분합(分合)이 분명하여야 穴이 된다.

5) 정혈법(定穴法)

 이는 穴을 찾는 요점을 논하고자 함인데 대개 정혈법은 주산(主山)으로부터 이미 결정나는 것이니 양으로 오면 음으로 받아들이고 음으로 오면 양으로 받아들이며 사(斜)로 오면 정(正)으로 받고 정으로 오면 사로 받아들이며 직(直)한 곳에서는 곡(曲)에서 받고 곡한 곳에서는 직으로 받고 급(急)하면 완(緩)으로 받고 완하면 급으로 받으며 경(硬)으로 오면 연(軟)으로 받고 연으로 오면 경으로 받고 산이 높으면 낮은 곳을 찾고 산이 낮으면 높은 곳을 찾는다는 설로 이는 일정불역(一定不易)의 법도이다.

① 태극 정혈(太極定穴)
 태극 정혈이란 태극 원훈(太極圓暈)을 말하는 것이다. 태극은 음양의 본체가 되며 이 세상 모든 물체는 한 태극을 가졌다 하니 태극은 氣가 비롯된 근원인 것이기 때문이다.
 穴을 찾는 과정 중에서 가장 중요한 일은 이 태극 원훈을 보는 것이니 穴마다 반드시 태극 원훈이 있기 때문이다. 그러나 이 태극 원훈은 알아보기가 매우 어려워 대단히 세밀하게 관찰하지 아니하면 지나치거나 오판하기 쉽다. 고서에 보면 "隱隱 微微 彷彷 佛佛하여 얼핏 보면 形이 있고 자세히 보면 안 보인다" 하였다. "멀리서 보면 있는 것 같고 가까이 보면 없어지며 또 옆으로 보면 나타나고 바로 보면 모호하다" 하였으니, 지극히 태극 원훈이 현미(玄微)함을 강조한 설명이다.
 穴의 생기는 이 원훈이 있는 곳에 모이는 것이며 원훈이 없으면 결작이 아닌 것이다. 태극훈을 분명하게 찾았으면 훈(暈)의 중심부에서 내맥(來脈)을 보아 정확하게 구분되고 낙산이나 주성(主星)도 바르게 침뇌하면 혈중으로 생기를 받게 되는 것이며, 다음 안산(案山)과 용호(龍虎)가 균균하고 명당이 반듯하면 외기(外氣)에도 상접하여 더 바랄 것이 없는 것이다.

대저 재혈법(裁穴法)은 이 훈의 중심의 한 지점에 표준을 세우고 상하 현(弦)에도 각각 한 표준을 세워 놓고 좌우 상하의 진퇴와 요감(鐃減)을 맞추게 되는 것이다.

만약 훈정(暈頂)의 전후에 다시 한두 개의 반훈(半暈)이 나타나 반달이나 눈썹 모양을 하고 있으면 천륜(天輪)이라 하여 대귀지(大貴地)가 되는 것이다.

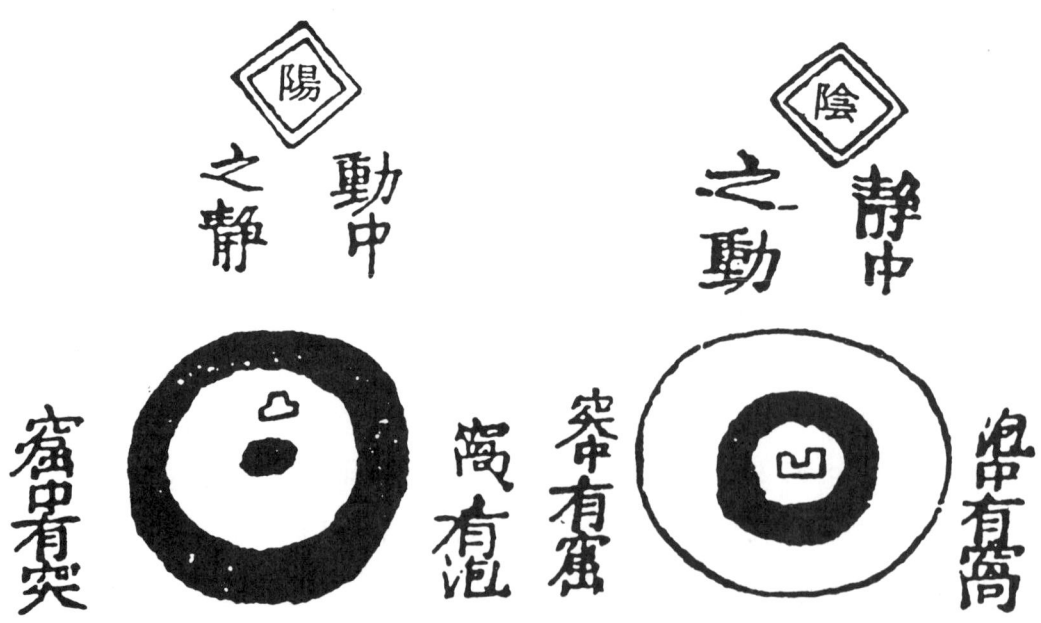

양은 태극이 동(動)하여 陽이 생한 것이므로 원훈이 비기(肥起)하였다. 돌(突)의 형상이 되는데 동중지정(動中之靜)이니 돌 중에 와(窩)를 찾을 것이다. 이곳의 개영(開塋)은 얕아야 하며 깊으면 안 된다.

음은 태극이 정(靜)하여 陰이 생한 것이니 원훈이 수함(瘦陷)하였다. 이는 와의 형상이 되는데 정중지동이니 돌(突)을 찾아 재혈할 것이다. 이곳의 개영은 마땅히 깊어야 하며 얕으면 안 된다.

이 태극 정혈법은 穴을 찾는 법으로서 가장 중요한 것이니 확실하고 자상하게 알아둘 것이며 경솔하게 판단하지 말 것이다. 또 태극훈을 깨뜨려서는 절대로 안 되며 깨지면 상룡(傷龍)이니 수의(水蟻)가 침관(侵棺)하는 것이다. 태극 원훈을 구첨(毬簷) 합금(合襟)이라 표현하기도 하며 〈장서(葬書)〉에는 승금(乘金) 상수(相水) 혈토(穴土) 인목(印木)으로 세분하여 설명하였으나 이 모두 같은 말이다. 다만 중요한 것은 온갖 穴로서 증거가 되는 것들을 파괴하지 말고 관을 넣을 자리만 정확하게 뚫고 매몰하여야 하며 만약 부득이 배(培)할 곳이나 제거할 곳이 있다면 명사(明師)의 지시에 따를 것이지 결코 아무에게나 맡기지 말 것이다.

② 양의 정혈(兩儀定穴)

태극이 한 번 동하면 양의(兩儀)가 되니 바로 이것이 음양인 것이다. 우주 만물은 어느것이나 음양으로 구성되어 상호 교호하고 있으니 하늘에서는 해와 달이 음양이요 인간은 남녀가 음양이요 생물은 자웅이 음양이요 지리에서는 산수로서 음양을 삼는 것이다. 그러나 음양은 또다시 양 중에는 음을 내포하고 음 중에서는 양을 내포하는 것이니 용(龍)은 용 중에서 음양이 있고 穴은 穴대로 음양이 있는 것이다.

穴의 음양은 훈(暈)으로 보아 훈간(暈間)이 살찌고 볼록하게 일어난 곳을 양이라 하고 깊고 오목하게 들어간 것을 음이라 하는데 이것이 즉 양의이다.

용의 음양은 좁고 급강한 것은 음룡(陰龍)이요, 넓고 완만한 것은 양룡(陽龍)인 것이다.

또 요씨가 말하기를 "凡就龍身作穴者는 乃爲陰龍이니 宜陽穴이요 若再起星峰者는 乃爲陽龍이니 宜陰穴이라" 하였고 또 "이것이 반대가 되면 비록 龍穴이 眞일지라도 葬 후에 반드시 허물이 있게 될 것이라" 하였다.

그러므로 양룡으로 오면 반드시 음혈로 받아야 하고 음룡으로 오면 반드시 양혈로 받아야 하며 이것이 틀리게 되면 노사(路死)와 생이별이 있고 여인이 공사에 나서게 된다는 것이다. 이것이 정론으로 재론의 여지가 없다.

그러나 과협처럼 끊겼다가 일어나고 일어났다가 끊기며 용의 좌변이 비기(肥起)한데 우변은 수함(瘦陷)하고 우변이 일어났는데 좌변은 낮다면 이는 이기(二氣)가 교감된 것이니 음양에 관계없이 쓰는 것이다.

만약 음양도 안 맞고 이기 교감(二氣交感)도 없다면 氣가 직래(直來)하므로 편고(偏枯)한 것이며 살을 받아 흉한 것이다.

대극훈의 음양

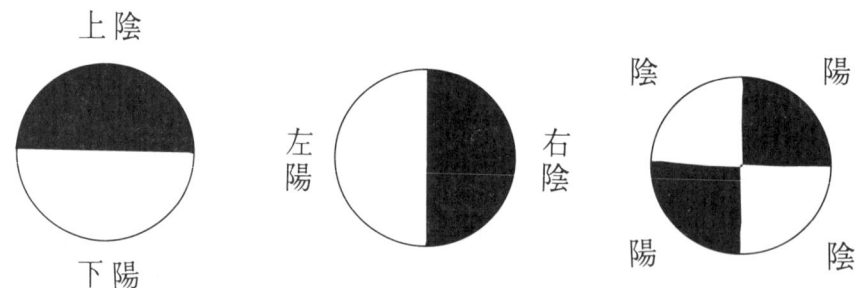

대저 이기가 정(精)하면 만물을 화생(化生)시키는 것이니 원훈 중에 비기한 곳을 양이라 하는 것이니 이기 교감된 중간을 취한다면 양기는 하강하고 음기는 상승하여 천지가 교태(交泰)하고 水火가 기제(旣濟)하여 도리를 다하는 것이니 이상 두 정혈법이 가장 중요한 정론인 것이다.

③ 삼세 정혈(三勢定穴)

삼세 정혈이란 일개 성신(星辰)에 천지인(天地人) 삼혈이 있음을 말하는 것인데 대개 천혈(天穴=高而不高)은 주귀(主貴)하고 지혈(地穴=身高穴底)은 주부(主富)하며 인혈(人穴=不急不援)은 부귀(富貴)를 겸한다고 한다. 이는 귀지는 높고 밝아야 하고 낮고 어두우면 부지가 많이 되기 때문이다.

앙고도(仰高圖)

우상혈(右上穴)이 전정(巓頂)에 있어서 앙면(仰面)하는고로 앙고혈(仰高穴)이라 한다. 입혈은 평탄(平坦)이 있어야 진(眞)이 된다.

기형도(騎形圖)

혈이 용의 척상(脊上)에 있는 고로 기형혈(騎形穴)이라 한다. 입혈처는 평탄함이 있어야 진이 된다. 역시 현무토설(玄武吐舌)이라고도 한다. 겁살(劫殺)이 되므로 압살법으로 하장한다.

빙고도(凭高圖)

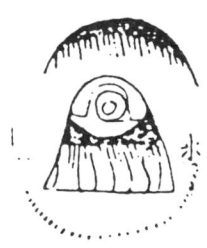

우하혈(右下穴)이 성두의 아래에 있으므로 빙고혈(凭高穴)이라 한다. 입혈처가 반드시 평탄하여야 진이 된다.

 이 삼세 정혈법은 穴과 사위(四圍)가 상등(相等)하여야 하며 穴이 높을 땐 장풍(藏風)을 주의해야 하고 낮아도 맥(脈)을 잃지 말아야 한다. 이 모두 혈처엔 평탄하고 원훈이 있어야 진이 된다.
 천혈은 산꼭대기에서 높이 결혈하는 것인데 전정(巓頂)에서 맺는 穴을 앙고혈(仰高穴)이라 하고 성두의 조금 아래에서 맺는 穴을 빙고혈(凭高穴)이라 하는데 용개법(用盖法)으로 재혈(裁穴)하는 것이고 산척(山脊)에서 맺는 穴을 기형혈(騎形穴)이라 하며 용당법(用撞法)으로 재혈하는 것이다.

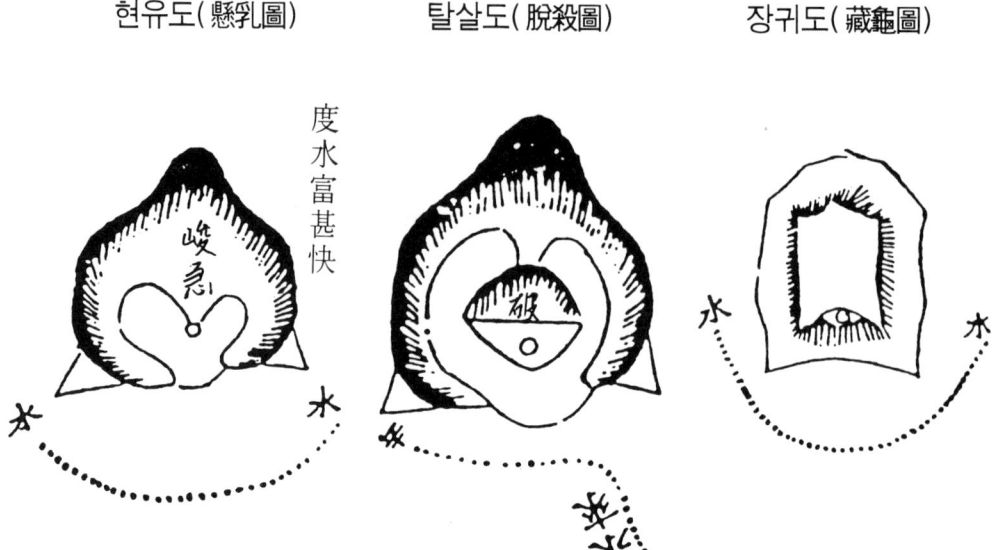

현유도(懸乳圖)   탈살도(脫殺圖)   장귀도(藏龜圖)

현유혈은 수유두(垂乳頭)에 있으니 산록처에 붙어서 결혈하는 것이니 용점법(用粘法)으로 하여야 하고 철장(綴杖)으로 하장하는 것이다.

탈살혈의 성체의 아래에 있는 것이니 산맥처를 떠나서 결혈하는 것이다. 이도 용점법으로 해야 마땅하고 장(杖)을 벗어나서 하장하는 것이다.

장귀혈은 평지에 있는데 미겸미돌처(微鉗微突處)에 결혈하는 것이다. 이는 용당법으로 하장하는 것이다.

천혈은 비록 높으나 穴에 올라서 보면 높음을 느끼지 않아야 한다.

지혈은 신(身)이 높으나 穴은 낮게 산 끝에나 평지에서 맺는 것이니 이에 3가지가 있다. 산록 끝에서 맺는 穴을 현유혈(懸乳穴)이라 하고 성체가 끝나는 밑을 조금 벗어나서 맺는 穴을 탈살혈(脫殺穴)이라 하며 평지로 멀리 빠져 나가서 미돌(微突)을 일으켜 맺는 穴을 장귀혈(藏龜穴)이라 한다. 현유혈은 용점법(用粘法)으로 재혈하며 장철(杖綴)하는 것을 원칙으로 하나 탈살혈은 용점법으로 하고 장귀혈은 용당법으로 재혈한다.

인혈은 산세가 급하지도 않고 완만하지도 않으며 산의 중간 정도에서 결혈하는 것인데 장살혈 한 가지뿐이다. 용당법으로 재혈하며 만약 내세(來勢)가 급할 때만은 용의법(用倚法)을 쓴다. 인혈은 바람타는 것을 꺼린다.

인혈에는 오직 이 일격(一格)뿐인데 산의 허리에 있는 것이다. 내맥이 완만한 것은 穴이 가운데에 있고 용당법으로 쓰며, 내맥이 급한 것은 穴이 한쪽 변(邊)으로 있으니 용의법으로 쓴다.

④ 사살 정혈(四殺定穴)

사살 정혈이란 장살혈(藏煞穴=用撞法), 압살혈(壓煞穴=用盖法), 섬살혈(閃煞穴=用倚法), 탈살혈(脫煞穴=用粘法)을 말하는 것인데 점혈(占穴)함에는 반드시 이 사살법을 사용하여야 한다. 살(殺)이란 사람을 해하는 독하고 모진 기운을 말하는 것이기 때문이다. 형세학에서도 여러 가지의 살이 있으나 그 중에서 가장 무서운 살이 직(直)과 첨(尖)이고 또 급경(急硬), 참암파쇄 조악, 능압 등 무서운 살이 많은데 이들 살을 피하기 위하여 사살장법(四殺藏法)을 사용하게 되는 것이다.

이에 두 가지의 설이 있는데 하나는 내맥입수(來脈入首)의 결혈처에 살을 띤 것으로 보는 것이고, 또 하나는 용호(龍虎)와 안산(案山) 등 주위의 砂에서 살을 띤 것을 보는 것이다.

첫째 **장살혈**=내맥에서의 사살장법은 입수내맥(入首來脈)이 완화유양(緩和悠揚)하고 직급(直急)하지 아니하며, 경준(硬峻)하지도 아니하면 살이 없는 것이므로 장살혈로 하장하여야 하니 이것을 당법(撞法)이라고도 한다.

둘째 **압살혈**＝내맥의 아래 끝이 칼끝과 같이 뾰족하고 급경(急硬)하면 살이니 압살법으로 하장하여야 할 것이니 개법(盖法)이라 한다.

셋째 **섬살혈**＝내맥이 곧게 오고 용의 끝이 뾰족한 살을 띠고 있으면 사세(四勢)가 중간쯤의 한쪽 옆구리로 모일 것이니 섬살혈로 하장하여야 한다. 이를 의법(倚法)이라 한다.

넷째 **탈살혈**＝내맥이 급하고 산세가 준(峻)하여 사응(四應)이 낮게 아래로 모이면 탈살혈로 하장하는 것이니 점법(粘法)이라 한다.

주위 砂로서의 사살장법은,

좌우 양각 아래와 穴에서 가까운 양변의 용호산이 모두 원정하고 아름다워 살이 없으면 '신살장복혈(神殺藏伏穴)'이라 하니 마땅히 중간쯤에 장살혈로 하장하는 것이니 당법을 의미한다.

혈성 좌우와 각하(脚下) 등에 첨직(尖直)한 살이 있거나 양변 용호산에 첨직한 살을 띠었으면 이른바 '신살출현혈(神殺出現穴)'이라 하여 마땅히 높이 압살혈로 하장하여야 하니 개법을 의미한다. 동(童) 씨가 말하기를 "高則群凶降伏한다"함이 바로 이것이다.

혈성과 용호산 중에서 혹은 좌나 우측에 첨직함이 많으면 이른바 '신살편로혈(神殺偏露穴)'이라 하여 다른 한쪽 아름다운 곳에 섬살혈(閃殺穴)로 하장하는 것이니 피흉(避胸)하는 의법을 의미한다.

혈성의 형세가 준급한데 좌우가 저하하면 이른바 '신살분찬혈(神殺奔竄穴)'이라 하여 穴이 낮게 거하니 탈살혈로 하장해야 하며 점법이라 할 수 있다.

⑤ 요감 정혈(鐃減定穴)

요감 정혈법은 음양의 소장(消長)을 말하는 것이니 좌우의 사수(砂水)로 하여금 穴을 돌보는 정(情)이 있음을 요하기 때문이다.

제2부 형세론(形勢論) 103

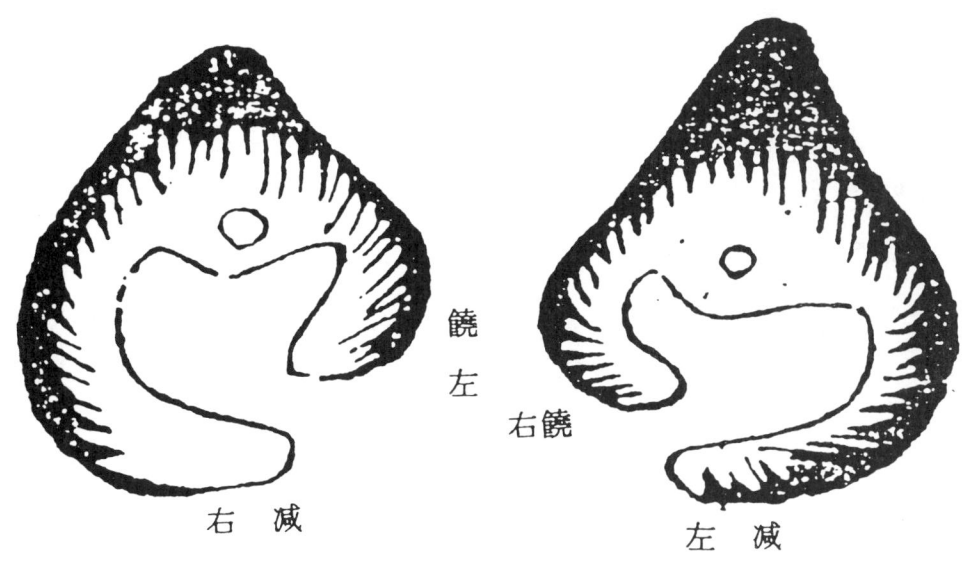

요룡감호(饒龍減虎)   요호감룡(饒虎減龍)

좌호산(左虎山)이 선도(先到)하니 호랑이가 용혈을 싸고, 좌는 우의 배개가 되며, 요룡감호(饒龍減虎)가 되었으니 水가 좌로부터 와서 우로 따라가면 우산(右山)이 역수(逆水)가 된다.

좌룡산(左龍山)이 선도하여 용이 호혈을 싸고 우는 좌의 배개가 되며, 요호감룡(饒虎減龍)이 되었으니 水는 우로부터 와서 좌를 따라나가면 좌수(左手)가 역수가 된다.

　다시 설명하면 요감 정혈은 순역(順逆)과 같은 말로서 청룡(靑龍)이나 백호(白虎)의 끝이 물이 내려가는 방향으로부터 반대로 거슬러줄 때 요감이 된다는 것이다. 만약 역이어야 하는데 순이 된다거나 순이어야 하는데 역이 된다면 요감이 안 되는 것이다. 이 요감 정혈법은 청룡이건 백호이건 역으로 받아 주는 쪽인 감(減) 쪽에 穴이 있음을 명심해야 할 것이다.

　⑥ 추길피흉 정혈(趨吉避凶定穴)
　옛말에 "천지도 全功이 없고 성현도 全能이 없다"고 하는데 산천의 융결(融結)에 어찌 완전함이 있다고 하겠는가? 아무리 좋은 穴일지라도 가까이에서 보면 결함이 보이는 것이고 비록 추졸한 산일지라도 멀리서 보면 아름다울 수 있는 것이다.

　이 추길피흉법은 추졸하게 보이는 쪽을 피하고 아름답게 보이는 쪽으로 穴이 있다는 말이기도 하다. 즉 좌측 산이 높이 누르면 우측으로 정혈(定穴)하고 우측 산이 높이 누르면 좌측에 穴이 있으며 혹 좌수(左水)가 충사(衝射)하거나 좌사(左砂)가 흉악하거나 좌측 명당이 기울어지면 穴은 우측에 있으며 우측에 무정하거나 우측이 살을 띠었거나 우측 砂가 도망간다거나 추악하면 穴은 좌측으로 맺는 것이 이것이다. 그러나 대지에 살이 없으면 결코 발할 수 없는 것이니 조그마한 살은 오히려 복이 될 수도 있다. 가령 첨요(尖曜) 등이 穴을 쓴다면 잘라서 둥글게 할 수도 있고 작은 물이 충사하는 것 등도 나의 이용물로 만들어 쓸 수 있는 것이며 砂가 곱지 아니하여도 아름답게 손질하여 길하게 만들어 쓰는 것이니 대지에서 살은 귀인의 곁에 서는 총칼을 든 호위병과 같은 것이다.

　⑦ 지장 정혈(指掌定穴)
　술가(術家)들은 인간의 신체가 우주 천체를 축소하여 갖추고 있다 하여 소우주(小宇宙)라 하고 신체 중에서도 손을 가리켜 우주의 이치가 다 있다고 한다. 이래서 지장혈을 취하는데 학자들은 7~9穴이 있다고 분류해 놓았으나 길혈은 구혈(毬穴), 대부혈(大富穴), 홍기혈(紅旗穴), 곡지혈(曲池穴) 등이며 장심혈(掌心穴)은 별도로 구분하고 있다.

　구혈은 대지(大指)와 점염지(點塩指) 사이에 있는데 이를 호구혈(虎口穴)이라고도 한다. 격에만 맞으면 대부, 대귀한다.

　대부혈은 대지의 제1절에 있는데 길혈에 되려면 후락(後樂)이 있어야 한다.

　홍기혈은 제2지의 1절에 있는데 길혈이나 역시 낙산이 있어야 사용할 수 있다.

　곡지혈은 제2지의 2절에 있는데 대개 회룡고조(回龍顧祖)가 되고 부(富)가 속발(速發)하나 낙산이 좋으면 귀도 크게 난다.

　장심혈은 손바닥의 요(凹)한 둥우리 안에 결혈하는 것인데 미유(微乳)나 돌(突)을 찾아 입혈(立穴)한다.

구혈(毬穴)

대부혈(大富穴)

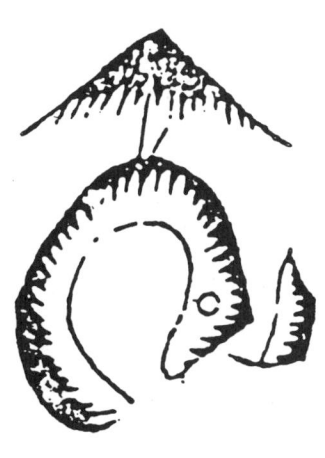

홍기혈(紅旗穴)

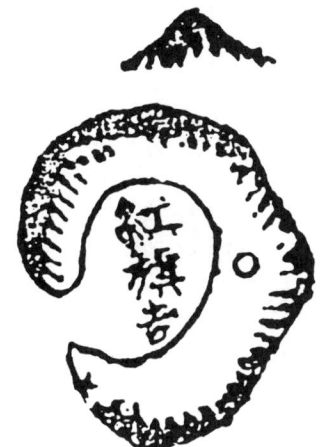

곡지혈(曲池穴)

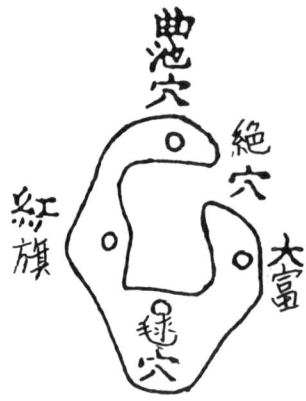
우선혈(右僊宮)

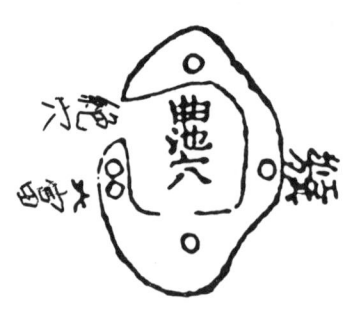
좌선혈(左僊宮)

⑧ 선궁혈(仙宮穴)

선궁혈(仙宮穴)은 제혈(諸穴)이 되는 근본으로 손을 모로 세운 상태를 의미하는데 왼손을 모로 세우고 보면 좌선궁(左仙宮), 오른손을 모로 세우고 보면 우선궁(右仙弓)이 된다. 수많은 穴을 논한다 해도 어느 한쪽의 선궁혈로 귀속되고 마는 것임을 살펴야 한다. 구혈(毬穴), 유회혈(紐會穴), 단제혈(單提穴), 교슬혈(咬虱穴) 등이 모두 선궁혈의 다른 명칭에 불과하며 변격을 말하는 것인데 원진수(元辰水)가 곧게 나가지 못하도록 穴 앞을 완전히 감싸 주어 막아야 길혈에 든다. 고서에 "十個單提에 九個眞이요, 十個仙宮에 九個貴라" 함이 의미 있는 구절이다.

우선궁(右仙宮)

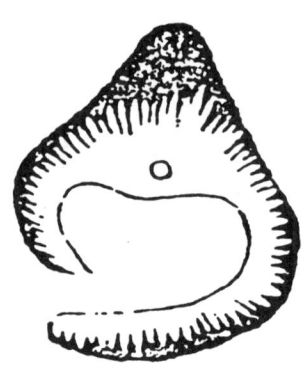
좌선궁(左仙宮)

측장혈(側掌穴)은 선궁혈이나 단제혈과 같은 이치인데 단지 한쪽 옆으로 몸을 돌려 개구(開口)하여 낙산을 의지하여 결혈한 것이다. 이는 완전 선궁이 안 되었으므로 원진수가 쭉 빠져 나가지 못하도록 독립된 산이 물의 입구를 막아 주는 것이다. 선인측장(仙人側掌) 등이 이에 속한다.

좌측장(左側掌) 우측장(右側掌)

 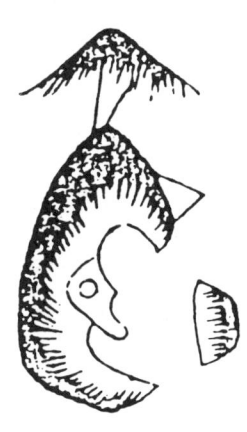

⑨ 물형정혈(物形定穴)

물형 정혈이라 함은 어느 짐승이나 물건의 모양과 형상에 맞추어 穴을 정하는 법을 지칭한다. 다시 말하면 와우혈(臥牛穴)이니, 穴은 양이(兩耳) 사이에 있다든지 선인무수혈(仙人舞袖穴)이니 북이나 장고에서 穴을 찾는 것 등을 말한다. 그러나 이는 매우 잘못된 것으로서 이미 사계(斯界)의 7현인이 바로잡아 놓은 바 있다.

지리는 이치를 추적하여 답을 얻는 것인데 물건의 형을 따르다가 지렁이를 뱀이라 하고 고양이를 사자라 하지 않는다고 누가 장담하겠는가? 그러나 우연히 물형의 穴과 이치의 부합이 이루어졌다면 더욱 묘미한 것이라 하겠다.

제 3 장 사(砂)

砂라 하면 穴 주위를 싸고 있는 모든 산을 총칭하여 일컫는 말이다. 左靑龍 右白虎 後玄武 前朱雀 등을 비롯하여 멀리 나성(羅城) 수구금요(水口禽曜) 관귀(官鬼) 등 국세(局勢)에 관계하고 있는 모든 산을 보이건 안 보이건 砂로서 취급하는 것이다.

풍수지리에서는 穴을 주인으로 삼고 砂를 호위하는 시종으로 삼기 때문에 砂의 태도에 따라서 길흉이 결정되는 것이다. 따라서 용혈(龍穴)이 좋아야 함은 물론이지만 砂가 흉하면 穴이 아무리 좋아도 소용이 없게 되는 것이다.

양택(陽宅)에서도 마찬가지여서 산이 밝으면 사람이 현달하고 산이 어두우면 사람도 어리석고 산이 수영(秀穎)하면 사람이 수복(壽福)하고 산이 첨악(尖惡)하면 살상을 좋아하고 산이 물을 따라 달아나면 사람이 오랫동안 안정하고 살지를 못하는 것이니 이 모두 砂의 작용하는 바인 것이다.

또 砂의 미악(美惡)을 보면 바르고 둥글고 피부가 곱고 다정하며 광채가 나는 것을 길사(吉砂)로 치고, 깨지고 패고 기울어지고 추악하고 무정한 것을 흉사(凶砂)라 한다.

또 용혈은 좋은데 砂가 따르지 못하면 사람은 똑똑하나 출세를 못하고 혹은 귀(貴)를 한다 해도 이름을 내지 못하며, 砂는 훌륭

하나 용혈이 따르지 못하면 외손(外孫)과 양자(養子) 쪽으로 발복(發福)은 있으나 본손(本孫)이 어리석게 되는 것이다.

1. 사(砂)의 분류

1) 청룡(靑龍)과 백호(白虎)

청룡 백호라 함은 穴에서 가장 가까이 보이는 좌우의 양측 산을 말하는 것으로 좌를 청룡, 우를 백호라 한다. 뒷산을 현무(玄武)라 하고 앞산을 주작(朱雀)이라는 것과 합하여 사수(四獸)라 하는데 이 사수는 穴을 호위하는 가장 긴요한 산인 것이다.

고서에 '장승생기(葬乘生氣)'라 하였는데 생기는 바람을 타면 흩어지는 것이므로 용호가 주밀하게 호위한다면 생기가 穴로 융취(融聚)하는 데 지장을 받지 않기 때문이다. 그러므로 청룡 백호는 너무나 멀어서는 바람을 받기 쉬우니 안 되고 또 너무 가까워 답답해도 주인의 허물을 자세하게 알기 때문에 안 되며 적당한 거리를 두고 호위하는 것을 좋아한다. 또 穴을 향하여 유정(有情)하게 안아 줘야 하고 피부가 고와야 함은 물론 좌우의 거리나 높이도 균등하여야 상(上)으로 친다.

청룡 백호는 본신룡(本身龍)에서 발출한 것을 상으로 치고 타산(他山)이 와서 된 것은 그 다음이 된다.

청룡 백호가 파쇄(破碎)되었거나 허리가 끊긴 것은 흉한 것이니 청룡이 그러하면 일사칠위(一四七位)에 해를 받고 백호 쪽이 그러하면 삼육구위(三六九位)에 해를 받기 때문에 나쁘다. 또 용호가 穴을 감싸 주지 아니하고 물을 따라 사비(斜飛)하거나 직장(直長)하면 주인을 배신하는 것이니 나쁘고, 너무 높아서 위압감을 주는 것은 고용인이 주인을 능멸한다 해서 나쁘고, 너무 낮아서 호혈(護穴)을 못하면 주인이 아무리 똑똑해도 이름을 날리지 못하며, 용호의 끝이 마주보고 머리를 쳐들거나 쏘는 것은 투쟁이 되는 것이니 형제 육친간에 분쟁이라 하여 흉하고, 용호의 거리와 높이가 다른 것도 균형이 맞지 않으니 불리하며, 피부가 조악(粗惡)하여 뼈대나 힘줄이 나오는 것도 모두 허물이 되는 것이다.

穴은 원칙적으로 사수의 호위가 있어야 되는 것이다. 그러나 용호 중에서 어느 한쪽이 없는 경우도 있는데 이 때는 반드시 오는 물로써 용호를 대신할 수 있어야 하며 반대로 한쪽의 용호가 없는 쪽으로 물이 유거(流去)하여서는 안 된다.

본신룡호도(本身龍虎圖)　　　　외산룡호도(外山龍虎圖)

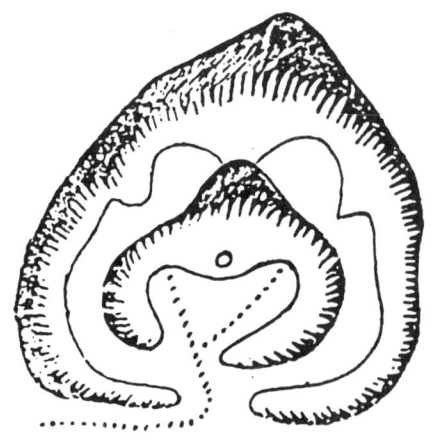 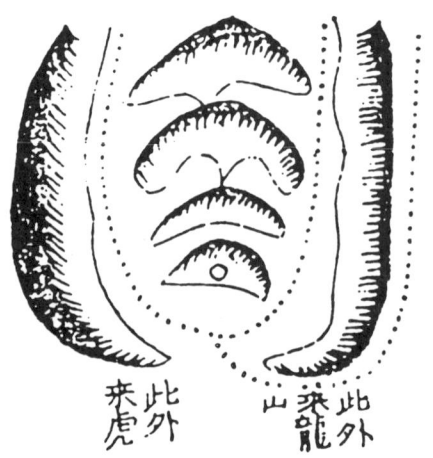

위 용호는 본신의 좌우 양쪽 팔로부터 출발한 것이니 참된 용호라 할 수 있으며, 극히 유력하다. 범월봉(范越鳳)이 말하기를 "용호가 본신으로부터 나오는 것은 勝於他라" 하였다.

外山으로부터 나온 것이니 이른바 가합(假合)한 용호이다. 범월봉이 말하기를 "본신으로부터 出來하지 못한 것은 용호라 말할 수 없다" 하였으니 역시 유리한 말이다. 穴 사이에서 보이지 않는 것은 용호로 보지 말 것이다.

2) 안산(案山)

　조산(朝山)과 안산은 다같이 穴 앞으로 보이는 산을 말하는데 안산은 穴에서 가장 가깝고 작은 산을 말하며 조산은 안산 너머로 보이는 멀고 높은 산을 말한다.
　안산은 사람의 집무실에 놓여 있는 책상과 같은 것이니 가깝고 바르고 깨끗하게 단장되어야 하며, 穴보다 높아서는 안 된다.

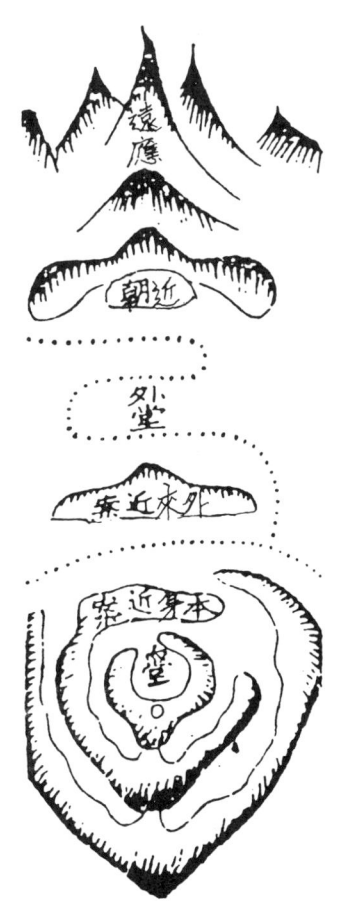

조안(朝案)

　무릇 穴은 안산이 없으면 생기가 멈추지 아니하고 원진수(元辰水)가 쭉 빠져 나가기 때문에 穴이 될 수 없는 것임을 알아야 한다. 반드시 근안(近案)이 있어서 내기(內氣)를 융취해 줘야 하고 원진수의 직장을 막아 주어야 진결(眞結)의 걱정이 없는 것이다.
　안산은 청룡 백호가 전교(纏交)하여 된 것도 있고 다른 산이 와서 된 것도 있는데 어느 것이나 격에만 맞으면 좋은 것이다. 또 안산은 너무나 가까우면 명당이 핍착(逼窄)하여 살아 있는 사람이 어리석고 흉완(凶頑)하며 안산이 너무나 멀면 수습이 없으므로 흉하며, 국세에 알맞은 안(案)이라야 상이 된다.
　〈용자경(龍子經)〉에 보면 "손을 뻗어 닿을 듯한 案은 稅錢이 千萬貫이라" 하였고 범(范) 씨는 "遠朝는 衝天이라도 두려울 것이 없으나 近案은 過腦함을 가장 꺼린다"하였음은 조안(朝案)을 잘 나타낸 말이라 하겠다.

안산은 穴에서 가장 가깝고 원진수를 역으로 걷어 주는 산이니 혈의 길흉화복에 대단히 민감하다. 그러므로 단정원교(端正圓巧)하여야 하고 수미광채(秀媚光彩)하여야 하며 회포유정(廻抱有情)하여야 함은 재론의 여지가 없다.

안산이 만약 물을 따라 달아난다거나 穴을 향하여 예리하게 쏘고 덤빈다거나 파쇄하고 추악하다거나 반배무정(反背無情)한다면 흉한 것이다. 또 안산은 꼭 산이라야만 되는 것은 아니고 혹 전답의 두둑이나 고주소부(高洲小阜) 등도 될 수 있는 것이나 반드시 유정해야 함은 강요하는 것이다.

3) 조산(朝山)

조산은 안산 너머로 멀고 높은 산을 말한다. 조산의 의미는 손님에 해당하는 산으로 주인격인 穴과는 책상인 안산을 사이에 두고 마주앉은 형상인 것이다. 고서에 "穴毋友不知己者(혈은 자기보다 못한 자와는 벗하지·아니한다)"하니 조산은 높고 크게 충천할수록 상대가 좋다는 것은 당연한 것이다. 또 〈장경(葬經)〉에도 "朝山이 有情하면 將相公候를 약속할 수 있다"하였다.

무릇 생성된 용에는 반드시 생성된 穴이 있는 것이며 조응(朝應) 역시 빼어나 짝을 이루게 되는 것임을 명심할 것이다. 이를 고서에 "문 안에 군자가 있으니 문 밖에서 군자가 자연히 찾아와 벗이 되는 것이다"라고 설명하고 있다.

조산에도 수격(數格)이 있는데 먼 곳으로부터 내 쪽을 향하여 적당한 위치에 와서 멈추고 융결(融結)을 돕는 경우를 특조산(特朝山)이라 하여 상격이 되고 다음으로 횡조산(橫朝山)과 위조산

(爲朝山)이 있는데 이는 생략하니 자세한 것을 알고 싶은 독자께서는 《인자수지(人子須知)》를 참고하기 바란다.

또한 조산이 없는데도 진결이 되는 경우가 있는데 수조(水朝)가 그것이다. 오(吳) 공과 양(楊) 공은 "案山이 있으면 산을 향하고 案山이 없으면 水朝를 향하여도 貴發한다" 하였음이 이것이다. 그러나 수조의 경우는 그 조대(朝對)하는 水가 반드시 유정함을 요하는 것이다.

조산의 미악을 보면 단정 수려하고 첨원방평(尖圓方平)함은 길하고, 파쇄되고 기울고 물을 따라 달아나고 배반한 것 등은 흉한 것이다.

또한 조산이 첨원 수려한 것은 귀하고 비만(肥滿)한 것은 주부(主富)하는 것이 보통이다.

만약 조산이 단수(單秀)할 때는 문제가 안 되나 쌍으로 세력이 같을 땐 향공(向空)하는 것임을 잊어서는 안 된다.

또 후조산(後照山)도 조산과 같이 용수(聳秀)하여야 길하나 다만 앞의 조산을 양, 뒤의 조산을 음이라 하는 것만이 다르다.

서부마조지(徐駙馬祖地)

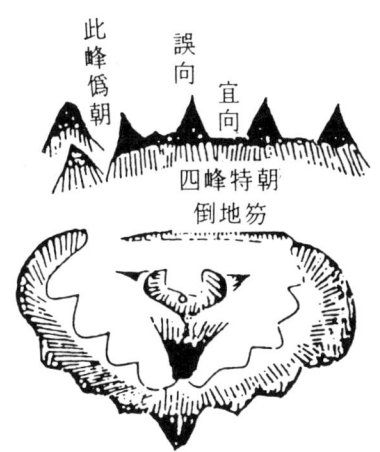

용혈이 아름다우나 아까운 것은 조산이 소차(少差)하여 감복(減福)된다. 대개 입향(立向)이 어긋나면 안으로 승기분금(乘氣分金)과 밖으로 사수향배(砂水向背)가 상실되는 것이니 털끝만큼의 차라도 있어서는 안 된다.

4) 좌보우필(左輔右弼)

좌보우필은 용과 穴의 귀증(貴證)으로 용과 穴을 중심으로 하여 좌우에 특기(特起)한 산들을 말한다. 이 보필산은 좌우 양쪽에서 등대(登對)되어 서로 어긋나지 않아야 아름다운 것이며 고저 대소 원근까지도 상등하여야 길한 것이 된다.

후룡(後龍)의 좌우에 시립한 것을 천을(天乙)·태을(太乙)이라 하고 과협(過峽)의 좌우에 있는 것을 천각(天角)·천고(天孤)라 하고 전조의 좌우에 있는 것을 금오(金吾)·집법(執法)이라 하고 명당의 좌우에 있는 것을 천관(天關)·지축(地軸)이라 하고 수구(水口)의 좌우에 있는 것을 화표(華表)·한문(捍門)이라 하는 것이며 穴의 좌우에 있는 것이 태양(太陽)·태음(太陰)과 같으면 일월내조(日月來照)라 하고 돈필(頓筆)·전기(展旗)와 같으면 문무시위(文武侍衛) 등 형상에 따라 명칭만이 다소 달라질 뿐이지 총칭하여 보필사(輔弼砂)라 한다.

5) 천문지호(天門地戶)

천문지호사(天門地戶砂)는 일명 삼문오호(三門五戶)라고도 하는 것으로서 水가 오는 곳을 천문이라 하니 활짝 열려 산명수수(山明水秀)하여야 하고 水가 나가는 곳을 지호라 하는 것이니 강력하게 폐밀(閉蜜)되어 긴밀히 중첩되어야 길한 것이다.

6) 나성원국(羅城垣局)

나성원국이라 함은 전조(前照)와 후탁(後托)이 서로 연결되어 주위가 울타리를 쳐 놓은 것처럼 고용주회(高聳周廻)한 것을 말한다.

7) 낙산(樂山)

낙산이란 穴의 뒤를 받쳐 주는 산이니 몸을 의탁하는 뜻이 있는 것이다. 내룡(來龍)이 기복(起伏)과 위이(逶迤)로 밀고 내려와서 결혈된 穴과 혈성을 고정(高頂)에서 열린 穴은 낙산이 필요치 않으나 횡룡혈(橫龍穴), 요뇌혈(凹腦穴), 측뇌혈(側腦穴), 몰골혈(沒骨穴) 등에서는 반드시 낙산을 의지하여야 융결되는 것이다.

낙산의 미악과 대소는 전조 등 타사(他砂)의 설명과 같다.

8) 하수사(下水砂)

하수사란 물 나가는 곳의 砂를 말하는 것으로 하비(下臂) 또는 하관(下關)이라고도 한다.

고서에 "자리의 있고 없음을 알고 싶거든 먼저 下臂를 보아라" 하였으니 자리의 완전함과 대소 역량은 모두 하관의 긴밀도에 따라 결정되는 것이다.

따라서 하관이 공광(空曠)하면 땅이 없는 것이요, 중첩되면 안에 큰 주인(穴)을 모시고 있다는 증거가 되는 것이다.

또 이 하수사는 물이 흐르는 반대로 역관(逆關)됨을 요하는 것이다. 고서에도 보면 "逆水下關은 財砂"라 하여 부귀를 결정짓는 중요한 부분으로 보아 왔음을 알 수 있다. 양 공도 "下臂가 逆水하면 世代로 貧困을 모른다" 하였고 동(童)씨도 "下砂一臂가 逆關하여 源頭水를 걷어 주면 兒孫이 世間의 田畓을 모두 사들인다" 하였다.

필자가 경험하여 보아도 하사(下砂)가 가까이에서 진전(進田)으로 역수한 곳은 금시 발복으로 재물이 선발(先發)하였고 좌성(座星)이 존귀한 곳은 역시 당대 내에 귀발(貴發)도 하였다.

허락도(虛樂圖)　　　　　특락도(特樂圖)

이는 혈후(穴後)가 공허하여 없으니 비록 몇 개의 작은 산이 있으나 편방(偏傍)하고 저섬(低閃)하여 혈장(穴場)의 베개가 될 수 없으니 흉지가혈(凶地假穴)일 뿐이다.

이는 먼 산이 특래(特來)하여 연연(挻然)히 穴에 붙어 응락(應樂)한 것이니 지길(至吉)하다. 주취발부귀(主驟發富貴)하고 인정(人丁)이 태왕(太旺)하며 강녕(康寧) 장수한다.

차락도(借樂圖)

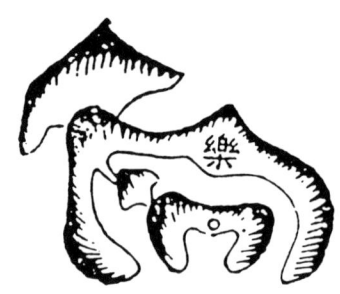

이는 횡장(橫障)이 穴에 붙어 공결(空缺)을 막았고 정락(正樂)으로 응하니 역시 유력하다. 이는 길지진혈(吉地眞穴)이 되는 것이며, 복은 특락(特樂) 다음이다.

무릇 하수사의 하는 일은 물을 걷어 막아 줘야 하며 어떻게 해서든 물이 나가지 못하도록 방해를 하여 지현(之玄)으로 구불구불 뒤를 돌아보며 나가게 하면 길한 것이다.

그림과 같이 역관되면 길하나 그 반대가 되면 순수(順水)가 되어 흉한 것이다. 위와 같이 역관을 하되 대하가 있을 때는 소수(小水)는 논하지 말고 대하수(大河水)의 역관만을 치는 것이며, 소수도 역하고 대수도 역하여 층층 겹겹이 역관하면 더욱 아름다운 것이다.

청룡역관(靑龍逆關)　　　　백호역관(白虎逆關)

9) 화표사(華表砂)

화표사는 수구에 기봉(奇峰)이 탁립(卓立)하게 솟아 있는 것을 말한다. 화표는 높이 하늘을 찌를 듯이 천표(天表)가 되어야 화표라는 칭호를 받을 수 있는 것이며 그 안에 대귀지(大貴地)를 지키고 있다는 증거이다.

화표사는 양쪽 산이 대치(對峙)하고 그 사이로 물이 흘러가면 더욱 좋고 혹은 한쪽만 있어도 화표가 된다.

화표산(華表山)

 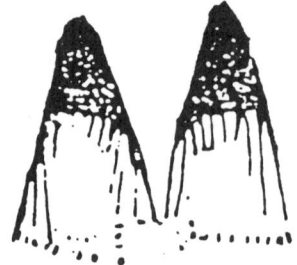

10) 한문(捍門)

한문사(捍門砂)는 수구의 양쪽을 지키는 호한사(護捍砂)를 말한다. 이 한문은 물의 형상(形狀)에 맞아야 더욱 좋은 것이다. 즉 일월 기고(旗鼓)라든지 귀사(龜蛇) 사상(獅象) 등과 같은 형상을 말하는데 일중 이중으로 거듭 있으면 대귀지로부터 때로는 금혈지(禁穴地)까지 된다.

한문은 3격으로 구분하는데 그 1은 조수국(朝水局)에서 穴 앞의 한문 사이로 수래(水來)하고 또 그 사이로 전조가 조읍(朝揖)하는 것이고, 그 2는 거수국(去水局)에서 단정한 한문 사이로 수출(水出)하나 외양(外洋)의 큰물은 특조(特朝)하는 것이며, 그 3은 횡수국(橫水局)에서 양쪽 산의 한문이 穴에서는 보이지 않더라도 단정하게 앉아서 그 사이로 수출(水出)하는 것인데 이 모두 가한 것들이다.

또 한문이 있고 나성(羅星)이 있으면 더욱 기특하다. 경(經)에 "捍門之外에 有羅星이면 便作公侯 山水斷이라" 함이 그것이다.

11) 북신(北辰)

북신이란 수구 사이에 참암(巉岩)한 돌산이 높이 솟구쳐서 보기에 무섭고 간담이 서늘할 정도로 괴이한 형상을 한 것이다. 이는 극귀사(極貴砂)로서 금혈대지(禁穴大地)를 결작하는 곳이며 적어도 공후부마(公侯駙馬)는 보장되는 곳이다.

북신에 대한 제현들의 설을 보자.

楊公, "一個 北辰이 萬兵을 거느린다."

"高大崢嶸하고 聳雲漢하면 필시 하늘을 다투어 國人을 奪한다."

"北辰이 天中에 높이 솟아 上將下相이 분명히 列立하였으면 이곳은 천지에서 國寶를 진압할 것이므로 隱藏閉口하고 함부로 지껄이지 마라."

許仙, "한 모양 北辰이 참되면 貴가 인류에서는 비길 데가 없고 만약 低小하더라도 朝臣은 된다."

吳公, "水口交羅에 괴석이 있으면 大小高低로 輕重을 논할 것이다. 高大한 것은 北辰이니 반드시 영웅을 生하지 않는 법이 없다."

금성론(禁星論)에 "大地는 龍神이 지키고 있어서 凡人으로 하여금 함부로 지껄이는 것을 용서하지 않을 것이니 北辰星을 만나거든 禁口禁眼하고 謹守하는 게 마땅하리라."

이 밖에도 잘 표현된 글이 많으나 생략한다. 대저 북신은 만길 높이 괴이하게 솟은 절벽에 귀도 있고 뿔도 있으며 부리도 있고 어떤 짐승이나 쟁도(鎗刀) 등 흘립(屹立)하여 바라보면 신이 놀라서 아찔할 정도라야 격에 드는 것이다.

12) 나성(羅星)

나성은 수구(水口) 물 가운데 돈부(墩阜)가 생긴 것을 말하는데 돌로 된 것이 상이고 흙으로 된 것이 다음이다.

나성은 수구사의 밖에 거함을 원칙으로 하며 수구 내에 있는 것은 병 주머니가 되어 오히려 흉한데, 특히 안질과 낙태 등이 많다.

나성은 비록 수중에 서 있으나 다른 산으로 하여금 안아 주고 싸 주어야 상생하(上生下) 하생상(下生上)되어 길하다. 또 나성은 수미(首尾)가 있어서 수(首)는 역류하고 미(尾)는 수타(水拖)하여야 상이 되고 구분 안 되는 것은 차격이 된다.

무릇 나성은 화성체(火星體)로 된 것이 많다 하여 화요(火曜)라고도 하는데 여러 개의 나성이 모이면 더욱 묘한 것이 된다.

대저 수구사란 웅강고준(雄强高峻)하고 괴석이 험상궂게 되어 바라보면 두려움이 생기는 것을 상으로 치는 것이니 대귀인이 있는 곳엔 호위병이 갑옷을 입고 무기를 들고 파수 보며 검문 검색 하는 것과 같기 때문이다.

13) 관(官)·귀(鬼)·요(曜)·금성(禽星)

관귀(官鬼)와 금요(禽曜)란 穴의 전후 좌우에 있는 여기(餘氣)의 산을 말하는 것인데 앞에 있는 것이 관성(官星), 뒤에 있는 것은 귀성(鬼星), 용호의 좌우에 있는 것은 요성(曜星), 명당이나 수구(水口)의 좌우에 있는 것을 금성(禽星) 또는 명요(明曜)라 한다.

이들은 모두 부귀사로서 穴에서 꼭 필요한 것이다. 만약 이 官鬼曜禽이 없으면 발복(發福)하여도 이름을 낼 수가 없으며 예리 하지도 못한 것이다.

이 사성은 모두 같은 종류로서 용기(龍氣)가 왕성하여 융결되고 남은 여기가 생성한 것이다.

관귀금요도(官龜禽曜圖)

관은 조산의 배후에서 역포(逆抱)하는 산을 말한다
귀는 혈산의 배후에 탱(撐)한 산을 말한다
금은 귀어(龜魚)가 물의 중심에서 생한 것을 말한다
요는 용호의 팔뚝 뒤에 뾰족한 돌을 말한다

① 관성(官星)

관성이란 그림과 같이 안산 바깥쪽에서 뾰족하게 뻗어 나간 작고 낮은 산을 말한다. 이는 요기(曜氣) 귀성과 같은 모양으로 되어 있으나 위치만이 다른 것이다. 용혈이 클수록 이 관귀요(官鬼曜)도 큰 것이며 모두가 길성이 되는 것이다.

이 관성은 穴에서 보이지 않는 것이 보통이고 혹 보인다 해도 면관(面官)이라 하며 해는 없는데 만약 穴보다 높다거나 상식 이상으로 크면 안 되는 것이다.

관성의 모양은 대단히 다양하여 다 말할 수 없다. 첨직방원곡(尖直方圓曲)한 것도 있고 삼태(三臺) 등 어떤 물형에 부합되는 것도 있으나 꼭 물형에 구애될 필요는 없다. 장자미의《옥수진경(玉髓眞經)》에 보면 41종으로 분류하여 자상하게 설명하였으나 어찌 그것으로 산 모양을 다 말했다고 하겠는가.

② 귀성(鬼星)

귀성은 그림처럼 穴 뒤로 혈장(穴場)을 침락(沈樂)한 산을 말한다. 이 또한 관성과 요성과 같은 종류인데 단지 위치만이 다른 것이다.

이 귀성은 등을 밀고 내려온 용에는 없는 것이고 횡룡결작(橫龍結作)에는 반드시 있어야 진혈이 되는 것이니 일종의 穴이 되는 증거로 삼기도 한다. 귀성이란 이름은 혈성의 뒤에서 본기(本氣)를 분탈(分奪)해 가는 도둑이라 하여 붙여진 이름이다. 그러므로 귀성이 너무나도 크거나 높거나 강력하면 생기를 너무 많이 도둑맞게 되어 흉하다.

《옥수진경》에 보면 귀성은 120종으로 분류되어 자상하게 설명되었다. 이와 같이 귀성은 그 모양이 다양한데 쌍이나 3으로 된 귀도 있다. 귀성은 음사(陰砂)이므로 추악하기 쉬운데 광채가 수려하고 혼후(渾厚)하여야 길하다.

③ 금성(禽星)

금성은 수구 중의 석돈(石墩)을 말하는데 역시 작고 낮은 것이나 너무 작은 것은 이 성신으로 보지 않는다. 이 성체는 화성(火星)으로 된 것이 대부분이기 때문에 낙하화성(落河火星)이라고도 한다.

금성은 어떤 물형에 부합되면 더욱 길한 것이니 귀(龜), 어(魚), 사(蛇), 조(鳥), 금상(金箱), 옥인연화(玉印蓮花), 필가(筆架) 등의 형을 말한다.

금성은 대귀한 砂로서 입조(入朝)하는 극품(極品)의 벼슬이 나오고 하격이라도 지방의 장은 된다.

이 성신 역시 穴에서는 안 보이는 것이 더 길하며 관요귀(官曜鬼)와 더불어 같은 종류에 속한다.

장자미는 십일양(十一樣)으로 설명하고 있는데 이 성신을 녹성(祿星)으로 논하기도 한다.

풍수지리가들은 다니다가 수구(水口) 사이에서 이 성체를 보면 좋아라고 찾아가는 곳이다.

④ 요성(曜星)

요성이란 용호의 비(臂)에서 밖으로 향하고 있는 첨사(尖砂)로서 용기(龍氣)가 왕성하여 귀기(貴氣)를 발설한 것이라 한다. 이 요성은 용호뿐만 아니라 혈성(穴星) 좌우나 명당, 하관, 수구, 용신의 좌우 지각(枝脚) 등 어느 곳이든 있는 것인데 대개는 오성체의 형상을 하고 있으나 혹 첨예한 석요(石曜)로 된 것도 많이 볼 수 있다.

이 요사(曜砂)는 귀기이니 진혈에는 반드시 따르는 것이다. 양공은 "龍眞穴正한데 曜가 없으면 富만 있을 뿐 貴發하지 못한다" 하니 얼마만큼 중요하게 취급되는가를 알 수 있다.

또 요기(曜氣)는 장대함이 좋고 단소하면 비록 과제(科第)를 하였더라도 품위가 낮고 혹은 소년에 요절하기도 한다. 이 요사는 穴에서 손을 뻗으면 닿을 듯이 가까워야 좋으니 최관속발(催官速發)하며 멀면 효응(効應)이 더디다.

혹은 요성(曜星)이 도검(刀劍)과 같아 물을 따라 순비(順飛)하면 속사(俗師)들은 이향사(離鄕砂)나 살기라고 잘라 버리는 수가 간혹 있는데 용혈이 진적(眞的)하면 비록 살기라도 귀기로 변하는 것이니 함부로 제거해서는 안 된다. 이것을 고서에서 "大官은 無逢殺이면 不發이라" 하였다.

이 요성은 그 모양이 다양하여 말로써 다할 수 없다. 그렇기 때문에 고서에 "지리 공부 30년인데도 요기를 다 깨치지 못하였다"고 하였다. 그러나 걱정할 것은 없다. 모든 것이 용진혈정(龍

眞穴正)으로 결정나기 때문이다. 진혈이 못 될 때 요기는 형살사(刑殺砂)로 변하여 흉화를 당하게 되는 것이다.

장자미(長子微)가 말하기를 "順水去曜는 外面砂가 遮斷해 줘야 길하고, 물 따라 멀리 나가면 離鄕砂라 하여 흉하다"하였으니 잘 기억해 둘 일이다. 또 요(曜)끼리 상사(相射)하는 것은 흉하니 한쪽이 회피해 줘야 길하며 대체로 횡요(橫曜)는 길이 많으나 穴을 향하여 직사하는 요는 대흉하니 잘라 줘야 한다. 이는 가까운 자에게 살해당한다고 하기 때문이다.

이상과 같이 길흉이 조그마한 차이로 결정되는 것이니 참으로 진견(眞見)을 길러야 할 것이다.

이상 관요귀금을 논하였는데 이 사성은 모두 귀기이나 대소와 형상에 따라 흉으로 될 수도 있는 것이다. 요(曜)란 범의 어금니와 같고 용의 뿔과 같으며 독수리의 발톱과 같기 때문이다. 백운(白雲) 선생이 "不尖이면 不貴하고 不圓이면 不富라"함이 이것이다.

이하로 각종 사도(砂圖)가 200여 종이 있는데 이곳에는 지면 관계로 생략하니 필요한 이는 《인자수지》를 보기 바란다.

제 4 장   수(水)

水는 용과 더불어 음양 관계가 된다. 수본(水本) 동물이니 양이요, 산본(山本) 정물이니 음에 해당하는 것이다. 그러므로 용은 水가 보내지 않으면 오는 바를 밝힐 수 없는 것이고 穴은 水가 경계하지 않으면 그치는 바를 알 수 없는 것이다.

양 공은 "산을 보지 말고 먼저 水를 보라" 하였고, 또 〈장경(葬經)〉에 "水是山家 血脈精"이라 함은 모두 지리에서 水가 차지하는 비중을 말한 것이다.

水가 모이면 용도 모이고, 용이 모이면 내기(內氣)가 모이며, 水가 합하면 용이 멈추고, 水가 달아나면 생기는 흩어지는 것이다.

水와 사람과의 관계 또한 같다. 물맛이 달면 사람이 건강하고 미인이 많으며 물이 얕은 곳엔 가난한 사람이 많고 물이 깊은 곳엔 부자가 많고 물이 모이는 곳에 사람이 많이 살고 도망가는 곳엔 사람이 오래 살지 못하고 자주 떠난다.

또 지리에서는 산은 인정(人丁)을 관리하고 水는 재산을 관리한다. 그러나 水에도 대소가 있고 원근이 있고 심천이 있는 것이나 그 형세와 성정(性情)에 따라서 길흉이 결정되는 것이다.

또 水의 성질을 살펴보면 내수(來水)는 굴곡을 요하고 횡수(橫

水)는 싸안고 돌아야 하고 거수(去水)는 가기가 싫어서 서성거리며 모인 물은 조용해야 하고 穴에서 볼 때는 곧게 쏘고 오지 말아야 하고 준급(峻急)하게 치지도 말아야 하며 등을 돌려 배반해서도 아니 되며 뚫고 깎아 나가지도 않아야 하며 穴에게 유정하여야 한다.

이상과 같은 水에 대한 설은 양택에서도 같이 취급된다.

1. 수(水)의 제설

1) 수(水)의 발원(發源)과 입당(入堂)

水의 도국(到局)이란 水가 명당에 드는 것을 말한다. 무릇 水는 발원이 심장(深長)하여야 용도 장원(長遠)하여 발복이 유구할 것이나 수원(水源)이 짧으면 용도 짧을 것이므로 오는 물은 짧고 가는 물만 길어서 역량이 거의 없으므로 발복도 거의 없거나 잠시뿐일 것이다.

또 水가 비록 심원하더라도 명당에 이를 때가 중요한 것이니 배반되지 말아야 하고 하수사(下水砂)의 관란(關攔)이 없으면 무익한 것이다. 그러므로 水의 출구는 만환굴곡(彎環屈曲)하여 흘러가는 곳이 없어야 하며 가기가 싫어서 나를 돌아다보고 서성거리며 나성(羅星), 유어(遊魚), 북신(北辰), 화표(華表), 한문(捍門) 등 귀사(貴砂)들이 있어서 중첩으로 막아 주면 일등 귀지(貴地)를 결작하는 것이다.

2) 조수(朝水)

조수라 하면 穴 앞으로 특래(特來)하는 水를 말한다. 풍수지리는 득수(得水)를 가장 중요시하며 득수라도 穴에 당조(堂朝)하는 水를 으뜸으로 치는 것이다. 변(卞)씨가 말하기를 "지리가의 大慾은 無非逆水之龍"이라 하였으니 역수룡(逆水龍)이 얼마나 좋은 것인가를 말해 주는 것이다. 그러나 더더욱 좋은 것은 당조수(當朝水)이니 역수룡이 아무리 좋아도 조수혈의 아름다움에는 미치지 못한다는 것이다. 이는 비슷한 말 같지만 역수룡은 지룡(枝龍)에서 하수사(下水砂)가 역수하는 데서 많이 나오고 조수혈은 간룡(幹龍)이 양쪽의 水를 협송(夾送)하고 가다가 결작처(結作處)에 와서는 몸을 돌려 수절(數節)을 위이(逶迤)하다가 조수혈로 결작되기 때문에 역량이 대단히 크기 때문이다. 즉 다시 말해서 역수룡도 좋지만 역수혈이 더욱 좋다는 말인 것이다.

그러나 조수혈일지라도 水가 직급충사(直急衝射)하는 것은 대단히 흉하며 요란한 물소리가 나는 것은 더욱 꺼린다. 그러므로 水는 내거(來去)를 막론하고 지현굴곡하고 유양심완(悠揚深緩)하여야만 길한 것이다. 《설심부(雪心賦)》에 "九曲이 명당에 들면 當朝宰相"이라 하였다.

대저 세상에 지리를 의심하는 이가 있거든 조수지혈을 구하여 부귀를 경험해 보라고 필자는 말해 두는 바이다.

3) 거수(去水)

거수란 穴 앞으로 쭉 빠져 나가는 물을 말하는데 대단히 흉한 水인 것이다. 요금정은 "第一莫下去水地이니 立見退家計니라(첫째로 당부할 것은 거수지에 묘를 쓰지 말라. 발 돌릴 새도 없이 가계가 기울어지리라)"하였다. 그러나 큰 穴일수록 穴 앞에서는 잠시 거수하더라도 대수(大水)가 역하여 크게 융결(融結)되는 수가 있으니 주의하지 않으면 안 된다. 만약 소세(小勢)도 가는데 대세

(大勢)도 함께 간다면 결코 결작이 없는 것이다. 또 穴 앞의 소세는 역하는데 멀리 대세가 흘러 나가면 장(葬) 후에 발복이 잠시로 끝나며 穴 앞의 소세는 가는데 멀리 대세가 역하면 장(葬) 후 초패(初敗)를 당한 후에 크게 발복하여 오래간다.

4) 취수(聚水)

穴 앞의 취수는 가장 길한 水이다. 앞에서 조수를 가장 길하다 했는데 조수는 穴을 곧게 쏘고 깎고 충격할 염려가 있으나 이 穴 앞의 취수는 고요하게 모이기 때문에 그러한 살기가 없어 길한 것이다.

水는 본시 동물(動物)이므로 정중에서 기묘함을 취하는 것이 정리(正理)이기 때문이다. 따라서 穴 앞으로 취수함은 거만자재(巨萬資財)가 부러울 것이 없으니 천년 동안 마르지 않는 재물을 갖게 되는 것이다. 진응수(鎭應水)와 천심수(天心水)가 비슷하나 진응수는 穴 앞으로 천수(泉水)가 모이는 것이고 천심수는 명당 중 정처(正處)로 모이는 水를 말한다.

5) 수(水)의 분합(分合)

水의 분합은 합금수(合襟水)를 말하는 것으로 穴 뒤에서 나뉜 水가 穴 앞에서 합하는 것을 말한다.

무릇 내맥은 水에 의하여 인도되고 水의 합으로 그치며 水로 인하여 경계를 짓는 것이므로 穴이 되는 요건 중의 가장 중요한 것이 水의 분합인 것이다.

水의 분합을 삼분삼합(三分三合)으로 구분하여 설명하고 있다. 태극 원훈(太極圓暈)을 따라 분합하는 것은 일합(一合)이라 하는데 진짜로 水가 있거나 없거나를 불문한다. 또 승금(乘金) 뒤에서 분한 水가 혈성을 싸고 돌아 용호 내에서 합금하는 水를 이합(二合)이라 하며 부모산 너머에서 분한 水가 외명당에서 합하는 水를 삼합(三合)이라 하는데 水는 穴에서 보이건 안 보이건 상관없다.

이상의 삼분삼합은 하수해안(鰕鬚蟹眼 : 새우 수염과 게의 눈과 같은 砂를 말함)이 구비되었음을 알 수 있는 것이고 선익룡호(蟬翼龍虎)의 명백함과 전호(纏護)의 완전함을 말해 주는 것이며 앞은 친(親)하고 뒤는 기(寄)함을 가르쳐 주는 것이니 어찌 진결이 없으리요.

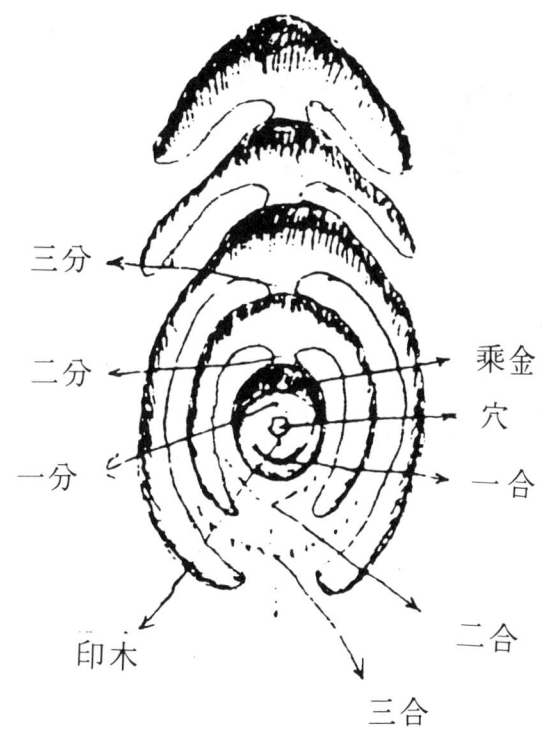

그러나 水가 뒤에서는 분(分)하나 앞에서 합(合)함이 없거나 앞에서는 합이 있는데 뒤에서 분이 없다면 결코 결작할 수 없는 것임을 알아야 한다.

오른쪽 그림과 같이 삼분삼합이 되어야 穴이 되며 이를 수룡수(隨龍水)라고도 한다.

6) 원진수(元辰水)

원진수란 용호 내의 水를 말하니 즉 제2의 분합수가 이것이다. 이 水는 穴에서 가까운 본신에서 나오는 水이므로 水가 있건

없건 원진수라 하는 것이다.

　원진수는 명당이 기울어 곧게 도망가는 것을 가장 꺼리는 것이니 좌우에 砂가 막아서 지현으로 굽이굽이 겹쳐 흐르게 하여야 아름다운 것이다. 옛말에 "元辰水 아끼기를 피 아끼듯 하라"함이 이것이다.

　(예 : 황희정승 祖地 이야기)

원진수 길흉도(元辰水吉凶圖)

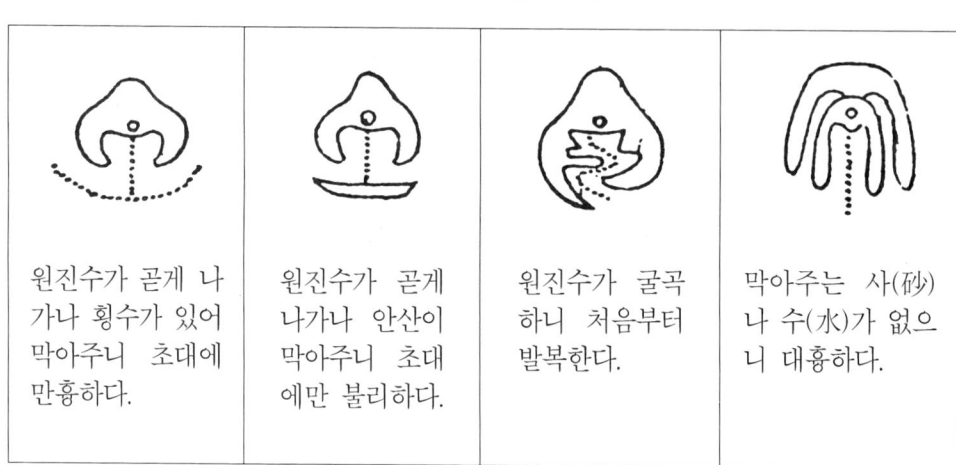

2. 천(泉)의 종류

1) 가천(嘉泉)

　가천은 물맛이 달고 빛이 맑으며 향기가 있다. 혼탁하게 하려 해도 안 되며 사시에 물의 양도 일정하며 수온이 일정하기 때문에 더울 때는 물이 차고 추울 때는 물이 따뜻하다. 이 물은 대단히 길미(吉美)한 진응수(鎭應水)라고도 하는데 대부귀지가 있다. 양택에서 이 물을 상음(常飮)하면 수부귀(壽富貴)는 물론 경사도 따른다고 한다.

2) 냉장천(冷漿泉)

이 냉장천은 물맛이 싱겁고 색은 혼탁(混濁)하고 비린내가 난다. 이수천(泥水泉)이라고도 하는데 양치나 세수도 할 수 없으며 여름에는 넘치고 겨울에는 마르기도 한다. 이 물은 용기(龍氣)가 위축되어 지맥(地脈)에서 소루(疏漏)하는 것이라 하며 음양택간에 대흉한 물이고 가난이나 장병(長病), 단명을 주(主)하는 물이다.

3) 예천(醴泉)

예천이란 물맛이 식혜(食醯)와 같이 달다. 덕이 위로 하늘에 미치고 땅에 다다랐을 때 사람에게 예천수를 마시게 한다고 한다. 이는 양택에 더욱 좋다.

4) 탕천(湯泉)

탕천은 온천수(溫泉水)를 말하는 것으로 용의 왕성한 기운이 융화되어 물이 되고 그 물이 다시 백반(白礬)과 유황(硫黃)에 의하여 비열(沸熱)되어 생긴다 하니 穴을 맺지 못한다고 한다. 온천이 있는 곳엔 수구도 관폐(關閉)되지 아니하니 땅을 찾지 말라 하였다.

5) 광천(礦泉)

광천이란 밑에 광이 있으므로 물빛이 붉다 하여 홍천(紅泉)이라고도 한다. 용기가 광에 모였기 때문에 어느 날 광을 캐내면 상패(傷敗)한다고 한다.

6) 동천(銅泉)

동천도 물빛이 쓸개액과 같으므로 담천(膽泉)이라고도 한다. 용맥의 왕성한 기운이 천(泉)으로 모였기 때문에 결작이 없는 곳이다.

7) 용천(湧泉)

이것은 샘이 땅 속이나 암석 속에서 솟아나오며 거품이 나기도 하고 잘금잘금 그쳤다 나오기도 하는 것인데, 지기(地氣)가 물로 화하였으므로 명승지는 될지언정 穴은 안 된다(경상도 청송에 이 샘이 있다).

8) 천천(濺泉)

천천은 돌 틈이나 언덕의 구멍 속에서 쏘는 것처럼 나오는 물이니 여자의 용편(用便) 상태라고도 한다. 특수하게 냉렬(冷冽)하다.

이 水는 음극(陰極) 숙살기(肅殺氣)가 발산되는 것이므로 가장 흉수라 한다. 이 근처의 용기는 천천수로 모두 빨려 들어간다 하여 穴이 없고 양택에서도 이 샘이 있으면 부녀자들이 바람을 피운다고 한다. 식수로도 불길하다.

9) 몰천(沒泉)

몰천이란 물이 있으나 괴지 않는 천수(泉水)를 말하는 것으로 지력이 없으므로 땅 속으로 스며들어서 없어진다. 무결(無結)한다.

10) 황천(黃泉)

황천이란 평소에는 마른 샘이 비가 오면 괴는 천(泉)이다. 앞의 몰천과 같이 밟으면 신발이 푹 들어가 자국을 남기는 흙이니 지력이 없어 물을 괴게 하지 못한다. 음양택간에 공히 불합한다. 이를 누천(漏泉)이라고 하는 이도 있다.

11) 냉천(冷泉)

냉천이란 소류냉렬(消流冷洌)한 물을 말하는 것으로 앞에서의 천천(濺泉)처럼 음극(陰極)의 氣가 냉천이 되었으므로 융결(融結)이 없게 된다. 이러한 곳에서는 시신이 잘 썩지 않고 냉장이 되는 곳이기도 하다. 음양택간에 장병(長病)이 발생하고 단명하기 쉽다.

12) 용추천(龍秋泉)

용추천이란 교룡(蛟龍)을 잉육(孕育)하는 굴(窟)을 말하는데 날이 가물면 이곳에서 기우제를 지내기도 한다. 이곳도 항음(亢陰)의 장소이니 귀신과 도깨비가 모여 회합하는 곳이라 하여 결작이 안 되는 곳이다.

13) 폭포수(瀑布水)

폭포수는 높은 석벽(石壁) 아래로 쏟아지는 물을 말하는 것으로 지리에서는 음양택간에 물소리를 꺼리게 된다. 폭포 소리는 대개 읍(泣)·곡(哭)·비(悲) 등의 나쁜 소리로 들리기 때문이다.

14) 오성수성(五星水城)

수성이란 오성(五星 : 金木水火土)수로서 나의 주위에 성을 쌓는다는 말이다.

무릇 水는 나(穴)를 감싸고 돌아 유정(有情)하여야 하며 만약 나를 등진다거나 또한 앞에서는 감싸는 듯하다가 안 보일 때쯤에 가서는 반대쪽으로 도망가는 것 등은 대단히 흉한 것이 되기도 한다. 또 곧게 穴을 쏘고 오는 것, 45도 각도의 옆에서 사각(斜角)으로 입당(入堂)하여서 빠져 나가는 것 등도 불길하다고 할 수 있다.

오성수는 금성수는 원(圓)하고 토성수는 방(方)하고 목성수는 직(直)하고 수성수는 곡(曲)하고 화성수는 사직(斜直)하다. 목성수와 화성수는 흉다길소(凶多吉少)하며 그 외는 포신(抱身)하면 길하고 반신(反身)하면 흉하다.

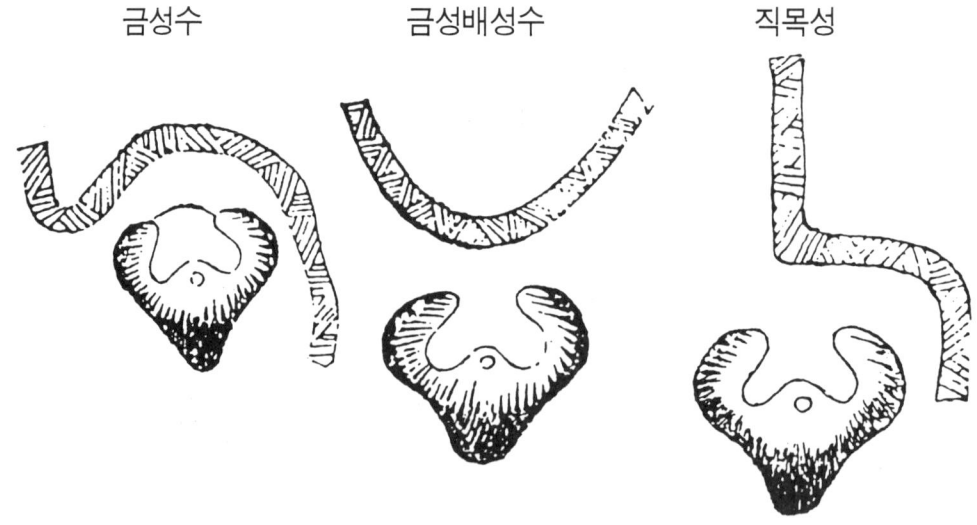

금성수 　　　 금성배성수 　　　 직목성

제 2 부 형세론(形勢論) 135

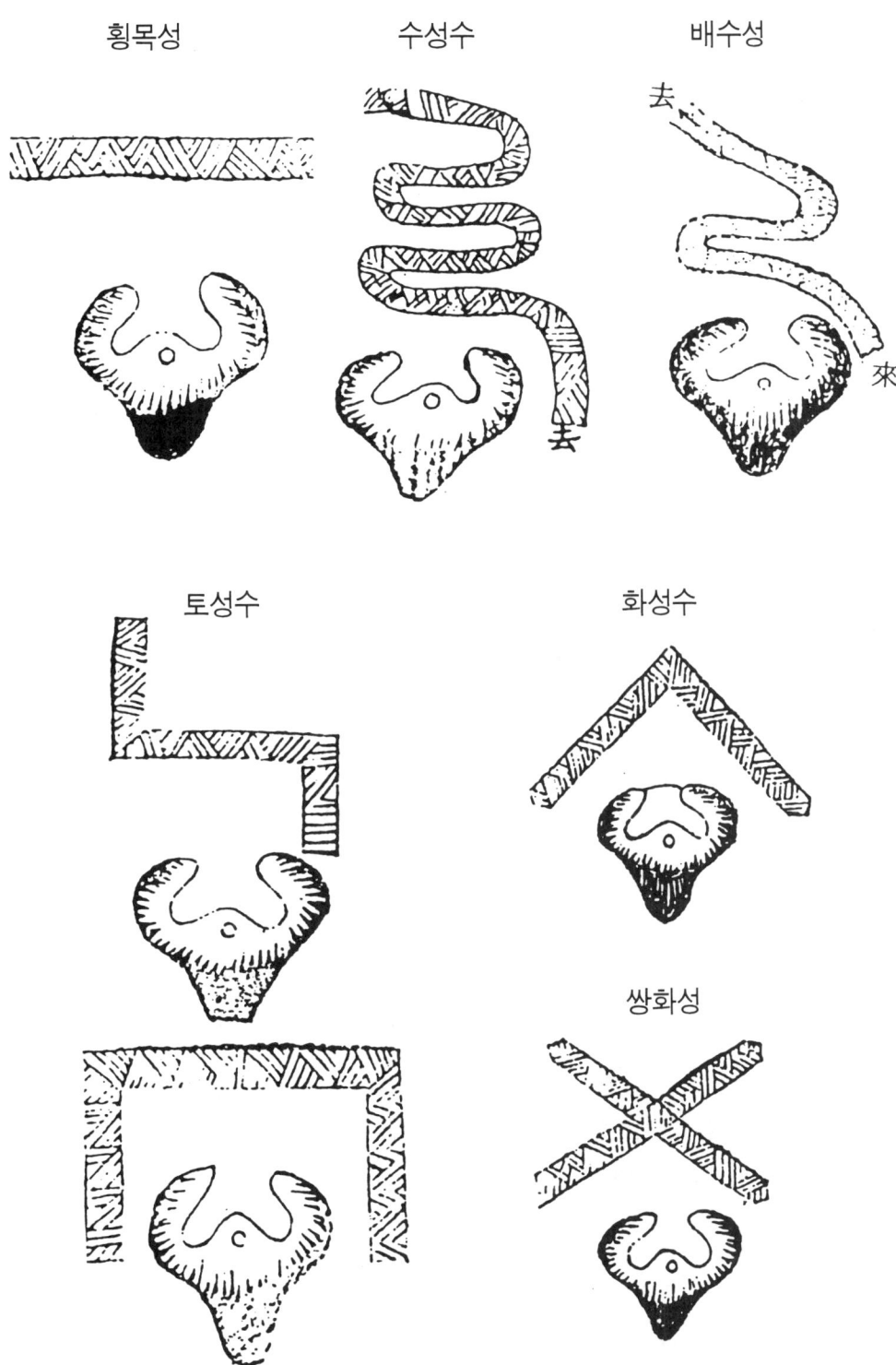

제 5 장 명당(明堂)

　명당이란 穴 앞의 평지를 말한다. 명당을 옛말에서는 천자(天子)의 당(堂)이니 백관들을 모아 놓고 조회하며 사열하는 곳이라 한다.
　명당은 소명당(小明堂)과 내명당(內明堂), 외명당(外明堂)으로 구분하여 설명한다. 소명당은 자손들이 제물을 차려 놓고 늘어서서 절을 하는 곳을 말하니 좁아도 상관없으며, 내명당이란 용호의 안을 말하니 양택에서 마당과 같은 곳이며 백관들을 조회하는 곳이다. 외명당은 좌청룡 우백호의 너머로 조산의 안쪽은 모두 포함된다.
　무릇 "內明堂은 團聚하고 外明堂은 寬展해야 한다" 하니 내명당은 주밀해야 길하고 외명당은 확 트여 천병만마(千兵萬馬)를 훈련시키고 사열할 만한 곳이라야 좋다. 또 방원(方圓)이 분명하며 양명(陽明)해야지 비습(卑濕)한 것은 꺼린다. 또 유리 바닥과 같이 평평해야 하며 한쪽으로 기울거나 울퉁불퉁하여도 안 된다. 〈용자경(龍子經)〉에 "손을 펴서 닿을 만한 案山은 稅錢이 千萬貴이라" 하였으니 안산이 가깝다 함은 내명당이 넓으면 장풍(葬風)이 안 되어 氣가 흩어지기 때문에 흉함을 말한 것이다. 그러나 내명당이 너무나 좁으면 핍착(逼窄) 명당이라 하여 꺼린다.
　무릇 명당은 穴에서 가장 긴요해서 길흉화복에 가장 민감하다.

그러므로 내외 명당이 아름다우면 당대에 귀발한다는 것이다.

　내명당이 단취함은 원진수(元辰水)를 거두어 줄 것이고 근안(近案)이 주밀하여 장풍이 잘 되기 때문이다.

　그러나 내외 명당은 국세(局勢)에 비례해 적당하여야 하니 穴은 작은데 명당만 넓어도 氣가 흩어져 생인(生人)이 실속이 없고 허황되고 또 穴은 큰데 명당이 작으면 생인이 우둔하고 소견이 좁다. 또 명당이 주석(走潟), 경측(傾側), 파쇄(破碎), 질색(窒塞), 우배(友背)됨은 흉한 것이니 마땅히 피해야 할 것이다. 이상과 같은 명당론은 음양택에서 모두 같은 것임을 알아야 한다.

1. 명당(明堂)의 분류

1) 명당길격(明堂吉格) 10도(圖)

요포 명당, 교쇄 명당, 주밀 명당, 융취 명당, 평탄 명당, 조진 명당, 광취 명당, 관창 명당, 대회 명당 등은 길하다.

요포명당(遶抱明堂)

요포란 당기가 요포하여 수성(水城)으로 하여금 전신을 만곡(彎曲)하므로 진실로 취활만한 것이다. 고로 내당요(內堂遶)는 발월(發越)이 극속(極速)하고 외당요(外堂遶)는 부귀가 유장(悠長)한 것이다. 양 공이 말하기를 "遶는 穴 앞을 向하고 앞으로 향한 水는 몸을 굽어 싸고 돌아야 한다" 하였으니 이를 궁대상(弓帶象)이라 한다.

교쇄 명당(交鎖明堂)　　　　주밀 명당(周密明堂)

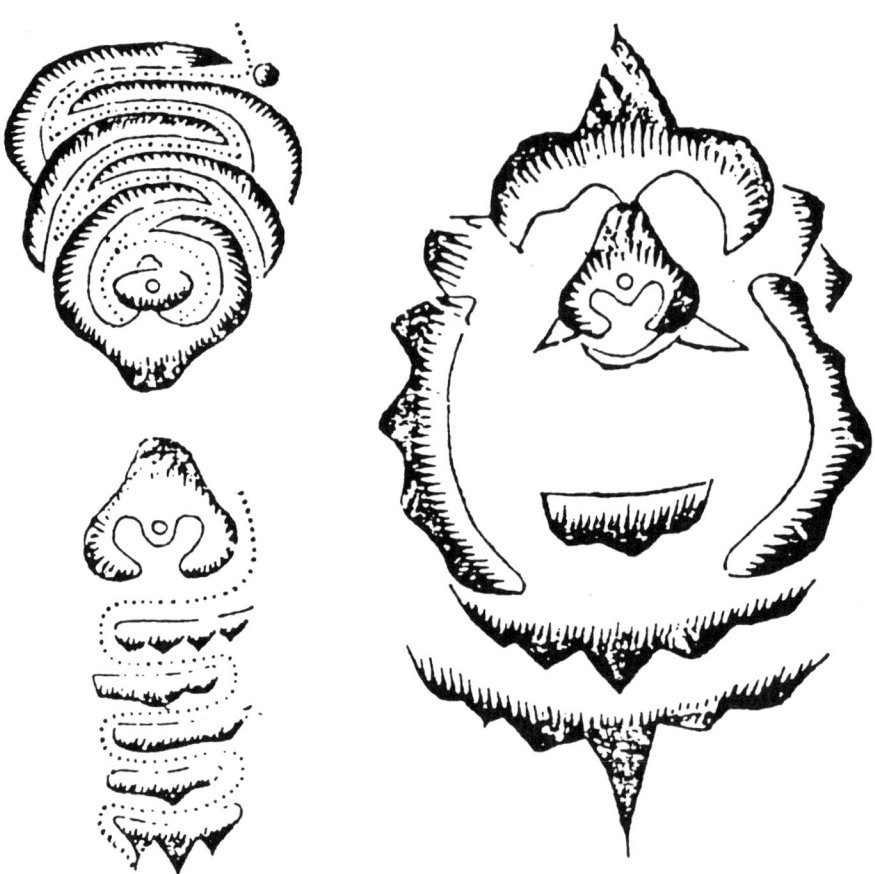

주밀 명당은 사위(四圍)가 공고(拱固)하여 설기(洩氣)됨이 없는 것이다.
대개 당기(堂氣)가 주밀하면 생기가 스스로 모이는 것이다. 양 공이 말하기를 "명당은 물 아끼기를 피 아끼듯 하고, 바람 피하기를 도적 피하듯 하여야 한다" 하였으니 명당은 주밀한 것이 좋다. 요결(凹缺)됨은 주밀이 아니다.

평탄 명당(平坦明堂)

평탄(平坦)

융취 명당(融聚明堂)

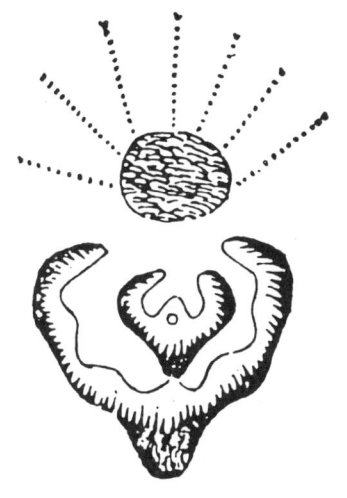

연못에 융취하는 것이다. 이것은 대단히 귀한 것으로 복 씨가 말하기를 "水聚天心은 부귀함을 누가 모르리요" 하였고, 양 공은 "명당이 掌心 같으면 家富斗量金이라 하였고, 또 "명당이 鍋底(냄비 밑바닥)와 같으면 부귀를 비할 수 없다" 하였으니 이 모두 융취수(融聚水)를 말한다.

이는 명당 중이 개창평정(開暢平正)하고 높고 낮음 등의 잡난(雜難)함이 없는 것이라. 이 명당이 극길한 것으로 양 공이 말하기를 "眞氣聚處의 명당을 보면 명당 표면이 平陽을 요한다" 하였고, 〈명당경(明堂經)〉에 "평면이 숫돌과 같으면 공후와 재상의 基址라" 하였다.

조진 명당(朝進明堂)

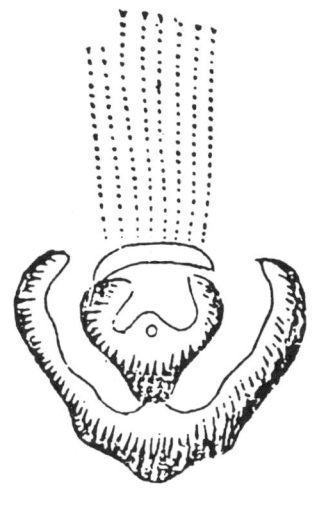

조진이란 특조(特朝)는 水가 왕왕만경(汪汪萬頃)에서 穴로 조입(朝入)하는 것이다. 지극히 귀한 것으로서 군(郡)에서 으뜸 가는 거부가 되고 전답이 천맥(阡陌)을 연결되며, 극위(極位)의 중신이 나오고 정성(鼎盛)이 만문(滿門)한다. 이는 재록(財祿)이 쉽게 발하여 아침에 가난했던 자가 저녁에 보면 대부가 되어 있는 것이다. 전원수(田源水)가 높은 곳에서 아래로 층층 급급히 穴로 조입하면 더욱 길하다.

광취 명당(廣聚明堂)

광취란 중산(衆山)의 水가 단취함을 말한다. 〈장서〉에 말하기를 "萬寶를 품고 안식하는 것 같고, 萬膳을 갖추고 潔齊하는 것과 같다" 하였고, 또 말하기를 "若覽而遊라" 하였으니 다 명당 내에 온갖 물건이 구비된다는 뜻이니 이 명당은 지극히 귀하다. 산명수수(山明水秀)를 요하며, 가령 조해공진(朝海拱辰)이면 합격이다.

관창 명당(寬暢明堂)

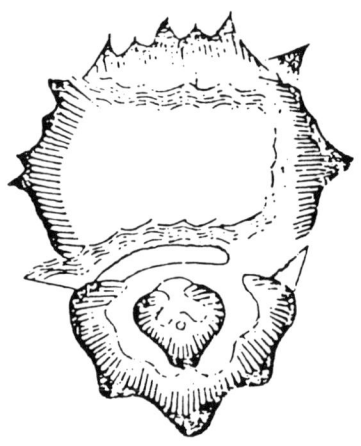

관창(寬暢)이란 명당 중이 훤하게 트여서 좁거나 옹색하지 않은 것이니 지극히 귀한 것이다. 광야공활(曠野空濶)이나 주고(周固)치 않다고 하여 관창이라 하는 것이 아니고, 저사(低砂)가 있어서 교결(交結)하며, 혹은 저평(低平)한 근안(近案)이 단취내기(團聚內氣)하며, 혹은 물이 융취하면 진(眞)이 된다.

대회 명당(大會明堂)

대회란 제용(諸龍)이 크게 다 되고 중수(衆水)가 당(堂)으로 모이는 것이니 만방이 납공(納貢)하는 것과 같으며, 백벽(百辟)이 내조(來朝)하는 것과 같으니 대회라 하였다. 이곳에 땅이 있다면 반드시 크리라. 여러 산이 백여 리를 와서 이곳에서 대진(大盡)한다는 것이다. 이것은 광취(廣聚)와는 다르니 광취는 산수가 중첩으로 단취(團聚)한 것인데 이것은 중룡(衆龍)이 대진되는 것이다. 이상 9격만을 예시하였으나 길격이 어찌 이뿐이겠는가? 대저 명당의 길격은 형세가 자연히 사랑스럽고 기상이 가관이다.

2) 명당 흉격 구도

겁살(劫殺) 명당 1·2, 반배(反背) 명당, 질색(窒塞) 명당, 경도(傾倒) 명당, 핍착(逼窄) 명당, 편측(偏側) 명당 1·2, 파쇄(破碎) 명당 등 9식이 있으니 그림을 참고하라.

겁살 명당(劫殺明堂)　　　　반배 명당(反背明堂)

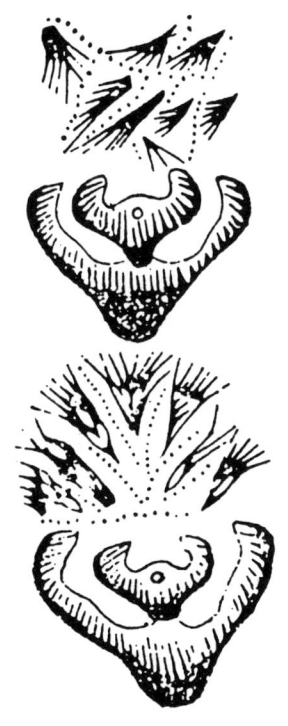
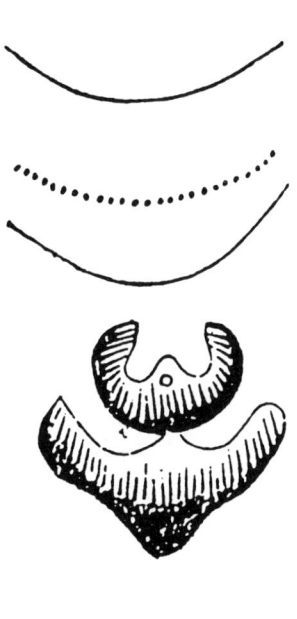

이것은 명당 중에 砂의 첨취(尖嘴)가 순수(順水)하는 것인데 혹은 혈중에 사입(射入)하기도 한다. 이러한 곳은 취용(取用)이 불가하다. 대개 명당은 제수(諸水)가 모이는 곳이니 평정하여야 한다. 만약 첨사(尖射)가 있어서 순수하는 것은 주(主), 퇴사(退射), 이향(離鄕), 군사(軍死)하고 穴에 첨사(尖射)하는 것은 주(主), 형살(刑殺), 진망(陣亡), 악사(惡死)한다. 오공이 말하기를 "겁살이 照破하면 全無地요, 順水斜飛하면 피할 곳이 없으며, 穴을 첨사하면 悖逆의 刑戮이 두렵다"하였다.

이는 패역지상(悖逆之象)을 말하는 것이다. 穴에 궁포공신(弓抱拱身)되어야 마땅한 것인데 이는 돌요반배(突拗反背)한 것이니 어찌 흉하지 않으리요. 주(主), 역처포자(逆妻抱子), 패려지노(悖戾之奴)하여 백무일성(百無一成)이며 문호(門戶)가 쇠퇴하여 간다.

질색 명당(窒塞明堂)

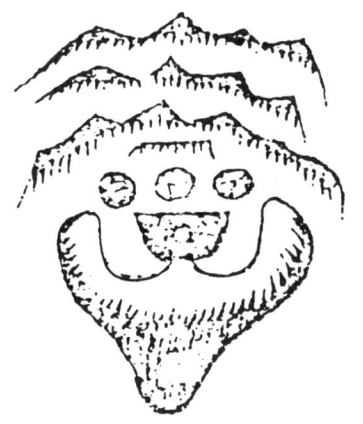

질색이란 당 중에 언덕이 돌색(突塞)하여 트이지 않고 막힌 것이니 주(主), 출인(出人)이 완만하고 미련하다. 양 공이 말하기를 "출인이 短少한 것은 기량이 협소한 案山만이 있기 때문이라" 하였고, 오 공이 말하기를 "명당이 막히면 사람이 凶頑하다" 하였으니 대개 穴 앞은 개명하여야 하는데 돈부가 있어서 당전에 핍색(逼塞)하면 완탁(頑濁)할 뿐만 아니라 난산(難産), 자질(自疾), 포양(抱養), 진방(塡房)이요, 만약 양궁(兩宮)이 제도(齊到)하고 한 돈부만 거중(居中)하면 형제가 불의하다.

경도 명당(傾倒明堂)

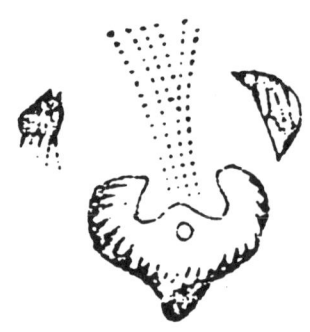  

 이상과 같이 길흉식 몇 개를 예로 하였으나 어찌 천형만상(千形萬狀)한 형태를 다 말할 수 있겠는가? 단지 참고로 많은 연구가 되기를 바라는 바이다.

제3부 오행론(五行論)

제 1 장 태극설

1. 태극(太極)

태극이란 만물이 한 태극을 모두 갖고 있는 것으로 사물이 창조되기 이전의 주체를 말하는 것이다. 그러므로 태극은 음양의 본체가 되고 이기(理氣)의 근원이 되는 것이다.

주자(周子)의 〈태극도설〉에 보면 "無極이 太極이며 太極이 動하면 陽을 生하고 動이 極에 達하면 靜이 되며 靜이 되면 陰을 生하게 된다. 動과 靜은 각각 그 뿌리를 太極에 두고 動靜二氣가 相合하여 兩儀(음양)가 되며 兩儀는 金木水火土를 生하여 五氣를 四時에 順布하여서 유행하게 한다" 하였다.

또 〈계사전(繫辭傳)〉에 "易有太極이니 是生兩儀하고 양의가 生四象하며 사상이 生八卦한다" 하였으니 음양 이기설(理氣說)은 모두 태극으로부터 비롯된다는 것을 설명하고 있다.

2. 태극도(太極圖)

비록 양분된 것 같으나 원으로 볼 때는 하나이다. 크게는 신지 아니한 것이 없고 작게는 파(破)하지 아니한 것이 없으니 만유(萬有)는 그 가운데 우(愚)하지 아니한 게 없다.

　양이 극(極)하면 음을 생(生)하고, 음이 극하면 양을 생하니 흑백이 상화(相和)한다. 시작도 없고 끝남도 없으며 우도 없고 좌도 없는 것이 태극이나 그 속에서 주재(主宰)하는 자가 있으니 이것이 理이며 그 속에 유행(流行)하는 자가 있으니 그것이 氣이며 그 대대(對待)함을 나타내 주는 자가 數이다.

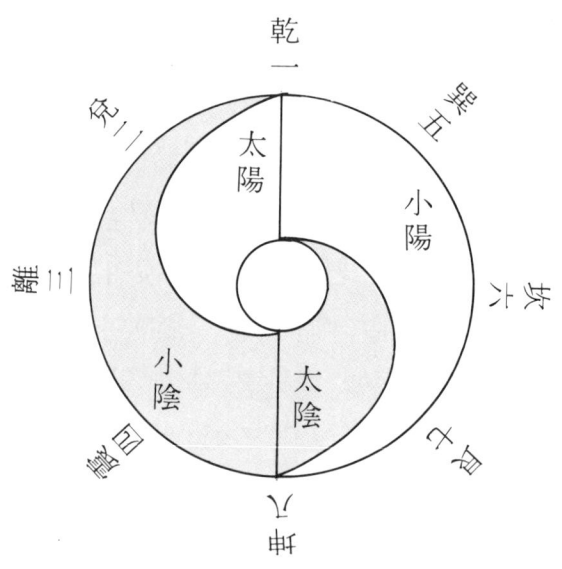

陰 : 黑이 점점 커지면서 白은 점점 소식된다.
陽 : 白이 점점 커지면서 陰은 점점 소식된다.

3. 음양(陰陽 : 兩儀)

　음양은 태극의 동정(動靜)에서 生한 것이니 상대적인 관계를 말한다.
　무릇 우주의 만물은 복수적으로 대단히 많고 그 형상 또한 대단히 다양하지만 이 모두 한 태극에 연계적(連繫的)으로 인과 관계를 맺고 있으며 이것을 좀더 쉽게 분류해 보면 모두 음양 관계로 되어 있지 않은 것이 없다. 천지, 남녀, 명암, 상하, 전후, 좌우, 생사…… 등 이 세상 모든 것이 이에 포함되지 않는 것이 없다.

또 이와 같은 음양은 상대방을 인정하고 가치를 평가하는 기준이 되며 상대가 있으므로 존재하게 되고, 상대를 인정해 줘야 인정받게 되는 묘하고도 절대적인 관계가 되는 것이다.

그러므로 음양은 가치나 세력, 수효 등이 대등하며 어느 한쪽으로 치우치지도 않는 것이다. 만약 우리 생활에서 이 균형이 깨지고 한쪽으로 기울면 어그러진 것이니 고장이 생긴다.

4. 사상(四象)

사상은 양의에서 다시 일기(一奇) 일우(一偶)로 나뉜 것이니 一位가 태양, 二位가 소음, 三位가 소양, 四位가 태음이 된다.

이를 주자는 "水火木金"이라 하였고 소자(邵子)는 "二分爲四"라 하였으니 사상을 말한다. 풍수지리에서는 사상을 와(窩) 겸(鉗) 유(乳) 돌(突)의 사혈(四穴)을 말하기도 한다.

5. 팔괘(八卦)

팔괘는 사상에서 다시 일기 일우를 생한 것을 말한다.
그 순위는 건일(乾一) 태이(兌二) 이삼(離三) 진사(震四) 손오

(巽五) 감육(坎六) 간칠(艮七) 곤팔(坤八)로 된다. 이를 다시 배(倍)하기를 거듭해서 64괘로 되는 것이다.

복희팔괘차서(伏羲八卦次序)

八	七	六	五	四	三	二	一	
坤	艮	坎	巽	震	離	兌	乾	八卦
太 陰		少 陽		少 陰		太 陽		四象
陰				陽				兩儀
太 極								

계사전(繫辭傳)에 왈, 역(易)에는 태극이 있으니 이에서 양의(兩儀)가 생하고, 양의에서 사상(四象)이 생하며, 사상은 팔괘(八卦)를 발생한다 하였고,

소자왈(邵子曰), 1이 나뉘어 2가 되고, 2가 나뉘어 4가 되며, 4가 나뉘어 8이 된다 하였다.

설괘전(說卦傳)에 왈, 역(易)은 역수(逆數)라 하였고,

소자왈, 乾一 兌二 離三 震四 巽五 坎六 艮七 坤八이니 乾으로부터 坤까지의 차서이나 이 모두 미생지괘(未生之卦)가 득한 수이다. 이것을 역으로 사시(四時)에 비교하여 추산한다.

그 후의 64괘 차서도 이를 준하여 만들어진다.

태극에서 나뉘어 양의가 되고 양의가 나뉘어 사상이 되며 사상이 나뉘어 팔괘가 된다. 그러나 이를 모두 합하여 하나로 생각할 수 있다. 一이 나뉘어 二가 되니 양의를 말하며 좌에는 양의가 자리잡고 음의는 우측에 자리잡는다. 二가 다시 나뉘어 四가 되니 사상을 말하며 좌상에 태양이 좌하에는 소음이 우상에는 소양이 우하에는 태음이 자리잡는다. 四가 나뉘어 八이 되는데 팔괘를 말하니 乾은 남, 坤은 북, 離는 동, 坎은 서에 자리잡고 震, 巽, 兌, 艮은 네 귀에 자리잡는다. 이는 다 자연의 무위지도(無爲之道)이며 털끝만큼도 인간의 꾸밈이 없는 것이다.

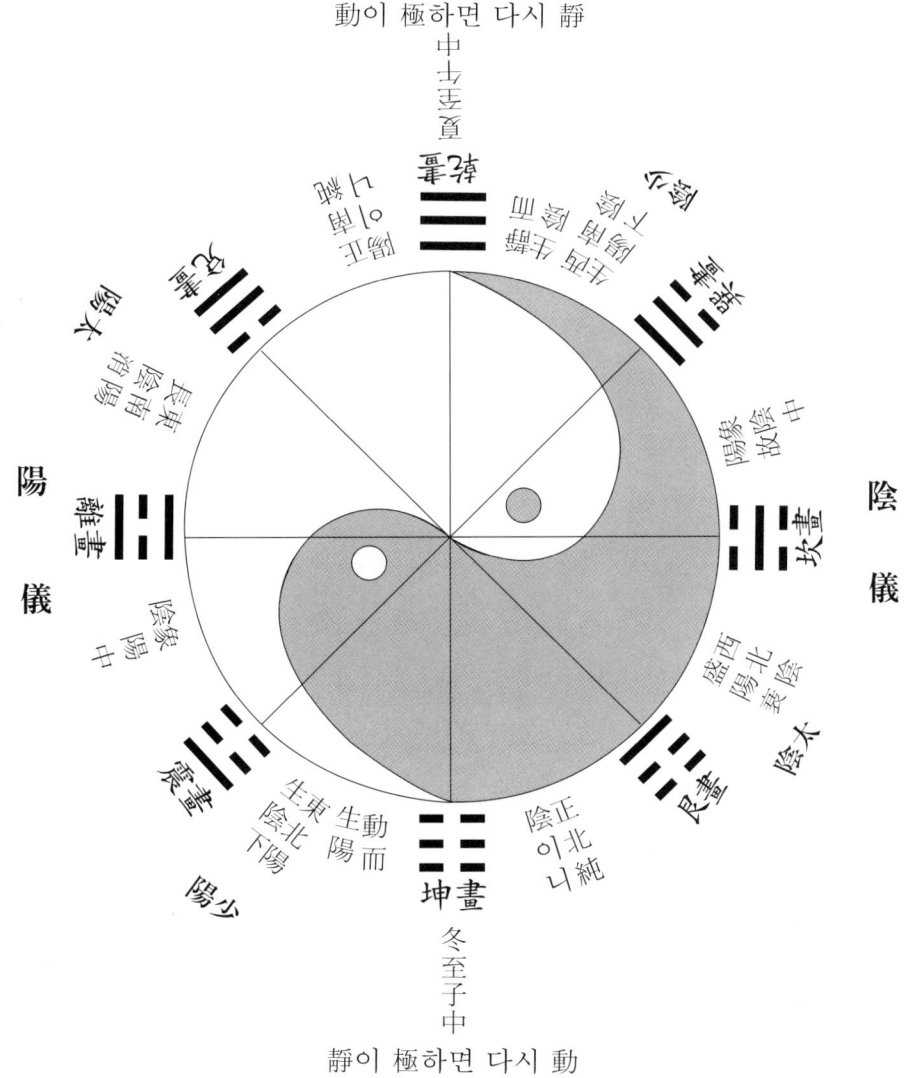

6. 하도(河圖)와 낙서(洛書)

하도와 낙서는 인류 문명의 가장 뛰어난 글(또는 그림)이며 가장 최초의 글이다. 또 앞으로도 이보다 더 위대한 글은 영원히 나올 수 없는 만고불변의 진리를 밝힌 글이다. 약 6천 년 전 이 그림이 발견되면서부터 인간의 문자와 수(數)를 사용하기 시작하였고 우주의 운행 질서를 알았으며 인간의 도리는 물론 종교까지도 이로부터 비롯되었다고 보는 것이다.

하도는 선천(先天)으로 음양정연(陰陽整然)하고 오행순행(五行順行)하는 자연무위지도(自然無爲之道)이니 생멸지도(生滅之道)와 윤회불식(輪廻不息)의 도를 밝혔고, 낙서는 후천(後天)으로 음양 착종(錯綜)하여 오행역운(五行逆運)하는 유위변화지도(有爲變化之道)이니 선악공존(善惡共存)함과 자아 완성의 도를 밝혔다.

석가는 여기에서 깨달음을 받아 성불(成佛)하였고 공자도 여기에서 문리를 얻어 성인이 되었으며 노자와 장자도 여기에서 도를 통하여 신선이 되었으리라 믿어지는 것이다.

하도 낙서를 가장 정확하게 주석한 것이 《주역(周易)》이며 각종 종교서도 이의 이치에다 생활 윤리와 실천 윤리만을 첨가한 것에 불과하다고 볼 수 있다.

하도는 하수(河水) 속에서 나온 용마의 등에 그려진 그림을 말하며, 복희씨가 하도를 보고 팔괘를 만들고 황제씨(黃帝氏)는 이를 받아서 육십갑자를 작성하였다 하니 자연수의 시초가 된다.

    陽은 正北에서 生하고 陰은 정북에서 極하며
    陽은 正東에서 長하고 陰은 정동에서 終하며
    陽은 正南에서 盛하고 陰은 정남에서 生하며
    陽은 正西에서 極하고 陰은 정서에서 盛하며
오십토(五十土)는 중앙에서 거하고 음은 밖에 양은 안에 거한다.

제3부 오행론(五行論) 151

〈河圖〉
마도(馬圖)

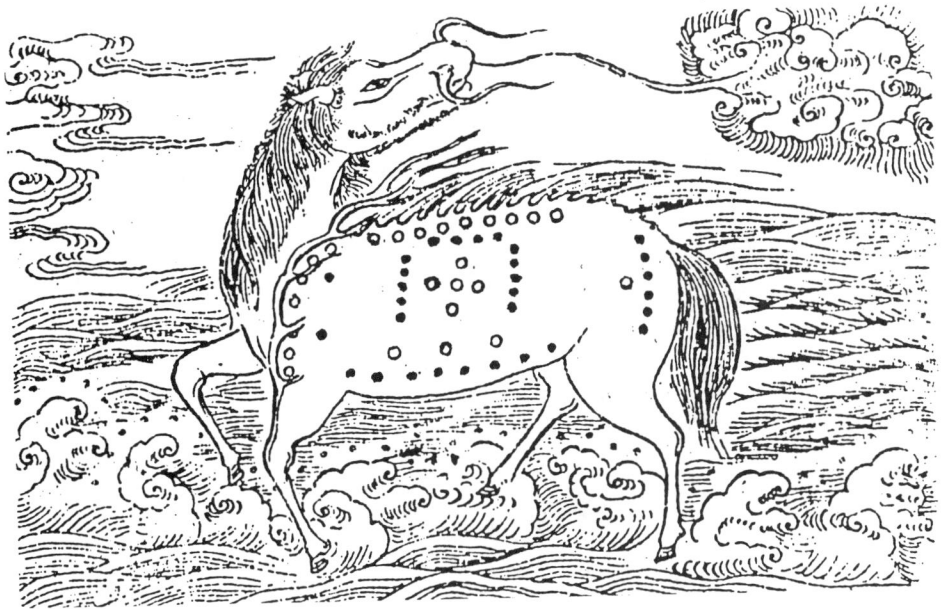

귀서도(龜書圖)

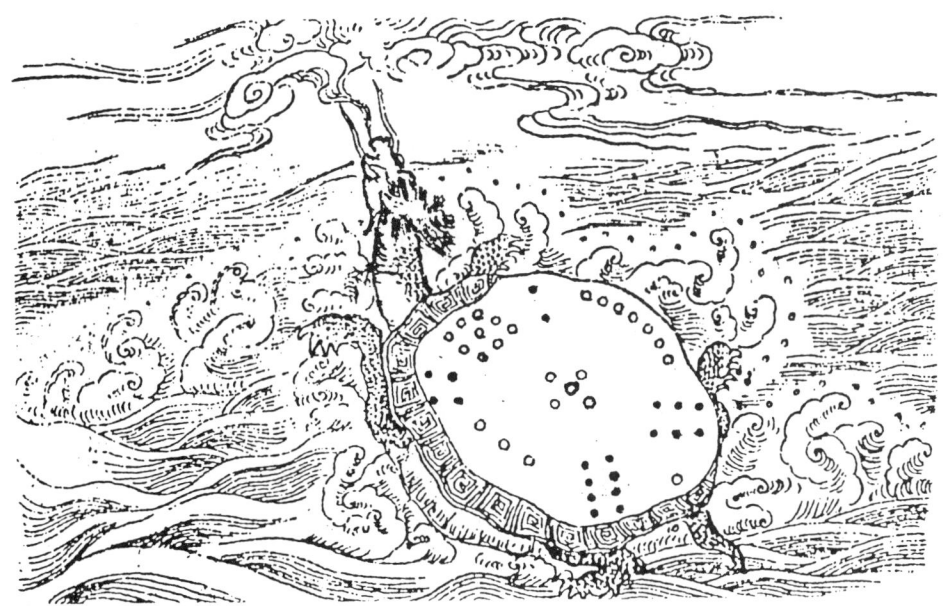

이 그림은 태북(台北)의 중국 공학회(孔學會) 출판 역경내주도(易經來註圖)에서 복사한 것임.

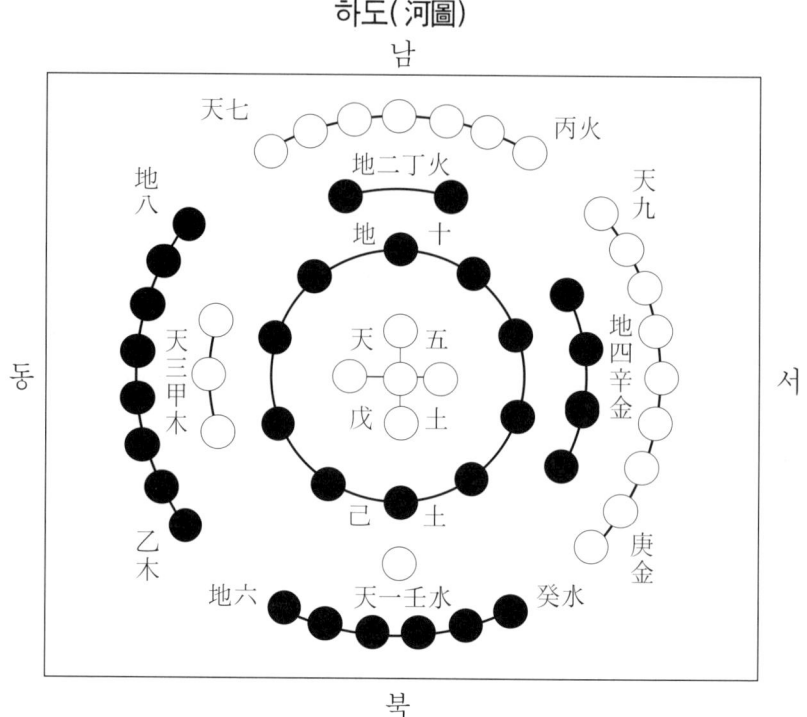

하도(河圖)

天一로 양임수(陽壬水)를 生하여 북에 거하니 地六으로 음계수(陰癸水)를 生하여 합성하고, 天三의 양갑목(陽甲木)이 동에 거하니 地八로 음을목(陰乙木)이 합성하고, 天五로 양무토(陽戊土)가 중앙에 거하매 地十으로 기음토(己陰土)가 합성하고, 天七로 양병화(陽丙火)가 남에 거하매 地二로 정음화(丁陰火)가 합성하였고, 天九로 양경금(陽庚金)이 서에 거하매, 地四로 음금(陰金)인 신(辛)이 합성하였다.
이에서 10천간(十天干)이 나왔으며 천수(天數)는 합이 25요, 지수(地數)는 30이 되어 천지수는 모두 55수가 되니 이것이 하도의 수이다.

반드시 數의 조화가 있어야 물(物)이 탄생할 수 있으니 수(數)와 상(象)은 체용(體用) 관계이다. 물이 탄생하였다 함은 象을 갖추었다는 말인데 이 象보다 먼저 數가 작용하여야 하며 象이 이미 갖추어지고 나면 이에 인하여 다시 數가 유행하게 된다. 그러므로 數가 象을 생하는 것은 선천(先天)이며 象이 數를 유행(또는 生)하는 것은 후천(後天)이다.

선천은 생물의 근원이며 후천은 성물(成物)의 시작이니 크도다. 數의 작용이여, 數는 만물의 종(宗)이며 만유의 근본이로다!

하도의 수(數)

區分＼數	1	2	3	4	5	6	7	8	9	10
五行	水	火	木	金	土	水	火	木	金	土
陰陽	陽	陰	陽	陰	陽	陰	陽	陰	陽	陰
天地	天	地	天	地	天	地	天	地	天	地
天干	壬	丁	甲	辛	戊	癸	丙	乙	庚	己
地支	子	巳	寅	酉	辰戌	亥	午	卯	申	丑未
	體 生數(基本數) 先 天 數					用 成數(作用數) 後 天 數				

① 양수의 합은 25
② 음수의 합은 30
합 55수이니 이는 하도의 數이며 우주의 본체수(本體數)라 한다.

7. 낙서(洛書)

낙서는 하(夏)의 우(禹) 임금 때에 신귀(神龜)가 낙수(洛水)에서 등에 지고 나왔다는 그림을 말한다. 이에서 구성(九星)의 배치가 나왔고 팔문(八門)이 정해졌다. 기자(箕子)는 이에서 홍범구주(洪範九疇)를 작성하였고 특히 풍수지리에서는 조장(造葬)과 시기(時機)의 길흉을 보는 데 대단히 중요하게 사용되고 있다.

  양은 정북에서 生하고 음은 서남에서 生하며
  양은 정동에서 長하고 음은 동남에서 長하며
  양은 정남에서 極하고 음은 동북에서 盛하며
  양은 정서에서 消하고 음은 서북에서 消하며
  五土는 중앙에 거한다.

낙서(洛書)

남

동　　　　　　서

북

이화(離火)에 대구(戴九)하고 감수(坎水)에 이일(履一)하고 진목(震木)이 좌삼(左三)이요 태금(兌金)은 우칠(右七)이며 곤토(坤土) 二와 손목(巽木) 四는 견(肩)이 되며 건금(乾金) 六과 간토(艮土) 八은 양족(兩足)이 되고 중앙토(中央土)는 五가 되니 양천수는 사정방(四正方)에 거하고 음인 지수(地數)는 사유(四維)에 거한다. 이것이 또 구궁(九宮)으로는 一白이 감궁(坎宮)인 자위(子位)에 있고 二黑은 곤궁(坤宮)인 미신(未申)에 있고 三碧은 진궁(震宮)인 묘(卯)에 붙고 四綠은 손궁(巽宮) 진사(辰巳)에 붙으며 五黃은 중앙토위(中央土位)가 되며 육백(六白)은 건궁(乾宮)인 술해(戌亥)에 붙으며 七赤은 태궁(兌宮)인 유(酉)에 닿고 八白은 간궁(艮宮)인 축인(丑寅)에 붙으며 九紫는 이궁(離宮)인 오화(午火)에 붙는다. 이 구궁은 양둔(陽遁)은 순행하고 음둔은 역행하니 성인은 이 법으로써 水土를 평정하고 행정을 교화하도록 하였다.

낙서(洛書)의 수(九宮數)

四綠	九紫	二黑
三碧	五黃	七赤
八白	一白	六白

① 성극수오(星極數五)를 중심으로 종횡으로 합한 수가 15수이다. 이것을 중성수(中性數)라 하고 좌우종횡으로 240수이니 이것이 240분금이 된다.
② 천수인 양수의 합이 25 ┐ 합이 45수가 된다.
　 지수인 음수의 합이 20 ┘
※ 하도와 낙서는 선천과 후천이므로 체(體)와 용(用)의 관계가 된다.

8. 선천팔괘(先天八卦)

　복희씨의 선천팔괘는 건남(乾南) 곤북(坤北) 이동(離東) 감서(坎西) 태동남(兌東南) 진동북(震東北) 손서남(巽西南) 간서북(艮西北)으로 되어 있는 것을 말한다.

복희선천팔괘(伏羲先天八卦 : 방위도)

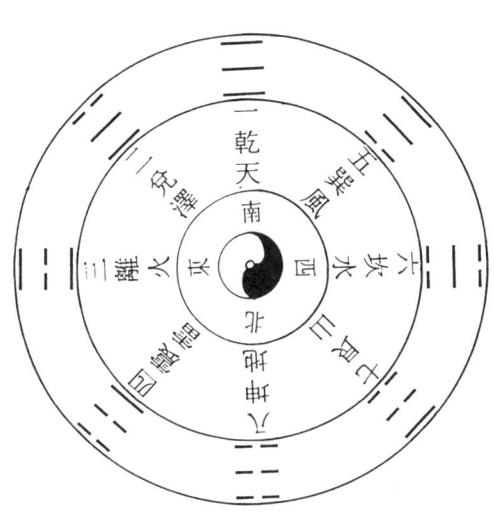

乾南 天과 坤北 地로 천지의 위치가 정해지니 坎西 水와 離東 火가 서로 싸우매 巽 서남에서 바람이 일고 震 동북에서는 우레가 치더라. 그 후 팔방은 艮 서북으로 높은 곳은 산이 되고 兌 동남으로 낮은 곳은 못(澤)이 되었더라. 양기는 震西에서 출발하여 離三과 兌二를 지나 乾一에 이르러 순행이 되고 음기는 巽五에서 출발하여 坎六과 艮七을 지나 坤八에 이르러 역행이라 한다. 이와 함께 선천팔괘(복희팔괘)의 차례가 결정되었다.

9. 후천팔괘(後天八卦)

이는 문왕(文王)의 후천팔괘를 말한다. "帝出乎震 齊乎巽 相見乎離 致役乎坤 說言乎兌 戰乎乾 勞乎坎 成言乎艮"이라 하였다.

문왕후천팔괘
(文王后天八卦 : 방위도)

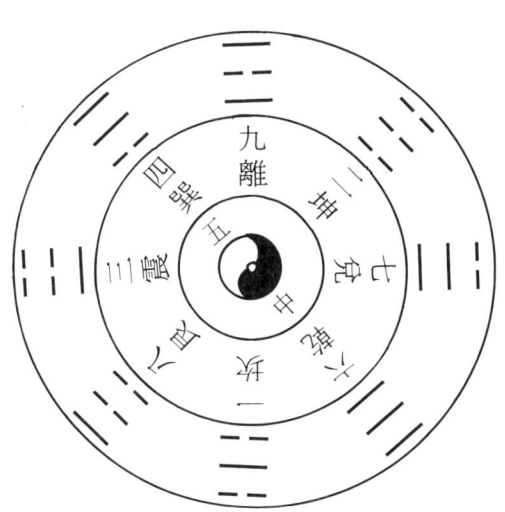

만물 생성의 기운을 주재하는 하느님(帝)이 진(震) 방으로 나오셔서(만물의 탄생을 말함) 巽(3, 4월) 방에서 정돈하고 離(여름) 방에서 형체를 모두 이루어 놓고(빛깔을 갖춤) 坤(7, 8월) 방

에서 여물게 하고 兌(가을) 방에서 수확하며 기뻐하고(說言) 乾(9, 10월) 방에서 싸운다 함은 음기와 양기가 교체됨을 조화시킨다는 말이고, 坎(겨울) 방에서 수고한다 함은 추위에 얼지 않도록 생기를 안으로 귀장(歸藏)시킨단 말이고, 艮(12, 정월) 방에서는 겨울과 봄이 교체되는 시기이니 깊이 내장시켰던 새 생명을 싹 트게 한다 하니 艮方은 만물의 발생기임과 동시에 종말기임을 말한다. 천도의 순환은 이와 같이 끊임없음을 말한 것이다.

문왕팔괘차서도(文王八卦次序圖)

坤(母)			乾(父)		
上爻 ━━ 兌			艮 ━ 上爻		
二爻 ━━ 離			坎 ━ 二爻		
初爻 ━━ 巽			震 ━ 初爻		
兌	離	巽	艮	坎	震
☱	☲	☴	☶	☵	☳
得坤上爻(少女)	得坤二爻(中女)	得坤初爻(長女)	得乾上爻(少男)	得乾二爻(中男)	得乾初爻(長男)

10. 간지의 선후천수(先後天數)

1) 선천수(先天數)

甲己子午＝九　　丙辛寅申＝七　　戊癸辰戌＝五
乙庚丑未＝八　　丁壬卯酉＝六　　巳亥＝四

2) 후천수(後天數)

甲寅 = 三
乙卯 = 八] 木

丙午 = 七
丁巳 = 二] 火

辰戌 = 五
丑未 = 十
己獨 = 百] 土

庚申 = 九
辛酉 = 四] 金

壬子 = 一
癸亥 = 六] 水

11. 절기운행(節氣運行)과 괘(卦)의 변화

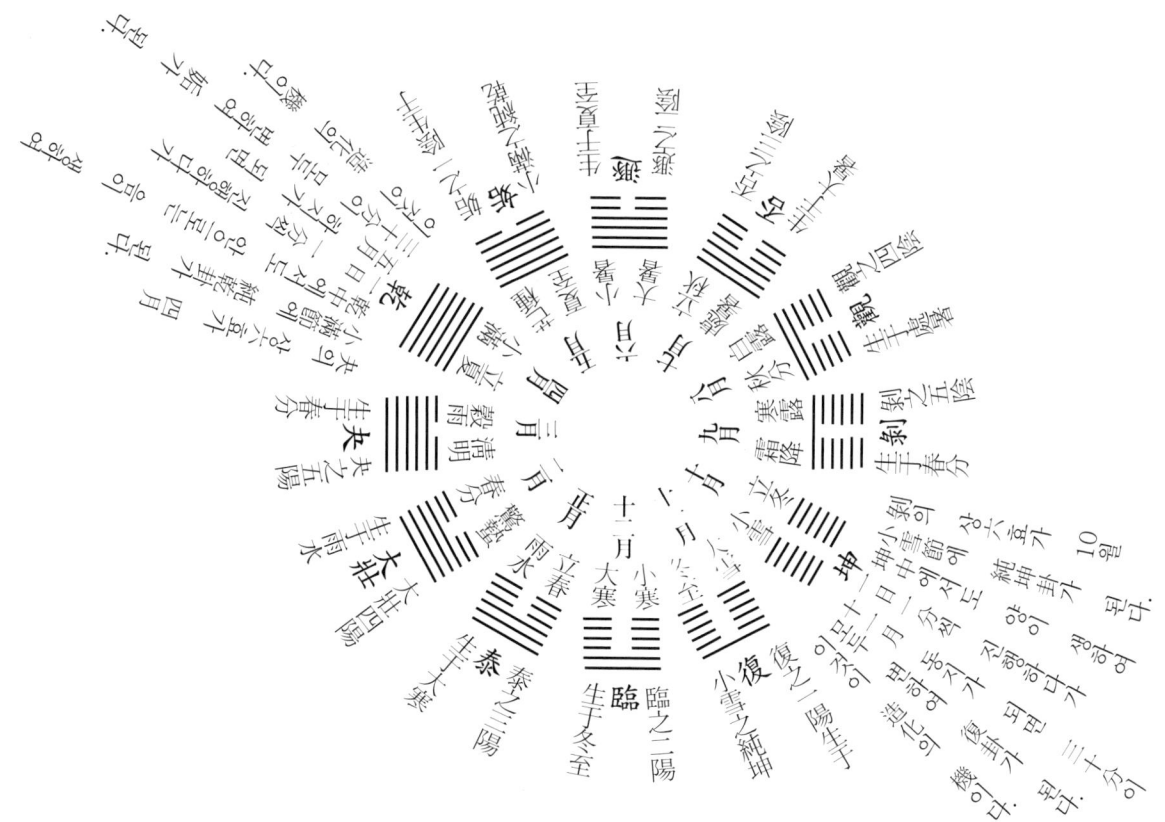

건괘(乾卦)의 초효(初爻)가 일변으로 구괘(姤卦)가 되며 姤는 乾의 1세이다. 구가 다시 이변으로 둔(遯)이 되며 둔은 乾의 2세이다. 둔이 動하여 사상이 되니 부괘(否卦)가 된다. 부(否)는 乾의 3세이다. 부에서 동하여 팔괘가 되니 관괘(觀卦)가 되며 관(觀)은 乾의 4세이다. 관에서 다시 동하면 16수가 얻어지니 박괘(剝卦)가 된다. 박은 乾의 5세이다. 여기서 상효는 불변이므로 32로 진행하지 아니하고 아래로 물러나니 팔괘로 되어 진괘(晉卦)가 되니 이것이 유혼괘(遊魂卦)이다. 진유혼(晉遊魂)은 乾의 4세이다. 진(晉)에서 다시 동하여 퇴일위(退一位)하니 귀혼괘(歸魂卦)인 대유(大有)가 된다. 대유는 건궁(乾宮)의 3세이니 이것이 자연의 理이다. 곤궁(坤宮)은 역으로 진행하는데 건궁을 준하기 바란다.

12. 일월(日月)과 오성(五星)의 주천(周天)

대우주는 28수(宿) 울타리 안으로 사원국(四垣局)인 해방(亥方)의 자미원국(紫微垣局), 간방(艮方)의 천시원국(天市垣局), 손방(巽方)의 태미원국(太微垣局), 태방(兌方)의 소미원국(小微垣局) 등 사원국 권으로 분류하고 있으며 그 가운데에 태양계(太陽係)가 있다.

그림에서 보는 바와 같이 태양에서부터 가까운 순서대로 수성, 금성, 지구, 화성, 목성, 토성, 천왕성, 해왕성, 명왕성 등 9개의 행성이 태양을 축으로 하여 자전과 공전을 하는데 이들 지구 밖의 행성의 운행이 우리 지구의 기후와 생태에 절대적인 관계를 갖고 있다.

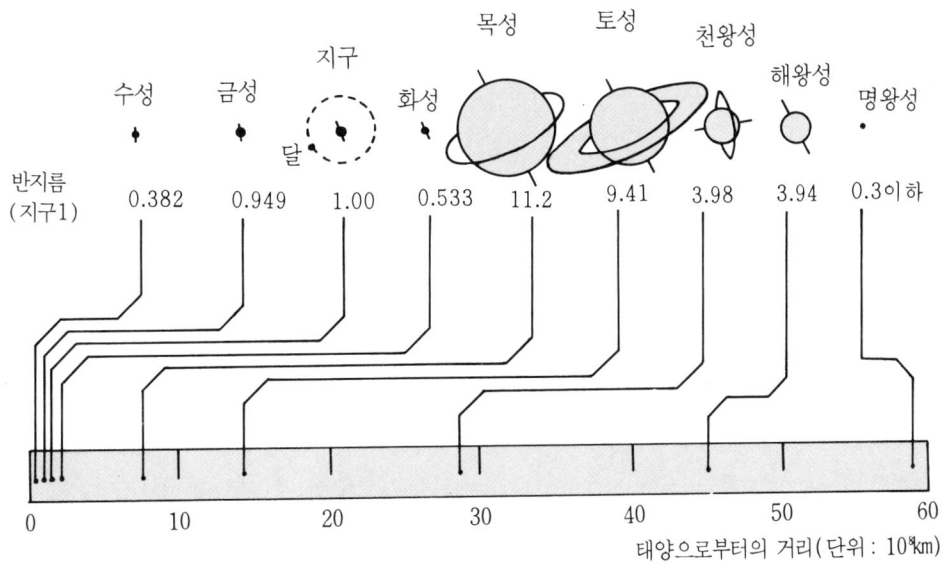

행성들의 반지름(지구 = 1)과 태양으로부터의 거리(단위 : 1억km)

지구는 태양의 주위를 하루에 약 1도 미만으로 공전하는데 이 경로를 황도라 한다. 이 황도는 천구의 적도와 23.5도의 경사면으로 되어 있으므로 그림과 같이 태양의 경로인 황도와 천구의 적도는 일 년에 두 차례 만나게 되는데 천구의 남서에서 동북으로 진행할 때 만나는 점이 춘분이며 천구의 동북에서 남서쪽으로 진행하며 적도와 만나는 점이 추분점이 된다. 또 태양이 천구의 적도로부터 동북쪽으로 가장 멀리 진행하는 점이 하지이며 서남쪽으로 가장 먼 거리점이 동지이다.

태양은 천구상에 고정되어 있는 황도(黃道) 위를 하루에 1도 미만으로 동진하며 약 30일에 일궁(一宮), 일 년에 일주천(一週天)한다.

태음(달)은 백도(白道) 위를 하루에 약 13도 동으로 진행하며 이틀 하고 반나절에 일궁, 한 달에 일주천한다.

수성은 거느리는 달이 없으며 태양에서 가장 가깝다. 대기가 없으므로 직사광선을 받는 쪽은 대단히 고열이다. 하루에 4.1도를 행하고 0.241년에 일주천한다.

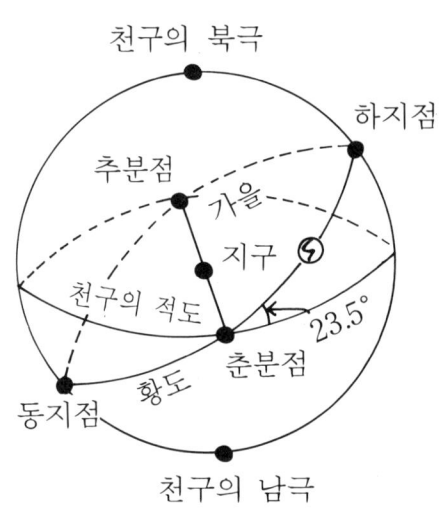

천구와 적도와 황도

금성은 수성 다음으로 태양에서 가까우며 가장 두터운 대기에 싸여 있으며 그 내부를 알 수 없다. 하루에 16도를 진행하며 0.62년에 일주천한다. 이상은 지구보다 태양에 가까운 곳에 있으므로 내행성이라 한다.

화성은 두 개의 달을 거느리고 있으며 지구보다 약간 작은 천체이나 지구와 비슷한 점이 많다. 하루에 0.52도를 진행하며 일주천하는 데 1.9년이 걸린다.

목성은 갈릴레이달을 포함하여 20개 이상의 달을 거느리고, 지구보다 2.5배나 먼 곳을 공전한다. 질량과 비중이 가장 큰 행성이며 하루에 0.1도를 진행하며 천구를 일주하는 데는 11.9년이 걸린다.

토성은 20개 이상의 달을 거느리고 지구보다 9.5배나 먼 거리를 공전한다. 하루에 0.03도를 진행하므로 29.5년이나 걸려서 일주천한다.

천왕성은 5개의 달을 거느리고 84년마다 일주천한다.

해왕성은 2개의 달을 거느리고 있으며 165년마다 일주천한다.

명왕성은 1개의 달을 거느리고 248년 만에 한 번씩 일주천한다.

이상 천왕성·해왕성·명왕성은 너무나 먼 거리에서 긴 공전 주기를 갖고 있으므로 자리 이동이 거의 없는 것처럼 보인다. 이 밖에도 헬리 혜성·유성(별똥별) 등으로 태양계를 구성한다.

13. 역법(歷法)

역법은 천체 운행의 일정한 주기성을 수학적으로 처리하여 얻어진 법칙을 말한다. 태양 주기를 선택한 일 년이란 일회귀년(一回歸年)이라고도 하는데 태양이 지구를 일주하는 데 걸리는 시간을 말한다. 이를 계산할 때는 대개 춘분점을 기준으로 하는데 춘분점으로 계산한 정확한 일회귀년은 365.242194일(365일 5시간 48분 45초 3)이 된다.

한 달은 일삭망월(一朔望月)이라고 정확히 표현하는데 달이 천구를 일주하는 데 걸리는 시간을 말한다. 태양을 기준으로 한 정확한 삭망월은 29.530589일(29일 12시간 44분 2초 9)이 된다. 여기서 유의할 것은 1개월을 30일로 한다면 약 0.5일이 부족하고 3개월 후에는 하루의 차가 나온다. 그러므로 두 달에 한 번씩 29일이 되는 달이 있어야 했으므로 대월(大月)과 소월(小月)이 생긴 것이다.

윤년은 중국과 같이 태음 태양력을 사용하는 곳에서 나타나는 현상인데, 태양 일회귀년의 현재치와 일삭망월의 함수 관계로 찾을 수 있다.

즉   365.242194 × 19 = 6939.6016
    29.530589 × 235 = 6939.6884

　위와 같은 배수 관계가 성립하는데 19년의 일수(日數)와 235개월의 답이 거의 일치함을 알 수 있다. 이는 235개월을 19년으로 만들면 되는 것이니 일 년을 12개월씩 친다면 7개월이 남는다. 그러니까 19년마다 7번의 윤달을 만들면 되는 것이다. 그런데 걱정이 생긴다. 19년을 언제부터 기준삼아 시작할 것인가 하는 문제이다. 이것을 해결하기 위해서 중국에서는 11월삭 야반(夜半) 자정동지(子正冬至)를 기준으로 삼았다. 즉 11월 초하루의 정자시(正子時)에 동지가 되는 것을 기준으로 하여 19년 7윤을 두기로 한 것이다(三統歷에서는 이렇게 계산한 것이 143.127년 전을 태초 원년으로 하였음). 윤월은 19년 중에서 3년 5년 8년 11년 13년 16년 19년째 되는 해에 두었다.
　※이 역법(歷法) 장은 현정준(玄正晙) 외 공저 《세계의 역(歷)》에서 인용한 것임.

14. 표준시

　표준시는 세계 천문학자회에서 약속한 것이 있다. 이는 영국의 그리니치 천문대를 0으로(기점) 하여 태양이 한 시간(60분) 동안 진행하는 거리마다 잘라서 지구를 24등분하였다. 이것은 한 칸이 15도씩 끊어지므로 동경 120도 되는 지점이 중국이고 135도 되는 지점이 동경이다. 그러니까 서울은 동경 127도에 있으므로 중국보다 약 30분이 빠르고 동경보다 약 30분이 늦다. 그러므로 어느 쪽인가를 따라서 기준으로 삼아야 한다. 조선 시대에는 중국의 120도를 기준으로 한 적도 있었으나 1961년 8월 7일부터 동경 135도를 기준으로 하여 현재까지 사용하고 있다. 한국 표준 과학 연구소에서 발표한 것을 정확하게 표시하면 서울은 동경보다 31분 52초 8이 늦는다.

이에 따르면 자시는 23시 31분 53초부터 01시 31분 53초까지이다. 나머지 12시도 이를 기준으로 하여 사용한 것이다.

제 2 장 각종 오행(五行)

1. 정오행(正五行)

　오행은 金木水火土를 말하는 것인데 우주 만물은 음양으로 되어 있고 "음양에서 다시 五氣(五行)가 生하여 四時에 유행한다" 하니 오행은 즉 우주를 구성하고 있는 만물을 다섯으로 분류해 놓은 것이라 하면 틀림없다 하겠다.

1) 천간 오행(天干五行)

天干	甲	乙	丙	丁	戊	己	庚	辛	壬	癸
五行	木	木	火	火	土	土	金	金	水	水
陰陽	陽	陰	陽	陰	陽	陰	陽	陰	陽	陰

2) 지지 오행(地支五行)

地支	子	丑	寅	卯	辰	巳	午	未	申	酉	戌	亥
五行	水	土	木	木	土	火	火	土	金	金	土	水
陰陽	陽	陰	陽	陰	陽	陰	陽	陰	陽	陰	陽	陰
月別	11	12	1	2	3	4	5	6	7	8	9	10
띠	쥐	소	범	토끼	용	뱀	말	양	원숭이	닭	개	돼지

※ 子를 坎, 午는 離, 卯를 震, 酉는 兌이라고도 함.

3) 육십갑자(六十甲子)

육십갑자는 천간의 첫 자인 甲과 지지의 첫 자인 子로부터 순서대로 맞추어 나가는 것인데 천간은 10자이고 지지는 12자이므로 천간 끝 자인 癸와 지지의 끝 자인 亥가 60번째에서 맞는다 해서 육십갑자라 한다.

4) 24산정오행(山正五行)

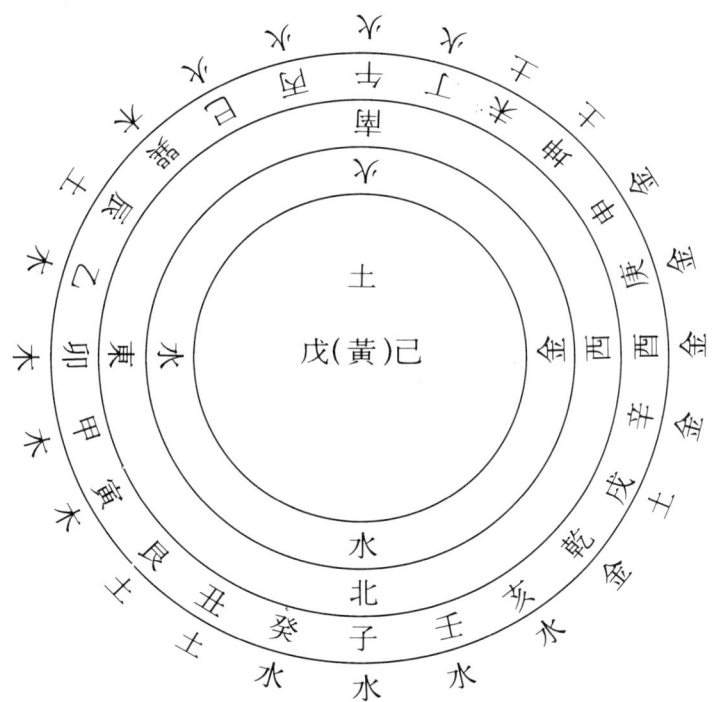

24산 중에 水가 四, 火가 四, 金이 五, 木이 五, 土만은 六 위가 된다. 만물이 토(土) 중에서 시작하고 토 중에서 끝나기 때문에 일위(一位)가 더 있다고 한다.
　동목(東木)은 주인(主仁)하고
　서금(西金)은 주의(主義)하며
　북수(北水)는 주지(主智)하고
　남화(南火)는 주례(主禮)하고
　중앙토(中央土)은 주신(主信)한다.

5) 오행의 상생(相生)과 상극(相剋)

도움을 주고 도움을 받는 관계를 상생이라 하고 싸워서 한쪽이 손상되거나 피해를 입는 관계를 상극이라 한다.

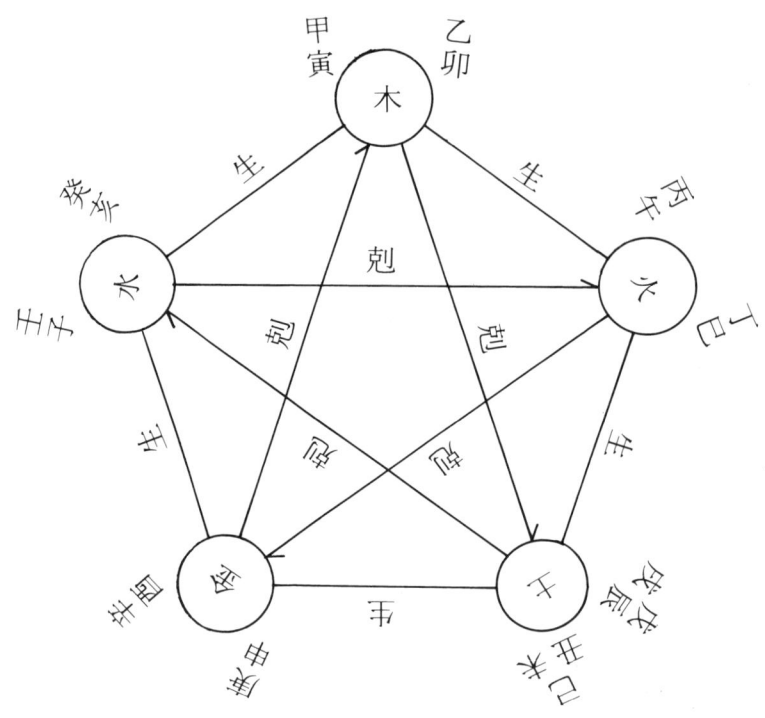

相生 = 木生火 火生土 土生金 金生水 水生木 (바깥 선을 따라가면 상생)
相剋 = 木剋土 土剋水 水剋火 火剋金 金剋木 (안쪽 선을 따라가면 상극)

무릇 모든 동양 이기학(理氣學)에서는 위 생극(生剋) 관계로 길흉을 점치는 경우가 대부분이니 상생이면 길하고 상극이면 흉한 것을 말한다.

6) 오행으로 본 육친법(六親法)

① 생아자(生我者) 부모(父母)이니 정인(正印)이거나 편인(偏印)

이라 한다.

　나를 낳아 주었으니 부모가 되는데 양대음이거나 음대양일 때는 음양이 정배(正配)되었으니 정인이라 하고 음대음이거나 양대양일 때는 음양이 불배합이니 편인이라 한다.

木으로 예하면, 甲陽木 對 癸陰水 ┐
　　　　　　　乙陰木 對 壬陽水 ┘ 正印(陰陽正配)

　　　　　　　甲陽木 對 壬陽水 ┐
　　　　　　　乙陰木 對 癸陰水 ┘ 偏印(陰陽不配)

가 되는 예이니 다른 것도 이에 준하기 바란다.

② 아생자(我生者) 자손(子孫)이니 식신(食神)이거나 상관(傷官)이라 한다.

木으로 예하면, 甲陽木 對 丁陰火 ┐
　　　　　　　乙陰木 對 丙陽火 ┘ 傷官(陰陽正配)

　　　　　　　甲陽木 對 丙陽火 ┐
　　　　　　　乙陰木 對 丁陰火 ┘ 食神(陰陽不配)

③ 극아자(剋我者) 관청(官廳)이니 정관(正官)이거나 편관(偏官)이라 한다(편관을 七殺이라고도 함).

木으로 예하면, 甲陽木 對 辛陰金 ┐
　　　　　　　乙陰木 對 庚陽金 ┘ 正官(陰陽正配)

　　　　　　　甲陽木 對 庚陽金 ┐
　　　　　　　乙陰木 對 辛陰金 ┘ 偏官(陰陽不配)

④ 아극자(我剋者) 처재(妻財)이니 정재(正財)나 편재(偏財)라 한다.

木으로 예하면, 甲陽木 對 己陰土 ┐
　　　　　　　乙陰木 對 戊陽土 ┘ 正財(陰陽正配)

　　　　　　　甲陽木 對 戊陽土 ┐
　　　　　　　乙陰木 對 己陰土 ┘ 偏財(陰陽不配)

⑤ 비화자(比和者) 형제(兄弟)이니 비견(比肩)과 겁재(劫財)라 한다.

木으로 예하면, 甲陽木 對 乙陰木 ┐ 劫財(陰陽正配)
　　　　　　　 乙陰木 對 甲陽木 ┘

　　　　　　　 甲陽木 對 甲陽木 ┐ 比肩(陰陽不配)
　　　　　　　 乙陰木 對 乙陰木 ┘

육친법 조견표

日干＼天干	甲	乙	丙	丁	戊	己	庚	辛	壬	癸
甲	비견	겁재	편인	정인	편관	정관	편재	정재	식신	상관
乙	겁재	비견	정인	편인	정관	편관	정재	편재	상관	식신
丙	식신	상관	비견	겁재	편인	정인	편관	정관	편재	정재
丁	상관	식신	겁재	비견	정인	편인	정관	편관	정재	편재
戊	편재	정재	식신	상관	비견	겁재	평인	정인	편관	정관
己	정재	편재	상관	식신	겁재	비견	정인	편인	정관	편관
庚	편관	정관	편재	정재	식신	상관	비견	겁재	편인	정인
辛	정관	편관	정재	편재	상관	식신	겁재	비견	정인	편인
壬	편인	정인	편관	정관	편재	정재	식신	상관	비견	겁재
癸	정인	편인	정관	편관	정재	편재	상관	식신	겁재	비견

7) 오행의 중화(中和)

무릇 오행의 생극 관계는 전면에서 설명한 바와 같으나 중요한 것은 중화임을 알아야 한다. 즉 수적으로도 균형이 맞아야 하지만 시기(특히 月令)적으로도 중용(中庸)되어야 함을 말한다.

① 목다화멸(木多火滅), 화다토초(火多土焦), 토다금매(土多金埋), 금다수탁(金多水濁), 수다목부(水多木浮)이니 비록 상생일지라도 균형이 맞지 않으면 오히려 병이 됨을 말한다.

② 목다금결(木多金缺), 화다수건(火多水乾), 토다목절(土多木折), 금다화식(金多火熄), 수다토붕(水多土崩) 등을 말하니 비록 극(剋)을 받는 입장이지만 수적으로 우세하거나 시기적으로 득령(得令)하였다면 오히려 그 반대가 됨을 말한다.

나머지도 이런 방법으로 추리하면 중화의 요령을 확실히 알 수 있다.

8) 오행 용법상의 사요(四要)

① 극왕자(極旺者) 의생(宜生)이니 손상(損傷)함이 불가하다.

이는 한 오행(또는 星神)이 왕극하면 식신, 상관으로써 설기(洩氣)한다거나 관성으로 제극(制剋)함이 불가하며 오직 인수(印綬)로써 生하여 줌이 옳다는 말이다.

② 태왕자(太旺者) 宜洩이니 관극(官剋)은 불가하다.

극왕은 비록 아닐지라도 태왕하면 이 또한 그 세(勢)에 순종해야 함을 말한다. 이는 강한 자와 맞서는 것은 불가하다는 말이니 식상(食傷)으로써 설기시킴을 가장 좋아한다는 말이다.

③ 극약자(極弱者) 宜洩이니 생조(生助)함은 불가하다.

약함이 극에 달하여 生氣 능력이 없을 때 돕는다고 印綬로 生해 주는 것은 불가하고 반드시 그 힘을 더욱 설기시켜 生氣가 발생하지 못하게 함이 옳다.

④ 태약자(太弱者) 宜洩이니 幇助함은 不可하다.

비록 극약은 아니지만 태약(太弱)으로 혼자서는 도저히 자립 능력이 없을 때를 말하는 것이니 이 때는 돕는다고 비견, 겁재로써 방조(幇助)함은 불가하고 반드시 관성으로써 극하여 딴 생각을 품지 못하게 하여야 한다는 것이다.

이상과 같이 정오행의 이치를 설명하였는데, 다른 모든 오행도 이치는 이에서 벗어나지 않는 것임을 명심할 것이다.

2. 십이운(十二運) 양생법(養生法)

일명 포태법(胞胎法)이라고도 하는데 이는 각 오행의 왕상휴수(旺相休囚)를 알아보는 방법인 것이다. 가장 널리 쓰이는 것이므로 모두 암기해야 한다.

욕(浴)을 도화(桃花), 관(冠)을 임관(臨官), 장(葬)을 고(庫) 또는 묘(墓), 절(絶)을 포(胞)라고도 한다.

十二運 五行	生	浴	帶	冠	旺	衰	病	死	葬	絶	胎	養
甲木	亥	子	丑	寅	卯	辰	巳	午	未	申	酉	戌
乙木	午	巳	辰	卯	寅	丑	子	亥	戌	酉	申	未
丙火	寅	卯	辰	巳	午	未	申	酉	戌	亥	子	丑
丁火	酉	申	未	午	巳	辰	卯	寅	丑	子	亥	戌
庚金	巳	午	未	申	酉	戌	亥	子	丑	寅	卯	辰
辛金	子	亥	戌	酉	申	未	午	巳	辰	卯	寅	丑
壬水	申	酉	戌	亥	子	丑	寅	卯	辰	巳	午	未
癸水	卯	寅	丑	子	亥	戌	酉	申	未	午	巳	辰

1) 십이운성(十二運星)의 해설
―― 사람의 경우를 예로 하여 설명을 함

① 생(生)은 모체에서 분리되어 생출함이니 비로소 새 생명이 탄생하는 경사스러운 곳이 된다. 부모는 물론이고 많은 사람들로부터 축복과 보호 속에서 출생하였으므로 비록 자신의 힘은 미약하지만 주위의 강력한 보호에 힘입어 크게 영향력을 발휘할 수 있는 길위(吉位)인 것이다.

② 욕(浴)은 앞에서 이미 출생한 어린아이를 목욕시킨다는 뜻

이므로 바르게 키우기 위해서 씻기고 가르치며 어린아이 마음대로 먹거나 놀지 못하도록 행동에 많은 제약을 가하게 된다. 그러므로 어린이 입장에서 볼 때는 대단한 불만이 따르는 곳이니 언제나 어디서나 오거나 가거나에 상관없이 흉위가 된다. 이곳을 도화지(桃花地)라고도 하며 망신살(亡身殺)로도 친다.

③대(帶)는 띠를 두른다는 뜻이니 5~6세 정도의 나이부터라고 본다면 이제는 총명하며 판단력도 생기고 성장도 빠르므로 글도 배우고 예의범절도 익혀서 하나의 인격체로서의 교양을 갖추게 되는 곳이다. 이곳은 왕기(旺氣)를 향한 진기(進氣)의 곳이라 하여 길위가 된다.

④관(官)은 임관이라고도 하며 벼슬에 임하여 관을 쓴다는 뜻이니 지금까지 공부하고 쌓아온 실력을 마음껏 발휘하여 시험에 합격하고 벼슬길에 오르는 곳이니 20세 전후부터라고 볼 수 있는 이곳은 대단히 왕성한 길지가 된다. 그래서 이곳은 녹위(祿位)가 되기도 한다.

⑤왕(旺)은 일생 가운데서 가장 왕성한 곳이라는 뜻이니 약 30세 후부터 40까지로 최고의 영광스러운 곳이기도 하다. 예를 들어 자기의 영광이 모두 100이라고 가정한다면 90 정도 되는 곳이라고 보면 이해에 도움이 될 것이다. 그러나 이곳은 많은 지혜를 요구하는 곳이기도 하니 덕이 있는 자는 뒤에 늙고 병들어서의 일을 걱정하는 곳이기도 하고 덕을 갖추지 못하고 수양이 아니된 자는 이곳에서 난폭하여 적악(積惡)하기 쉬운 곳이라 하여 양인살(羊刃殺)이 되는 곳이기도 하다. 그러나 이곳을 오행에서는 가장 왕성한 길지로 치는 것만은 사실이다.

⑥쇠(衰)는 왕성함이 극에 도달한 곳이나 앞으로 퇴보밖에 길이 없는 곳이다. 앞에서 말한 100에 해당되는 곳이라고 하면 틀림없겠다. 연령으로는 40부터로서 이제 자기의 본분을 알고 겸양

하며 남과도 많이 사귀고 모난 행동을 아니하며 둥글게 편하게 정당하게 행동하나 확실한 길이 보일 때 괴력을 발휘하는 곳이니 쇠방(衰方)이 되면 언제 어디를 가든지 오든지를 막론하고 현재는 길지가 되며 미래는 나쁘다.

⑦ 병(病)은 전성기를 지나 50~60세까지 해당한다. 이제 노쇠의 현상으로 병들어 유약함을 의미하니 앞으로 계속 퇴기(退氣)로 진행하여 생활력이 약해지는 곳이므로 자손이나 후진에게 자리를 물려주는 곳이므로 대단히 흉지가 된다. 풍수지리에서도 이곳을 만나면 용에서건 좌향(坐向)에서건 水에서건 흉하다.

⑧ 사(死)는 사망함으로써 한 세대를 끝마친다는 뜻이 되므로 역시 흉지가 된다.

⑨ 장(葬)은 사망하였으니 땅으로 다시 돌아간다는 뜻이 된다. 전혀 능력이 없는 곳이므로 역시 흉지이다.

⑩ 절(絶)은 생명체로서의 인정을 받지 못하는 상태이다. 즉 과년한 처녀의 몸에 있는 씨앗인 난자와 남자의 몸에 갖고 있는 씨앗인 정자의 상태를 말하는 것이니 분리된 두 씨앗이 아직 만나지 못했으므로 절처(絶處)라 한다. 이 역시 생기만 갖고 있을 뿐 아무런 능력이 없으므로 대흉지가 되며 두 씨앗이 만나는 과정이 고통스럽다 하여 겁살(劫殺)이라 하기도 한다.

⑪ 태(胎)는 위의 두 씨앗이 극적으로 만나서 수태가 되는 상태를 말한다. 이 때부터 하나의 생명체로서 활동을 시작하지만 아직은 인정이 안 되므로 역시 흉지가 된다.

⑫ 양(養)은 앞으로 출산을 앞두고 어머니의 뱃속에서 강력하게 활동하는 상태를 말한다. 아직은 출생 전이기 때문에 힘은 없지만 머지않아 한 생명의 독립체로서 당당하게 출세할 진기(進氣)를 갖고 있다 하여 길지로 친다. 그러나 이곳은 현재로 미약하기 때문에 선흉 후길이 되는 곳이다.

이와 같이 유행하고 윤회하여 생생불식(生生不息)하는 것이니 다른 오행도 모두 이와 같이 추리하기 바란다.

2) 십이운성의 길흉 분류

五吉位 = 養生帶冠旺(來吉 去凶)
五凶位 = 病死葬絶胎(來凶 去吉)
皆吉位 = 衰(來去間에 共히 吉함)
皆凶位 = 浴(來去間에 共히 凶함)

위는 수구(水口)의 길흉과 용의 길흉과 용과 水의 배합을 맞춰 보는 기본 대법(大法)이므로 반드시 맞아야 하며 만약 이것이 맞지 않으면 다른 것이 아무리 잘 맞고 신묘한 술책일지라도 용납되지 아니한다.

3. 수(數)의 오행

이는 자연수인 용마하도(龍馬河圖)에서 나온 것으로서 동궁(同宮)에 드는 수끼리 합화하였음을 볼 수 있다.

一六 = 水, 二七 = 火, 三八 = 木, 四九 = 金, 五十 = 土

양수인 1과 음수인 6이 합하여 水로 화함은 1과 6이 감궁(坎宮)에 들기 때문이다. 나머지도 같다.

4. 쌍산(雙山) 오행

① 쌍산이란 그림과 같이 一宮에 二位가 합하여 한 오행으로 성

립된 것을 말한다.

　무릇 오행이라 하면 金木水火土 다섯 자를 모두 갖추어야 하는데 쌍산 오행을 보니까 土가 빠졌음을 알 수 있다. 土는 중앙토(中央土)이니 중앙에 거하며 사방에 붙어 관리하므로 각 궁마다 모두 土가 있는 것으로 간주된다. 그러므로 천수일(天數一)로 생수(生水)하니 이에다가 오토수(五土數)를 가하면 6이 되며 1과 6은 합하여 水가 되니 임자(壬子)도 쌍산으로 水가 된 것이다.

　또 지이수(地二數)로 생화(生火)하니 이 數에다가 오토수를 가하면 7이 되니 천지수가 합하여 火가 되며 쌍산도 병오(丙午)가 火로 되는 것이다. 나머지도 이와 같이 추리하기 바란다.

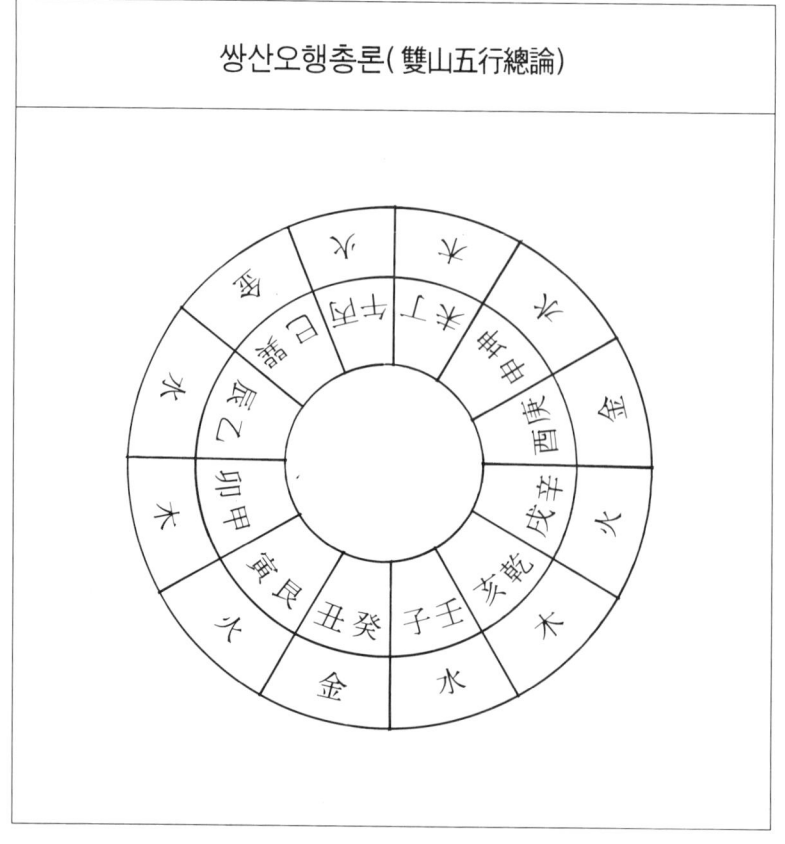

쌍산오행총론(雙山五行總論)

5. 성수(星宿) 오행

乾坤艮巽 = 木, 甲庚丙壬 = 火, 乙辛丁癸 = 土, 辰戌丑未 = 金, 子午卯酉 = 火, 寅申巳亥 = 水

위의 성수 오행은 하늘의 주위에 경포(經布)하고 있는 28宿를 24山에다가 배속시킨 것이니 穴의 주위에서 보이는 성신(星辰)의 길흉을 보는 것이다. 가령 乾은 규목(奎木)이며 坤은 정목(井木)이요 艮은 두목(斗木)이고 巽은 각목(角木)이 그것이다.

이는 좌(坐)와 성수와의 생극 관계로 보는 것이니 인수(印綬)와 비화(比和)는 가장 길하고 재(財)가 됨은 부유하고 칠살(七殺)이 됨은 가장 흉하며 식상(食傷)이 되면 문장이니 글로써 공명하지만 가난하다.

6. 납음(納音) 오행

甲子 乙丑	海中金	丙寅 丁卯	爐中火	戊辰 己巳	大林木	庚午 辛未	路傍土	壬申 癸酉	金鋒金
甲戌 乙亥	山頭火	丙子 丁丑	澗下水	戊寅 己卯	城頭土	庚辰 辛巳	白臘金	壬午 癸未	楊柳木
甲申 乙酉	泉中水	丙戌 丁亥	屋上土	戊子 己丑	霹靂火	庚寅 辛卯	松栢木	壬辰 癸巳	長流水
甲午 乙未	沙中金	丙申 丁酉	山下火	戊戌 己亥	平地木	庚子 辛丑	壁上土	壬寅 癸卯	金箔金
甲辰 乙巳	覆燈火	丙午 丁未	天河水	戊申 己酉	大驛土	庚戌 辛亥	釵釧金	壬子 癸丑	桑柘木
甲寅 乙卯	大溪水	丙辰 丁巳	沙中土	戊午 己未	天上火	庚申 辛酉	柘榴木	壬戌 癸亥	大海水

이 납음 오행은 풍수지리에서 대단히 광범위하게 쓰이는 것 중의 하나이다. 천산(穿山), 투지(透地), 분금(分金), 택일(擇日), 망명(亡命)과 좌향(坐向)과의 배합을 보는데 이 모두 생극 관계로 길흉을 점치는 것은 다름이 없다. 그러나 이것 역시 술수이므로 사용함에 착오 없기 바란다.

7. 홍범(洪範) 오행

홍범 오행은 팔괘의 변화에서 나온 것으로 산운(山運)을 보는 데 사용된다.

甲寅辰巽戌坎辛申 = 水, 震艮巳 = 木, 離壬丙乙 = 火, 兌丁乾亥 = 金, 癸丑坤庚未 = 土

五行＼歲年		甲己年	乙庚年	丙辛年	丁壬年	戊癸年
金 山	兌 丁 乾 亥	乙丑金運	丁丑水運	己丑火運	辛丑土運	癸丑木運
木 山	震 艮 巳	辛未土運	癸未木運	乙未金運	丁未水運	己未火運
火 山	離 壬 丙 乙	甲戌火運	丙戌土運	戊戌木運	庚戌金運	壬戌水運
水土山	甲寅辰巽坎 戌辛申癸丑坤庚未	戊辰木運	庚辰金運	壬辰水運	甲辰火運	丙辰土運

이는 택일시(擇日時)에 반드시 사용하는 것으로서 산운이 연월일시로부터 생왕(生旺)을 받으면 길하고 극을 받으면 흉한 것이다. 만약 산운(山運)이 극을 받을 때 망인의 납음 오행이 그 극하는 살(殺)을 제극해 주면 길로 한다.

8. 소현공(小玄空) 오행

이는 지리에서 내거(來去)하는 수로의 길흉을 살피는 것으로 向으로써 보는 것이다.

丙丁乙酉 = 火, 乾坤卯午 = 金, 甲癸亥艮 = 木, 戌庚丑未 = 土, 子寅辰巽辛巳申壬 = 水

용법은 나를 생하는 방위와 나를 극(剋)하는 방위는 진신(進神)이라 하여 그 方의 水는 내거(來去) 간에 길하고 나를 설기(泄氣)하는 방위와 내가 극하는 방위를 퇴신(退神)이라 하는 것이니 그 방위의 水는 내거 간에 흉한 것이다.

9. 대현공(大玄空) 오행

이는 向으로써 수로의 왕상휴수(旺相休囚)를 따져 보는 것인데 내수(來水)는 왕상하여야 하고 거수(去水)는 휴수되어야 길하다.

子寅辰乾乙丙 = 金, 卯巳丑艮庚丁 = 水, 午申戌坤辛壬 = 木, 酉亥未巽癸甲 = 火

용법은 십이운성법으로서 좌선(左旋)은 양포태(陽胞胎) 우선(右旋)은 음포태(陰胞胎)로 짚어 나간다(그러나 이는 필자의 소견일 뿐 확실한 문헌이 없다).

10. 팔괘(八卦) 오행

이는 팔괘에 따라 납갑 간지(納甲干支)를 배속시킨 것으로 즉 정음정양(靜陰靜陽)이니 선천팔괘(先天八卦)에서 나온 것이다.

乾甲 = 金, 坤乙 = 土, 離壬寅戌 = 火, 坎癸申辰 = 水(이상 靜陽)
艮丙 = 土, 巽辛 = 木, 震庚亥未 = 木, 兌丁巳丑 = 金(이상 靜陰)

11. 화기(化氣) 오행

1) 천간합화(天干合化) 오행

甲己 = 土, 乙庚 = 金, 丙辛 = 水, 丁壬 = 木, 戊癸 = 火

2) 지지육합(地支六合) 오행

子丑＝土, 寅亥＝木, 卯戌＝火, 辰酉＝金, 巳申＝水, 午未＝火土

3) 간지삼합(干支三合) 오행

亥卯未　　　　寅午戌　　　　巳酉丑　　　　申子辰
乾甲丁　] 木　艮丙辛　] 火　巽庚癸　] 金　坤壬乙　] 水

위 삼합은 가장 많이 쓰이는 것으로 각 오행의 생(生), 왕(旺), 묘(墓), 지(地)가 합하여 강력한 국(局)을 이루게 된 것이다. 이에서 꼭 석 자가 다 모여야 삼합국(三合局)이 되는 것이나 이 중에서 어떤 한 자가 빠지고 두 자만 모여도 반합(半合)이라 하여 합이 되는 것임에 주의하여야 한다.

12. 구성(九星) 오행

1) 재천(在天) 구성

貪狼＝木, 巨門＝土, 祿存＝金木, 文曲＝水, 廉貞＝火, 武曲＝金水, 破軍＝金火, 左輔＝金, 左弼＝金土

위에서 탐랑, 거문, 무곡, 보필은 길성이고 나머지는 흉성이다.

2) 재지(在地) 구성

太陽星＝金, 太陰星＝金土, 金水星＝金水, 紫氣星＝木, 天財星＝土, 天罡星＝金火, 燥火星＝火, 孤曜星＝金木, 掃蕩星＝水

이상 재지구성(在地九星)은 본인의 《풍수지리 구성학》을 보면 가장 세밀하게 설명되어 있다.

13. 팔문(八門) 오행

이는 구궁에다 포진(布陳)하여 그 방위의 길흉을 알아보는 방법으로 그 순서도 아래와 같다.

生門＝土, 傷門＝木, 杜門＝木, 景門＝火, 死門＝土, 驚門＝金, 開門＝金, 休門＝水

14. 이십팔수(二十八宿) 오행

이십팔수는 하늘의 주위에 분포하고 있는 28종의 별을 말하는 것이다. 이 성수로 하늘로는 올바른 분도(分度)을 밝히고 전도(纏度)의 다과(多寡)를 알았으며 땅에서는 절기의 영축(盈縮)을 살폈으며 산천의 소사(消砂)를 담당하였고 사람에 있어서는 음양과 길흉을 소식(消息)하였다.

角(二星)＝木, 亢(四星)＝金, 底(四星)＝土, 房(四星)＝日, 心(三星)＝月, 尾(九星)＝火, 箕(四星)＝水, 이상 七宿가 靑龍

斗(六星)＝木, 牛(六星)＝金, 女(四星)＝土, 虛(二星)＝日, 危(三星)＝月, 室(二星)＝火, 壁(二星)＝水, 이상 七宿가 玄武

奎(十六星)＝木, 婁(三星)＝金, 胃(三星)＝土, 昂(七星)＝日, 畢(八星)＝月, 觜(三星)＝火, 參(十星)＝水이니, 이상 七宿가 백

호(白虎)이며

井(八星) = 木, 鬼(五星) = 金, 柳(八星) = 土, 星(七星) = 日, 張(六星) = 月, 翼(二十星) = 火, 軫(四星) = 水, 이상 七宿가 주작(朱雀)이 된다.

지리에서는 28수를 24방위에 배속시켜 砂를 격정(格定)하는데 子午卯酉에만은 二宿가 배속되도록 되어 있다.

이십팔수도(二十八宿圖, 中針 八盤)

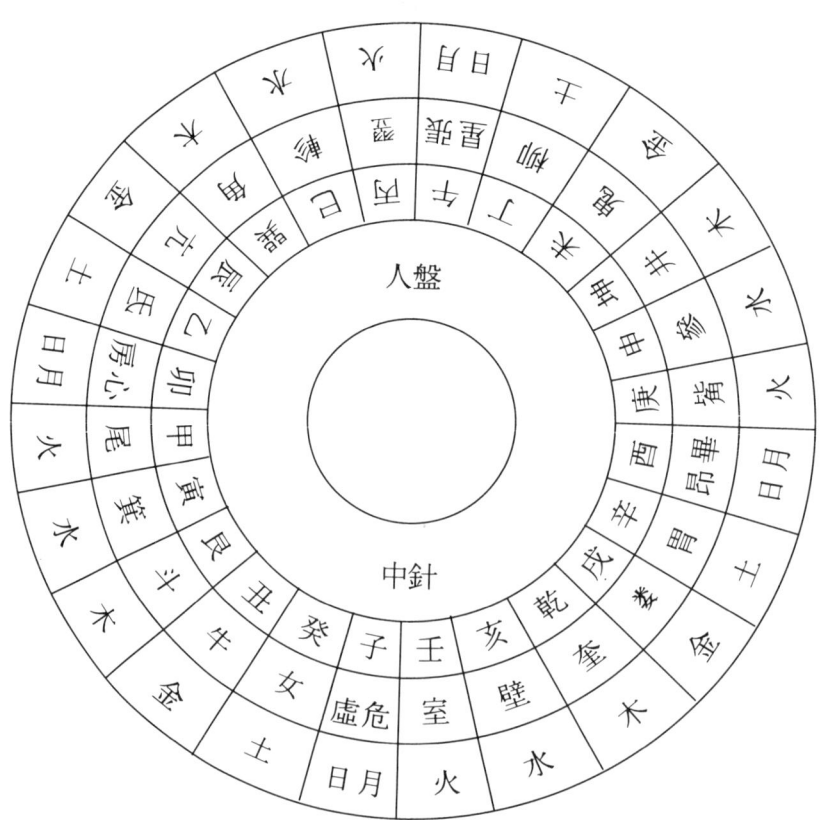

그림을 보면 翼으로부터 역순으로 행하는데 오직 子午卯酉에만은 두 자씩이 들어가 24位에 모두 배속되었으니, 이것을 일월과 오성에 정합한 칠정(七政)이라 한다.

15. 두수(斗首) 오행

이 두수 오행은 순서에 따라 실었을 뿐 풍수지리에서는 별로 사용하지 않는다.

壬子巽巳辛戌 = 土, 艮寅丁未 = 木, 癸丑丙午乾亥 = 火, 坤申甲卯 = 水, 乙庚辰酉 = 金

16. 월건(月建)과 시(時) 일으키는 법

1) 월건 보는 법

月別 節候 年干	1월 立春	2월 驚蟄	3월 淸明	4월 立夏	5월 芒種	6월 小暑	7월 立秋	8월 白露	9월 寒露	10월 立冬	11월 大雪	12월 小寒
甲己	丙寅	丁卯	戊辰	己巳	庚午	辛未	壬申	癸酉	甲戌	乙亥	丙子	丁丑
乙庚	戊寅	己卯	庚辰	辛巳	壬午	癸未	甲申	乙酉	丙戌	丁亥	戊子	己丑
丙辛	庚寅	辛卯	壬辰	癸巳	甲午	乙未	丙申	丁酉	戊戌	己亥	庚子	辛丑
丁壬	壬寅	癸卯	甲辰	乙巳	丙午	丁未	戊申	己酉	庚戌	辛亥	壬子	癸丑
戊癸	甲寅	乙卯	丙辰	丁巳	戊午	己未	庚申	辛酉	壬戌	癸亥	甲子	乙丑

2) 시(時) 일으키는 법

時間 日辰	子時	丑時	寅時	卯時	辰時	巳時	午時	未時	申時	酉時	戌時	亥時
甲己日	甲子	乙丑	丙寅	丁卯	戊辰	己巳	庚午	辛未	壬申	癸酉	甲戌	乙亥
乙庚日	丙子	丁丑	戊寅	己卯	庚辰	辛巳	壬午	癸未	甲申	乙酉	丙戌	丁亥
丙辛日	戊子	己丑	庚寅	辛卯	壬辰	癸巳	甲午	乙未	丙申	丁酉	戊戌	己亥
丁壬日	庚子	辛丑	壬寅	癸卯	甲辰	乙巳	丙午	丁未	戊申	己酉	庚戌	辛亥
戊癸日	壬子	癸丑	甲寅	乙卯	丙辰	丁巳	戊午	己未	庚申	辛酉	壬戌	癸亥

제 3 장 길흉신살(吉凶神殺)

1. 길신(吉神)의 종류

1) 녹(祿)

녹은 3대 길신 가운데 하나로서 관록(官祿)과 부귀(富貴)가 따르며 자손의 거마(車馬)가 조문(朝門)을 출입한다는 것이다.

① 정록(正祿)

天干	甲	乙	丙	丁	戊	己	庚	辛	壬	癸
祿	寅	卯	巳	午	巳	午	申	酉	亥	子

② 지지 비천록(地支飛天祿)

子午卯酉 = 乾, 辰午丑未 = 巽, 寅申巳亥 = 坤

③ 팔괘록(八卦祿)

乾甲 = 寅, 坤乙 = 卯, 艮丙 = 巳, 巽辛 = 酉, 震庚亥未 = 申, 兌丁巳丑 = 午, 坎癸申辰 = 子, 離壬寅戌 = 亥

④ 식록(食祿)

乾兌 = 坎, 震巽 = 乾, 坤離 = 巽, 坎艮 = 坤

2) 마(馬)

① 정마(正馬)

乾 = 甲, 坤 = 乙, 艮 = 丙, 巽 = 辛

위 정마는 역마(驛馬)보다도 더욱 강력한 것으로 그 方에 성봉(星峰)이 용발(聳拔)하면 과거에 급제하고 만약 쌍봉(雙峰)이면 양부(兩府)에서(兩科 패스) 금장을 찬다.

② 역마(驛馬)

亥卯未 = 巽巳, 寅午戌 = 坤申, 巳酉丑 = 乾亥, 申子辰 = 艮寅

③ 비마(備馬)

丙 = 巽, 壬 = 乾, 甲 = 艮, 庚 = 坤

이상 녹(祿)과 마(馬)를 모두 갖추었다면 녹마취(祿馬聚)라 하여 대귀하며 혹 한두 개쯤 결(缺)하여도 그 모인 수만큼 대귀한다.

3) 천을귀인(天乙貴人)

이는 귀인이 거하는 방위를 말하는 것으로서 3대 길신 가운데서 으뜸으로 치는 길신이다.

甲戊庚牛羊이요 乙己鼠猴鄕이며 丙丁猪鷄位요 壬癸蛇兎藏이요 六辛逢馬虎니라.

天干\貴人	甲	乙	丙	丁	戊	己	庚	辛	壬	癸
陽貴	未	申	酉	亥	丑	子	丑	寅	卯	巳
陰貴	丑	子	亥	酉	未	申	未	午	巳	卯

　귀(貴)는 양귀와 음귀로 구분되는데 양귀는 동지로부터 다음 해 하지까지 사용하고 음귀는 하지로부터 동지까지 사용하는 것이 원칙이다. 그러나 귀인은 길신이라 하여 음양에 관계없이 혼용하고 있다.

　이상 3대 길신은 쓰임이 대단히 광범위하여 동양 철학에서 쓰이지 않는 곳이 없으며 특히 풍수지리에서는 사수(砂水)의 방위와 택일시에 중요하게 쓰이고 있다.

4) 천월덕(天月德)

　덕이란 성인 군자의 덕도(德道)이니 길신 가운데서도 으뜸이 된다. 특히 중요한 것은 재앙을 소산시킬 수 있는 것은 물론 다른 흉살을 제화시키는 능력을 갖춘 것이므로 택일시에 널리 활용되고 있다.

　① 세간 천덕(歲干天德)

天干\天德	甲	乙	丙	丁	戊	己	庚	辛	壬	癸
歲天德	甲	庚	丙	壬	戊	甲	庚	丙	壬	戊
歲天德合	己	乙	辛	丁	癸	己	乙	辛	丁	癸

　이는 음양이 교회(交會)하므로 여러 가지 복을 불러 주는 길신이며 모든 일이 다 길하나 특히 조장(造葬)에 더욱 길하다고 한다. 다른 덕과 겹쳐서 사용하여야 한다.

위는 택일시 당년의 연간으로 월건이나 일진을 찾아보는 것이다.

② 세지 천월덕(歲支天月德)

天月德＼歲支	子	丑	寅	卯	辰	巳	午	未	申	酉	戌	亥
歲支 天 德	巽	庚	丁	坤	壬	辛	乾	甲	癸	艮	丙	乙
歲支 天德合	申	乙	壬	巳	丁	丙	寅	己	戊	亥	辛	庚
歲支 月 德	壬	庚	丙	甲	壬	庚	丙	甲	壬	庚	丙	甲
歲支 月德合	丁	乙	辛	己	丁	乙	辛	己	丁	乙	辛	己

이는 택일시 당년의 연지(年支)로써 월일을 보는 것인데 온갖 일에 다 사용되며 소원을 크게 이루어 준다고 한다.

③ 월가 천월덕(月家天月德)
이는 간지를 따지지 않고 음력달로써 보는 천월덕을 말한다.

天月德＼月別	正	二	三	四	五	六	七	八	九	十	十一	十二
月 天 德	丁	申	壬	辛	亥	甲	癸	寅	丙	乙	巳	庚
月 天德合	壬	巳	丁	丙	寅	己	戊	亥	辛	庚	甲	乙
月 德	丙	甲	壬	庚	丙	甲	壬	庚	丙	甲	壬	庚
月 德 合	辛	己	丁	乙	辛	己	丁	乙	辛	己	丁	乙

이는 월별로 구분하여 보는 것인데 온갖 일에 다 길하나 특히 조장(造葬)에 많이 쓰이는 대길신이다.

④ 일덕(日德)
이는 일의 간지로써 보는 것인데 연월일시 등에서 찾는 것이다. 이 역시 역량은 같은 것이다.

德＼日干	甲	乙	丙	丁	戊	己	庚	辛	壬	癸
日　德	寅	申	巳	亥	巳	寅	申	巳	亥	巳

德＼日支	子	丑	寅	卯	辰	巳	午	未	申	酉	戌	亥
日 支 德	巳	午	未	申	酉	戌	亥	子	丑	寅	卯	辰

이상으로써 4대 길신을 마치고 나머지 길흉 신살은 택일문에서 다시 밝힐 예정이다.

2. 흉신(凶神)의 종류

1) 상충(相冲)

상충이란 서로 부딪쳐 깨진단 말이니 흉살 가운데서도 대표적인 것이다.

① 천간충(天干冲)

천간충을 일명 칠살(七殺)이라고도 하는데 자기로부터 일곱 번째에 만나는 글자와 상충이 되기 때문이다.

天　干	甲	乙	丙	丁	戊	己	庚	辛	壬	癸
相　冲	庚	辛	壬	癸	甲	乙	丙	丁	戊	己

② 지지상충(地支相冲)

지지충 역시 일곱 번째 만나는 글자와 상충이 되는데 이곳은 서로 맞서는 자리이기 때문이다.

그림과 같이 마주보는 글자끼리 상충이 된다.

무릇 상충이라고 해서 무조건 나쁜 것은 아니다. 혹 천간충은 오히려 가할 수도 있으니 나무로 비유한다면 지엽(枝葉)에 해당하기 때문에 일정한 시기에 다시 회생할 수도 있기 때문이다. 그러나 지지의 상충은 뿌리가 뽑히니 회생할 가능성이 없어져 더욱 흉한 것이다.

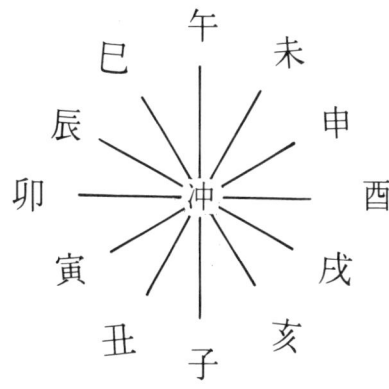

2) 삼형살(三刑殺)

삼형은 충파(冲破) 다음으로 무서운 흉살이니 마땅히 피해야 하는 것이다.

三刑 = 寅巳申, 丑戌未

삼형은 위 둘뿐인데 은혜를 저버리고 오히려 원수로 삼는다 하니 관송(官訟)과 손재(損財)가 따른다. 寅巳나 巳申 두 자만 만나도 형(刑)이 된다.

① 상형(相刑)과 자형(自刑)

상형이나 자형의 응(應)은 비슷한데 이 모두 구설(口舌)과 손재가 있으며 망신스러운 일이 벌어지기도 한다.

相刑 = 子刑卯, 卯刑子, 寅巳, 巳申, 戌未
自刑 = 辰刑辰, 午刑午, 酉刑酉, 亥刑亥

② 육해(六害)와 원진(元嗔)

해와 원진도 비슷하다. 서로 미워하고 해하므로 친할 수 없는 것이니 매사에 막힘이 따르고 괴이한 일이 발생한다.

육해(六害)

地支	子	丑	寅	卯	申	酉
害	未	午	巳	辰	亥	戌

원진(元嗔)

地支	子	丑	寅	卯	辰	巳
元嗔	未	午	酉	申	亥	戌

③ 상파(相破)

파(破)는 일을 이루지 못하고 신(申) 간에서 파괴하는 흉살이라 해서 파산살(破散殺)이라고도 한다.

파(破)

地支	子	丑	寅	卯	辰	巳	戌
破	酉	辰	亥	午	丑	申	未

이상의 흉살(凶殺)들은 오행 공부를 하는 사람이라면 반드시 알아야 할 기본적인 살(殺)로서 궁합을 보는 데도 반드시 이용된다.

3) 순중공망(旬中空亡)

공망이란 도모하는 일이 허사가 된다는 말이니 대단히 흉한 살이다. 이는 육십갑자의 旬 중에서 보는 것인데 가령 甲子로부터 癸酉까지 10일 간은 甲子旬이 되며 이 10일 속에는 戌亥가 들어가지 않으므로 戌亥는 공망이 되는 것이다. 나머지 旬도 모두 이와 같이 추리하는 것이다.

공망살(空亡殺)

甲子旬	甲子	乙丑	丙寅	丁卯	戊辰	己巳	庚午	辛未	壬申	癸酉	戌亥
甲戌旬	甲戌	乙亥	丙子	丁丑	戊寅	己卯	庚辰	辛巳	壬午	癸未	申酉
甲申旬	甲申	乙酉	丙戌	丁亥	戊子	己丑	庚寅	辛卯	壬辰	癸巳	午未
甲午旬	甲午	乙未	丙申	丁酉	戊戌	己亥	庚子	辛丑	壬寅	癸卯	辰巳
甲辰旬	甲辰	乙巳	丙午	丁未	戊申	己酉	庚戌	辛亥	壬子	癸丑	寅卯
甲寅旬	甲寅	乙卯	丙辰	丁巳	戊午	己未	庚申	辛酉	壬戌	癸亥	子丑

이 밖에 흉살이 많으나 택일장에 자세히 기록되어 있으므로 중복을 피하기 위하여 이곳에서는 생략한다.

제 4 장   나경(羅經) 해설

1. 나경(羅經)의 유래와 용도

　나경은 우리나라에서 패철(佩鐵)이란 말로 더 알려져 있다. 그러나 나경이라고 해야 맞는 말이다. 이 말의 출처를 보면 포라만상(包羅萬象)에서 羅를 취하고 경륜천지(經綸天地)에서 經을 취하여 나경이라 했다고 되어 있다.

　나경의 시초는 옛날 황제헌원(黃帝軒轅)으로부터 비롯되었다고 하며 주공(周公)이 처음 제작시엔 선천(先天) 12지지를 따라 12방위만으로 제작하였는데 선천 지지는 음이므로 양인 후천(後天)의 사유(四維)와 팔간(八干)을 한(漢)의 장량(張良)이 증보하여 지금의 지반(地盤) 24위가 완성된 것이라 한다. 그 후 양(楊)공은 천반봉침(天盤縫針)을 합성시키고 뇌(賴) 공은 인반중침(人盤中針)을 증가시켜 天地人 삼재로 삼았으니 지반정침(地盤正針)으로 내거룡(來去龍)의 동태를 격정(格定)하고 인반중침으로 사격(砂格)의 길흉을 알았으며 천반봉침으로 내거수(來去水)와의 배합을 교량하였으니 삼반의 쓰임이 이러하다.

　이와 같이 나경의 출현은 우리 인류의 문명을 밝혀 주는 데 크게 공헌하였으니 만약 나경이 없었다면 천문수도(天文宿度)와 지기방위(地氣方位)를 살필 수 없었을 것임은 물론 인사문명(人事

文明)도 오늘날과 같이 발전할 수 없었을 것이다.

고서에 나경을 일컬어 "上觀天時하고 下察地利하며 中定人事한다" 함이 그것이다.

나경은 본래 36층으로 되어 있으나 이곳에서는 9층만을 간단하게 용도만을 해설하는 바이니 천도(天道) 운행을 깊이 알고자 하는 학자들은 본인의 《나경투해(羅經透解)》를 반드시 보기 바란다. 적어도 24층까지는 운용할 줄 알아야 재혈(裁穴)도 할 수 있는 것이다.

2. 나경 층차(層次) 해설

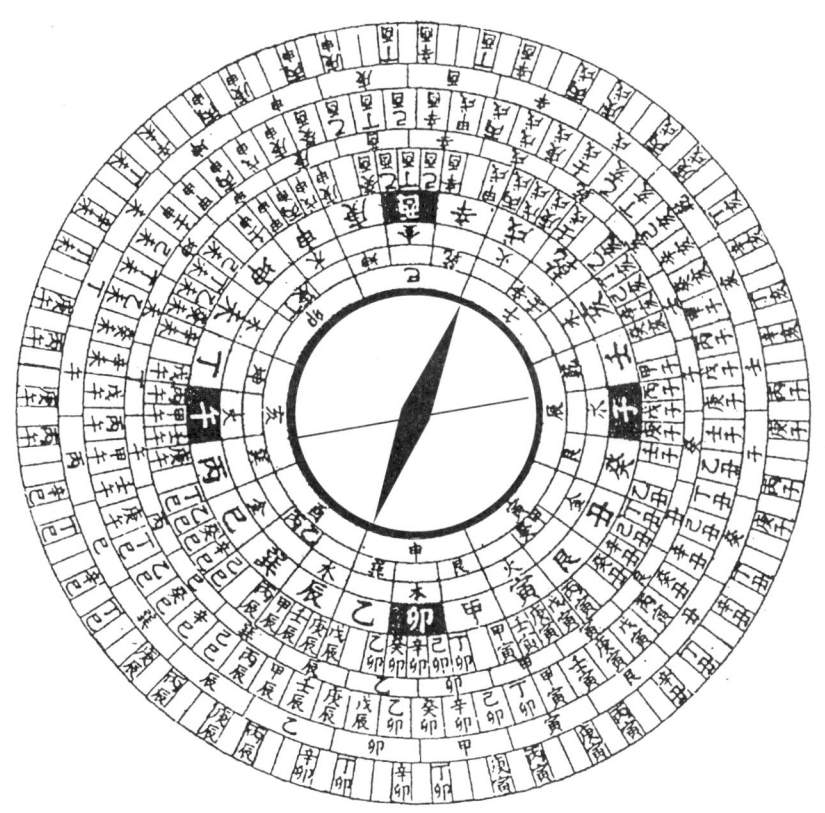

나경의 층차는 안으로부터 제1층이 시작되는 것이니 가장 바깥선은 제9선이 된다. 이곳에서는 편의상 제9식층만 도해하였으니 자세한 내용과 36층을 모두 알고자 한다면 《나경투해(羅經透解)》를 보기 바란다.

제1층 황천팔살(黃泉八殺)

八卦	坎	坤	震	巽	乾	兌	艮	離
黃泉殺	辰戌	卯	申	酉	午	巳	寅	亥

위 황천살은 양택과 음택에서 공히 꺼리는 것으로 팔괘방에 맞는 살이라 하여 팔살황천(八殺黃泉)이라고도 한다.

이 황천살이 닿는 방향으로 水의 내거함을 꺼리는 것인데 水뿐만 아니라 택일(擇日)과 조명(造命)에서도 반드시 가려야 하는 무서운 살이다.

예를 들어 본다면 감산(坎山, 子)에 조장(造葬)할 때 연월일시를 구궁의 중궁(中宮)에 넣고 순포하여 감궁에 드는 글자가 戊辰 戊戌이 들어가면 그 연월일시에는 자산(子山)의 용사를 일절 못하는 것 등을 말한다(《나경투해》참조).

또 한 가지 방법은 자산이나 자좌(子坐)의 양택에서 용사를 할 때는 진술일(辰戌日)은 일절 못하는 것을 말하기도 한다.

제2층 사로황천(四路黃泉 : 天干黃泉)

丁庚向에 坤方水, 坤向에 丁庚方水, 乙丙向에 巽方水, 巽向에 乙丙方水, 甲癸向에 艮方水, 艮向에 甲癸方水, 辛壬向에 乾方水, 乾向에 辛壬方水, 위의 사로황천은 단지 향(向)으로써 水의 내거를 보는 것이다. 이 살(殺)을 천기대요(天機大要)에서는 거수(去水)는 기(忌)하고 내수(來水)는 불기(不忌)라 하기도 하였다. 그러므로 후학자들은 많은 혼돈을 일으키고 있다.

확실한 용법을 알아두기 바란다. 이는 좌산(坐山)으로 기준하여 십이운성법의 절묘방(絶墓方)으로 겹치는 것을 대흉으로 하는 것이니, 즉 십이운성법으로 절묘방과 이 사로황천이 겹치면 거길(去吉)하고 내흉(內凶)한 것을 말한다. 만약 이렇게 겹친 물이 조입(朝入)하면 황천대살이 되어 소망(少亡), 고과(孤寡)의 응(應)이 나타난다.

앞 십이운성에서도 언급한 바 있거니와 생왕방(生旺方)의 水는 내(來)하여야 길하고 절묘방수(絶墓方水)는 거(去)하여야 길한 것인바, 생방수(生方水)가 반대로 거한다면 장방(長房)이 패하고 왕방수(旺房水)가 반대로 거한다면 중방(仲房)이 패하며 묘방수(墓房水)가 반대로 내한다면 계방(季房)이 패하는 것이다.

이 밖에도 지지(地支) 황천과 백호(白虎) 황천이 있는데 이는 본인의 《나경투해》를 보기 바란다.

제3층 쌍산(雙山) 오행

쌍산 오행이란 말 그대로 12지지의 매 궁(宮)마다 천간 한 자씩이 더 들어 있다 해서 쌍산이라 하였다.

무릇 오행은 金木水火土 다섯을 말하는 것인데 오직 쌍산에서만은 金木水火 사행으로 되어 土가 없다. 土는 대개 가운데에 거하며 사방에 모두 붙여져서 사용되는 것이므로 비록 내룡(來龍)으로는 土가 없다고 하더라도 사방 어느 곳이든지 土가 붙여져서만이 한 오행이 이루어지는 것이기 때문이다.

실례를 들면 天一로 생수하여 자리를 잡으니 중앙 五土가 배속되어 6數가 되며 一六水 속에는 土가 함께 존재하고 있는 것이고, 地二로 생화(生火)하여 자리를 잡으니 이에 중앙토 5를 더하면 7數가 되니 二七火 속에는 土가 함께 존재하고 있는 것이다.

三八木이나 四九金은 물론 중앙 五十土 등도 모두 이와 같이 추리할 것이다.

쌍산의 용법은 내룡(來龍)을 격정하는 데서만이 사용되는데 이 역시 십이운성 양생법(養生法)으로 쳐서 양생으로 발출한 용이라면 관왕처(官旺處)에서 입수(入首)가 되어야 하며 또 관왕으로 출신한 용이라면 양생으로 입수되어야 한다는 설이다.

또 일부 지리가들은 쌍산으로 12지의 양룡(陽龍)은 양절(陽節)로 굽어서 행맥(行脈)하고, 음룡은 음절로 굽어 행맥하여야 용이 살았다고 하는데 이것은 잘못된 방법이며 근거가 없는 것이다. 그 외의 자세한 것은 앞에서 설명되었으므로 생략하기로 한다.

제4층 지반정침(地盤正針)

지반정침은 자침(磁針)이 가리키는 남북을 기준으로 만들어진 침법이다.

이 지반정침으로 내룡을 격정하고 입향(立向)하는 것이니 지리가들이 가장 많이 쓰는 침인 것이다.

처음에 선천지지(先天地支) 12방위(12지지)만으로 되었었는데 후에 후천의 양인 사유(四維)와 팔간(八干)을 증보하여 지금의 24방위가 되었다. 사유란 乾坤艮巽이요, 팔간이란 甲庚丙壬과 乙辛丁癸를 말하는 것이니 이 모두 천간이므로 양이며 동(動)을 주장하는 것이니 음정(陰靜)인 12지지와 배합시켜 기후(氣候)의 어긋남을 막았고 음끼리의 착잡(錯雜)을 해소시켰으며 음은 양에다가 바탕을 두어 허(虛)하지 아니하게 하고 양은 음에다가 적(籍)을 두어 고(孤)하지 아니하게 하였으니 이것이 곧 양기화생(兩氣化生)의 묘인 것이다.

또 지반정침은 천반봉침과 인반중침을 만들게 한 근본이 되며 천산(穿山)과 투지(透地)를 측량할 수 있는 근본이며 오행 생왕 휴수의 본위이며 음양 순역 등을 모두 지반정침으로 추리하는 것이다.

지반정침은 문왕팔괘(文王八卦)에서 근본되었으므로 매 괘마다 3山씩 관한다. 즉 子午卯酉가 坎離震兌로 사정위(四正位)에 거하는데 이를 사장괘(四藏卦)라 한다. 乾坤艮巽은 사유지(四維地)에서 거하니 사현괘(四顯卦)라 한다. 이 팔괘의 양쪽으로 각각 한 위씩을 거느리니 일괘삼산(一卦三山)이 되며 모두 24山이 된 것이다.

제5층 천산(穿山) 72룡(龍)

천산이란 내룡(來龍)이 어느 甲子로 오는가를 천정(穿定)하여 그 용의 길흉을 알아보는 것이다.

천정하는 방법은 내룡(來龍)의 협(峽) 중에다 반침을 놓고 이 층의 어느 甲子로 오는가를 보는 것이다. 만약 협(峽)이 없으면 입수주성(入首主星) 너머 기복속인처(起伏束咽處)의 분수척상(分水脊上)에다 반침을 고정해 놓고 어느 용으로 오는가를 보는 것이다. 어느 甲子로 오는 것이 결정되었다면 그 용의 납음(納音) 오행으로 생극을 단정해 보기도 하는데 더욱 중요한 것은 음양 충합(冲合)인 왕기맥(旺氣脈)이나 생기맥(生氣脈)이 되어야 길하며 만약 차착공망(差錯空亡)이 되어(九六不冲合) 고(孤)인 패기맥(敗氣脈)이 된다거나 허(虛)인 퇴기맥(退氣脈)이 된다거나 귀갑(龜甲)인 사기맥(死氣脈)이 된다면 불가하니 그 용은 쓰지 않는 것이다.

그럼 孤, 虛와 旺相이 어떤 것인가를 알아보자.

甲子旬 → 乙亥까지 十二龍이 散氣脈

丙子旬 → 丁亥까지 十二龍이 旺氣脈
戊子旬 → 己亥까지 十二龍이 敗氣脈
庚子旬 → 辛亥까지 十二龍이 相氣脈
壬子旬 → 癸亥까지 十二龍이 退氣脈

이라 하니 결국 병자순과 경자순으로만 용이 들어와야지 그 외로 들어오면 못 쓴다는 것이다(《나경투해》 참조 바람).

제6층 중침인반(中針人盤)

중침 24山을 인반이라 하는데 이는 지반정침보다도 7도 반이 서쪽으로 늦다. 천지가 먼저 있고 다음으로 사람이 있는 것이므로 천반과 지반 사이에 놓이게 하였다. 그래서 중침이라 하였다.

그러니까 천반봉침은 지반보다 동으로 7도 반이 앞서서 절후를 따라 나가고 지반정침은 보름 뒤인 7도 반의 차이로 그 뒤를 따르며 인반중침은 또 보름의 차를 두고 7도 반의 차로 그 뒤를 따르도록 되어 있으니 천반과 인반은 15도의 차가 되므로 완전히 한 방위 일개월의 차이가 생긴다. 이렇게 天地人 삼재가 성립되었으니 천조(天造)하고 지설(地設)한 업적을 인간만이 주인으로서 만물을 대표한다 하니 인력이 승천(勝天)이라 할 수 있다.

고서에 보면 "人盤은 상관 天星躔度하고 기운 진퇴하며 하관 山川分野하고 地脈藏否한다" 하였으니 28宿와 더불어 산천의 소사(消砂) 작용이 관계됨을 알 수 있다.

이와 같이 인반중침으로도 심룡(審龍)과 납수(納水)에도 사용되고 있으나 발사법(發砂法)에만은 반드시 이 중침으로 사용하여야 한다.

발사와 용법을 보면,

乾坤艮巽 是木鄕 甲庚丙壬 眞是火

寅申巳亥 水神當 子午卯酉 火依相
辰戌丑未 金爲局 乙辛丁癸 土相傷이라

하니 이것을 이른바 성수(星宿) 오행 또는 애성(挨星) 오행이라 한다.

生我印綬이니 居兩榜이요 比和人財 發科場이라
我剋是財이니 爲儲奴요 剋我七殺 最難當이라
泄我文章이니 窮到底요 文邊功名이며 好又强이라

하였으니 나를 生하고 비화(比和)되어야 좋고 내가 이기는 것도 재물이니 괜찮으며 나를 설기(洩氣)함도 길할 수 있으나(或外孫 發福) 가장 두려운 것은 나를 극해하는 칠살이니 반드시 피하여야 할 것이다.

또 분방(分房) 궁위를 보면 세 아들의 경우와 여섯 아들, 아홉 아들로 구분하여 보는 궁위가 각각 다르다. 그러나 대개는 일사칠위(一四七位)가 청룡(靑龍) 쪽이며 이오팔위(二五八位)는 조안(朝案)이 되고 삼륙구위(三六九位)는 우백호(右白虎) 쪽으로 보는 것이 정론이다.

제7층 투지(透地) 60룡(龍)

투지는 24龍(360도)의 원을 60龍으로 평분해 놓은 것이다. 그러니까 정침이 가리키는 자북(磁北)으로부터 337.5도의 위치인 亥壬의 분계선인 坎宮을 기준으로 하여 6도씩 평분하여 육십갑자를 배속시킨 것이다.

이 투지는 천산과 더불어 표리 관계가 되는데 천산은 후천이니 지기(地紀)에 해당되고 내룡(來龍)의 산강(山岡)만을 논하는 것이며 투지는 선천이니 천기(天紀)라 할 수 있으므로 생기가 穴로 유입됨을 보는 것이니 투지를 사용할 경우에 천산은 반드시 함께 사용하여야 할 필요는 없는 것이다. 왜냐하면 투지를 맞추는 것은 우주의 운행에 따른 절후에 합법하므로 후천 지기는 그 중에 포함되어 15일의 간격을 두고 바로 따라 들어오기 때문이라 할 수 있다.

투지란 말은 통한다는 뜻이니 생기는 투지가 가리키는 가선(嘉線)을 타고 지중(地中)으로 유행하고 투과하기 때문에 고서에 '음지일선(陰地一線)'이라 하였으며 반드시 사용되어야 한다.

투지의 용법은 혈성(穴星) 후의 속기처(束氣處)인 분수척상에 반침을 놓고 내맥 입수가 60룡 가운데서 어느 甲子로 들어오는가를 보는 것이다.

그 길흉을 보는 법으로는 육십갑자룡 중에서 반드시 병자순(丙子旬)의 丁亥까지 12룡과 경자순(庚子旬)의 辛亥까지 12룡을 합하여 모두 24룡이니 이것만이 전부 길한 용이고 나머지 36룡은 고허(孤虛), 살요(殺曜), 공망(空亡)이 되므로 사용할 수 없는 것이다.

　　五氣歌(論)
甲子旬은 乙亥까지 12룡이니 冷氣脈으로 孤가 되고(凶)
丙子旬은 丁亥까지 12룡이니 正氣脈으로 旺이 되며(吉)
戊子旬은 己亥까지 12룡이니 敗氣脈으로 殺曜가 되며(凶)
庚子旬은 辛亥까지 12룡이니 旺氣脈으로 相이 되며(吉)
壬子旬은 癸亥까지 12룡이니 退氣脈으로 虛가 된다(凶)

위와 같이 길흉이 드러나는데 무자순(戊子旬)만은 지리가들이 말하는 무기살(戊己殺)인데 다른 흉룡도 함께 모두 무기살이라고 하여도 무방하다.

또 길흉을 보는 한 가지 방법은 투지룡(透地龍)과 좌혈(坐穴)

과의 생극 관계를 보는 것인데 납음 오행으로 상생이면 길하고 상극이면 복응(福應)은 나타나지만 흉한 일도 함께 따른다.

제8층 천반봉침(天盤縫針)
천반봉침은 지반정침보다 반 방위(7.5도)를 앞서 나가는 침법으로 우주의 운행과 태양의 전차(纏次)에 합법하므로 실용에 있어서는 입향과 내거수(來去水)를 논함에 반드시 사용되어야 하는 침법인 것이다.

이로써 정침으로 내룡을 격정하고 중침으로 주위의 砂를 격정하며 봉침으로 水의 내거를 논한다면 정확한 말이 되는 것이다.

무릇 水는 동물이므로 양이요 산은 정물이므로 음이니 水는 夫요 山은 婦이니 婦는 夫를 따라야 평안한 것처럼 산에 올라 가장 먼저 중요시할 것은 水의 내거방인 것이다. 이를 고서에서는 "雖穴在山이나 禍福在水"라 하였음이 그것이다.

납수법(納水法)은 穴에 올라 처음 얼굴을 내밀고 발원하는 곳을 적(的)으로 삼는 것이며, 일단 向을 거두고 과궁(過宮)한 水는 논하지 말 것이다. 만약 몇 갈래의 水가 여러 곳에서 유입하는 것이 보이더라도 이 모두를 같은 방법으로 납수하되 여러 水 가운데에서 만약 한 개쯤 음양이 혼잡되어 흉하다 하더라도 대중일실(大中一失)이니 무방하다 하겠다.

제9층 정침분금(正針分金)
분금은 근본이 낙서(洛書)의 사상(四象)에서 출발한 것이니 그 수는 종횡으로 16개 15수이므로 240분금이 성립하게 되었다. 이것을 24방위에 10분씩 배속시킨 것이다.

이것을 평분(平分) 60룡에 대입하면 한 궁의 용에 4분이 되는 셈이다. 이 4분을 중심으로 하여 양쪽으로 3분씩을 가해야

10분이 되므로 가령 甲子 투지의 경우라면 임기운(壬氣運)이 7분이 되고 해기운(亥氣運)을 3분 가산해야 한다. 이것이 투지룡의 분수이며 삼칠가감설(三七加減說)인 것이다(봉침분금은 9층 나경에는 없다).

또 나경의 제9선 분금을 보면 120분금으로 되어 있음을 알 수 있다. 그러므로 한 방위에 2분짜리 분금이 5칸씩 들어간다. 따라서 1칸이 2분이니 양쪽으로 4분씩 8분이 첨가되어야 한 방위의 10분수가 성립됨을 알 수 있다. 가령 丁亥 분금이라면 해기운(亥氣運)이 8이고 건기운(乾氣運)이 2가 따라붙는다는 것을 알 수 있다. 이것이 정침분금인 이팔가감설(二八加減說)인 것이다. 지리가들은 주로 이 분금을 사용하며 만약 망명(亡命)과 용혈(龍穴)과 상극이 될 경우에는 삼칠가감인 봉침분금을 사용하게 된다.

9선의 분금을 보면 한 방위에 5칸인데 3칸은 비어 있고 2칸만이 丙庚이거나 丁辛의 육갑(六甲)이 들어 있는 것을 볼 수 있는데 원칙적으로 칸마다 모두 육갑이 들어가야 하나 고허(孤虛)와 살요(殺曜) 등은 어차피 사용해서는 안 되는 것이기 때문에 아예 빼 버리고 빈 칸으로 둔 것이다. 그러므로 지리가들은 반드시 분금을 사용하되 기록되어 있는 두 분금 중에서 수구(水口)와 망명과 용혈에 맞는 분금을 선택하여 사용할 것이다.

제 5 장   기타 제설

1. 천심(淺深)

　지리에서 천심법은 대단히 중요하다. 왜냐하면 얕게 써야 할 곳에 깊이 쓰면 생기(生氣)가 위로 지나가고 깊이 써야 할 곳에 얕게 쓰면 생기가 밑으로 지나가기 때문이다. 명당을 썼는데도 발복(發福)을 못하는 경우의 대부분이 깊이가 맞지 않기 때문이다.
　이 천심에 대하여 학자들은 논설이 많다. 즉 어떤 이는 수계(水界)나 합금(合襟), 소명당(小明堂) 등으로 정하기도 하고 구성(九星)으로 척촌(尺寸)을 정하기도 하고, 팔괘로 음양을 나누어 정하기도 하고, 조응(朝應)으로 정하기도 하고, 또 훈심훈현(暈心暈弦)으로 정하기도 하는데 이 모두 적당하지 않다.
　오직 고롱(高壟)에서는 천장(淺葬)이 불가하니 마땅히 심장(深葬)할 것이고 평지룡(平支龍)에서는 심장이 불가하니 천장이 가한 것이다. 또 穴의 음양을 가지고 말한다면 와겸(窩鉗)은 형개(形開)이니 양이므로 생기가 부(浮)하여 천장해야 하며, 유돌(乳突)은 형합(形合)이므로 음이니 생기가 침(沈)하여 심장하여야 한다. 또한 사위(四衛)의 산이 높으면 穴도 높으며 천장해야 하고 사위의 산이 낮으면 穴도 낮으며 심장하여야 함이 정론인 것이니 일절의 사술(邪術)에 구애되지 말 것이다.

2. 토색론(土色論)

　　토색은 5색으로 구분했으나 穴로는 구애받지 않는 것이다. 필자도 경험컨대 진혈(眞穴)인데도 황색, 적색, 백색이 있었으며 고서에 보면 청색이나 흑색인데도 생기가 통하는 것은 물론, 이름난 큰 혈이 있었음을 알 수 있다. 다만 확실한 것은 진혈의 土이기 때문에 그 주변의 토색과 매우 달랐고 토질도 부드러우면서도 깔깔한 맛이 있는 콩고물 같은 혈토(穴土)가 대부분이었다.

3. 택일(擇日)

　　《인자수지》에 보면 지리장법(地理葬法)의 사요(四要)를 "龍眞穴正 葬善 時宜"라 하였고 또 "용진 혈정하고 砂水까지도 모두 길한데 재앙은 왜 생기나? 이는 연월일시가 흉함을 범했기 때문"이라 하였고 "歲時의 乖는 二大凶이 된다" 하였음은 모두 택일이 중요하다는 것을 강조한 말인 것이다.
　　어떤 이는 자기 집에 들어가는데도 언제 가면 어떠냐고 하는데 어찌 그리 탐구심이 짧단 말인가. 어찌 자기 집에 가는 것에 비교할 수 있겠는가. 좋은 穴을 만난 것은 좋은 자동차를 얻음과 같고 좋은 택일은 좋은 길을 만남과 같은 것이다. 차가 아무리 좋다손 나쁜 길로 운행한다면 어찌 제 기능을 발휘하겠는가?

4. 석물(石物)과 축조물(築造物)

　　"산천의 融結은 하늘에 있으나 裁成은 사람에 달려 있다" 하였으니 땅에 혹 부족한 곳이 있으면 배(培)하거나 벽(闢)하여 온전하게 하여야 함은 당연하다. 그러나 이는 반드시 달사(達士)의 지시에 의할 것이지 함부로 손을 대서는 안 된다.

또 석물과 축조물 같은 것도 반드시 손해보는 쪽이 더 많음을 알아야 한다. 혹 담을 둘러쌓는가 하면 깊은 연못을 만들기도 하고 혹 상석, 비석, 장군석 등을 건립하는 것도 꺼리는 것이다.

무릇 묘지의 생기설에 의하면 영(塋) 내에는 오직 잔디 외의 물건은 없는 것만 못한 것이니 돈 쓰고 재앙을 부르는 일은 삼가야 할 일이다. 부득이 건립해야 할 경우는 자연혈을 해치지 않는 범위 내에서 명사의 가르침을 따라야 할 것이다.

5. 풍수요역(風水要逆)

세상에는 길은 다르나 이(理)가 동귀(同歸)하는 일이 두 가지가 있으니 수양가(修養家)의 단법(丹法)과 지리가의 장법(葬法)이 그것이다. 이들은 폐지일언하고 '요역(要逆)'인 것이다.

지리에서 말하는 역(逆)이란 원칙적으로 水의 흐름을 기준으로 하여 용이나 국(局:山)이 역수됨을 말하는 것이다. 이 밖에도 역에서 이(理)를 찾는 경우가 실생활에도 많이 있음을 알아야 한다.

가령 모두가 크면 작은 것을 취한다거나, 모두가 작으면 큰 것을 찾는다거나, 모두가 높으면 낮은 것을 취한다거나, 모두가 낮으면 높은 것을 따른다거나, 모두가 길면 짧은 것을 쫓는다거나, 모두가 짧으면 긴 것을 취한다거나, 급한 곳에서는 완함을 완한 곳에서는 급한 것을 취한다거나, 석산(石山)에서는 토산(土山)을 토산에서는 석산을 취한다거나, 정래(正來)하면 사수(斜受)한다거나 사래(斜來)하면 정수(正受)한다거나, 음(陰)에서는 양(陽)을 양에서는 음을, 돌(突)에서는 와(窩)를 와에서는 돌을, 강(强) 중에서는 약(弱)을 약 중에서는 강을, 강(剛) 중에서는 유(柔)를 유 중에서는 강을, 포(飽) 중에서는 기(飢)를 기 중에서는 포를 취하여야 한다는 것이다. 또 산은 정물(靜物)이니 동처(動處)에 기(奇)가 있고 水는 동물이니 정처(靜處)에 묘함이 있다 함도 역의 이치인데 이를 전도설(顚倒說)이라고도 한다.

6. 정음정양설(淨陰淨陽說)

정음정양은 선천팔괘로부터 나온 것인데 매 괘에다 납갑(納甲) 간지를 붙여서 된 것이다. 정음정양은 용과 向과 거래수를 합국시키는 것이기 때문에 대단히 정교하므로 지리가는 반드시 정확하게 사용해야 한다.

淨陽 = 乾甲 坤乙 離壬寅戌 坎癸申辰
淨陰 = 艮丙 巽辛 震庚亥未 兌丁巳丑

이를 사용하는 법은 음룡으로 출발하였다면 전환절절이 음이라야 하고 입향(立向)도 음으로 하며 거래수구(去來水口)도 음이라야 하며 만약 양이 섞이면 양이 파국한다 하여 흉하다는 것이다.
또 내룡(來龍)이 양이라면 전환절절이 양이라야 하고 입향도 양향(陽向)이라야 하며 水도 양으로 내거해야 한다. 만약 이에 음이 섞이면 음이 파국한다 하여 흉하다.
정음정양을 산에 가서 실제로 사용하려면 그리 쉽지 않다. 이는 절절이 합법하는 경우가 많지 않기도 하지만 쌍행(雙行)이나 요(曜)를 겸대(兼帶)하는 용이 많고 용척(龍脊)이 넓어서 활용이 익숙하지 못하기 때문이다. 그러므로 그 실용적인 것을 논하고자 한다.

24룡 정향표(定向表)

24龍	陰陽	八卦正配向	納甲一氣向	三合向	貴人向	八曜殺向
壬	陽	申	午	申坤乙		
子	陽	午		坤乙	乙	忌辰向係八殺
癸	陽	午	申	坤		
丑	陰	丙	丁酉	酉巽庚	庚	
艮	陰	丁酉	丙	丙辛		忌寅向係八殺
寅	陽	甲	午	午		
甲	陽	坤	乾	乾		
卯	陰	辛	庚亥	丁亥		忌申向係八殺
乙	陽	乾	坤	坤子 申壬	申子	
辰	陽	戌壬		申壬		
巽	陰	亥庚	辛	庚		忌酉向係八殺
巳	陰	艮	酉	庚酉		
丙	陰		艮	辛艮	亥	
午	陽	癸	壬			忌亥向係八殺
丁	陰	艮	酉	亥	亥酉	
未	陰		亥卯	亥卯		
坤	陽	乾甲	乙	壬子乙		忌卯向係八殺
申	陽	寅	癸子	子乙	乙	
庚	陰	巽	卯	巽巳丑	丑	
酉	陰	艮	丁	巽	丁	忌巳向係八殺
辛	陰	卯	巽	艮	丙	
戌	陽	辰				
乾	陽	乙	甲	甲		忌午向係八殺
亥	陰	巽	卯	丁卯	丙丁	

〈장경〉에 "以龍定向이니 須審入路陰陽하라" 하였으니 먼 후룡의 음양은 논하지 말라.

①혈성(穴星) 후의 속기처에서 잰 마지막 용맥(龍脈)을 위주로 하여 혈성 내의 도두맥(到頭脈)의 음양이 맞아야 하고 이에 맞는 向을 놓아야 한다.

②요(曜)를 겸하였거나 쌍행룡에서 음양이 분명하지 아니할 때는 좌락입혈(左落入穴)인가 우락입혈(右落入穴)인가를 보고 결정할 것이니 가령 亥壬 쌍행으로 도두(到頭)하여 해룡(亥龍)인지 임룡(壬龍)인지를 알 수 없을 때 좌락혈(左落穴)이면 임다해소(壬多亥少)하므로 양인 임룡이 진짜이고, 亥는 거짓 용이니 마땅히 양향을 하여야 하고 만약 우락혈(右落穴)이 되었으면 해다임소(亥多壬少)하므로 음인 해룡이 진짜가 되고 壬은 가짜이니 마땅히 음향을 하여야 한다.

③임자계룡(壬子癸龍)과 경유신룡(庚酉辛龍)은 같은 기운이므로 다른 방위로 선을 넘어도 음양이 박잡하지 않으나 해룡(亥龍)・묘룡(卯龍)・오룡(午龍)에서는 좌우가 모두 음양 잡기(雜氣)이므로 선을 넘어서 다른 방위로 행함을 허용하지 않음에 유의하기 바란다.

7. 입수(入首)의 요이승기(腰耳乘氣)

〈최관편(催官篇)〉에 "氣從耳入 官易期나 氣從腰臉官應遲라 耳要乘氣 有多寡하니 乘氣愼勿 差毫釐"라 하니 이는 穴의 선악을 말한 것이 아니고 다만 발복의 지속이 다름을 말한 것이다.

이수(耳受)란 氣가 종(縱)으로 들어오는 것이기 때문에 발복이 빠르고 요수(腰臉)는 氣를 횡(橫)으로 받는 것이므로 발복이 늦음을 말한 것이다.

제3부 오행론(五行論)

이수기우락도(耳受氣右落圖)　　　이수기좌락도(耳受氣左落圖)

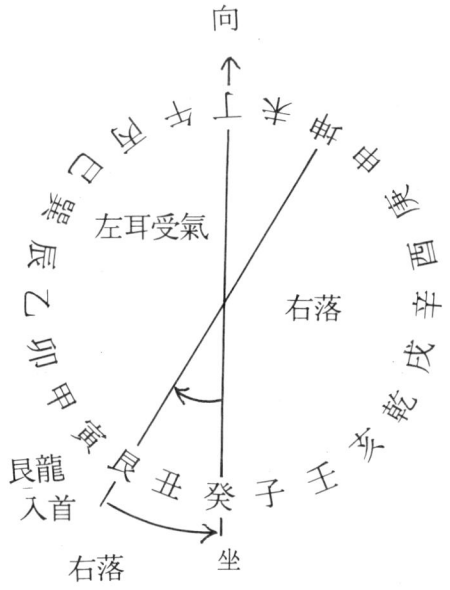
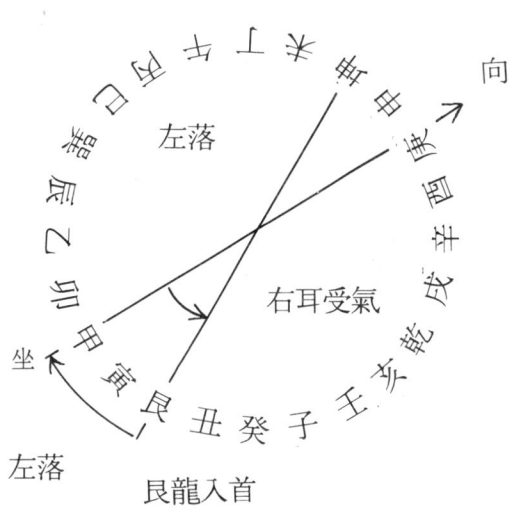

요수기우락도(腰受氣右落圖)　　　요수기좌락도(腰受氣左落圖)

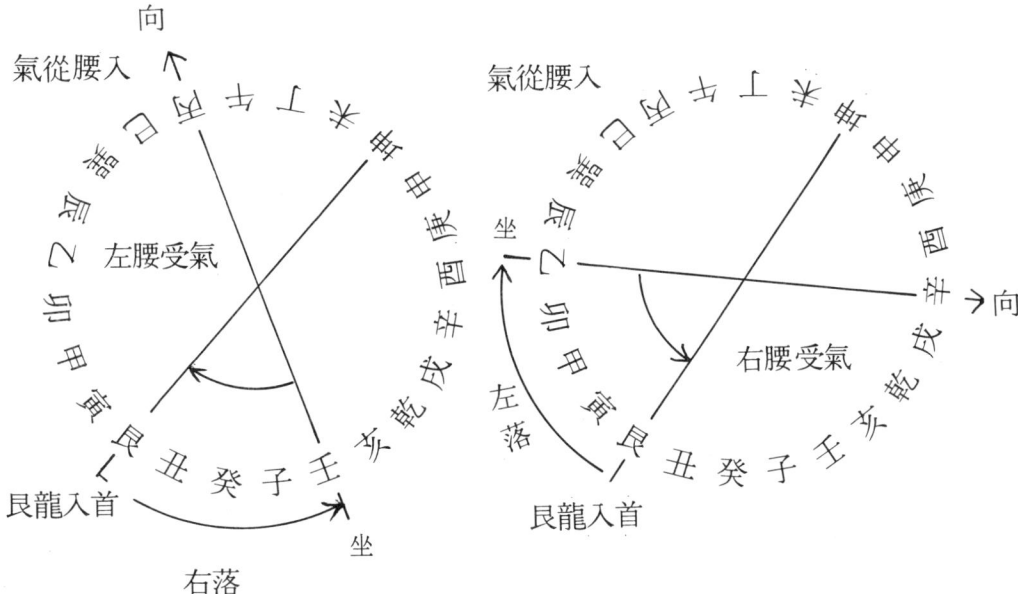

氣를 이(耳) 또는 요(腰)로 받는다 함은 용에서 穴을 받을 때 좌락이든 우락이든 몇 방위가 격리(隔離)되었느냐 하는 것이다. 즉 용에서 좌(坐)가 4방위 이내로 격리되었다면 이(耳)로 수기(受氣)하였다 하고 5방위 이상 격리되었으면 요(腰)로 수기하였다 함이다.

8. 기종어팔방(氣從於八方)

기종어팔방이란 水와 용은 팔괘에 의지해야 된다는 말이다. 하도(河圖)는 자연순행(自然順行) 무위지도(無爲之道)를 밝힌 것이고 낙서(洛書)는 오행역극(五行逆剋) 유위지도(有爲之道)를 설명한 그림이다. 하도는 선천팔괘로 주석(註釋)하였고 낙서는 후천팔괘로 변형하여 자연의 순역 운행과 방위의 왕상휴수(旺相休囚)를 나타낸 것이다. 따라서 용과 水는 자연이 만들어낸 골격이므로 그 길흉이 팔괘에 매여 있는 것이다.

그림과 같이 24방위를 팔궁(괘)에 배속하면 일궁이 3방위가 된다. 궁과 궁 사이를 분계선이라 하는데 그곳은 양쪽 궁이 잡란(雜亂)하고 양의가 차착(差錯)된 곳이므로 氣가 단절되었다 하여 이곳을 범하는 것은 금기로 되어 있다.

사람들이 穴을 쓰고도 화(재앙)를 만나는 것은 이를 범한 경우가 적지 않으므로 기록하는 바이다.

가령 오반(午半)과 자반(子半)은 양의가 차착한 분계선이니 반드시 분금(分金)을 사용하여 범하지 말아야 할 곳이며 癸丑 寅甲 乙辰 巳丙 丁未 申庚 辛戌 亥壬 등은 양궁(兩宮)이 잡란된 곳이니 범하지 말아야 한다. 예를 들자면 축입수(丑入首) 계좌(癸坐) 계

입수(癸入首) 축좌(丑坐)는 氣가 단절된 곳이므로 계축산(癸丑山) 아래에 무(無) 자손이란 말이 있음이다.

다른 것도 이에 준하여 활용할 것이다.

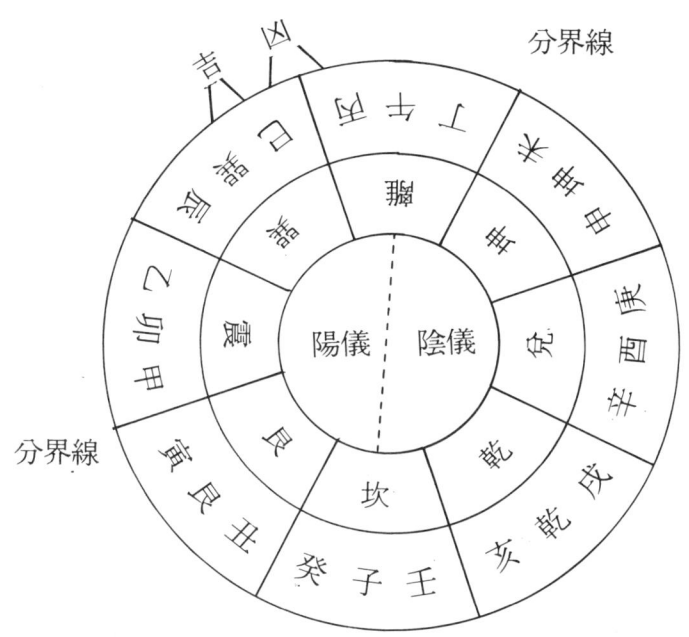

9. 부두법(符頭法)

이는 선천팔괘의 납갑(納甲)으로 구륙충합(九六冲合 : 음양배합)이 되었나 안 되었나를 보고 용의 길흉을 정하는 법이다.

甲壬은 건괘(☰)와 이괘(☲)에 배납(配納)하는데 상하 효(爻)가 모두 양이므로 음양 불배이니 고양(孤陽)이라 하기도 하며 상선공망(上旋空亡)이라고도 하는데 혹 서자(庶子)나 월자(越子)가 창성하는 수가 있다고 한다.

乙癸는 곤괘(☷)와 감괘(☵)에 배속하는데 상하 효가 모두 음이므로 허음(虛陰)이라 하며 하선공망(下旋空亡)이라 하기도 하는데 용진혈적(龍眞穴的)이라면 혹 똑똑한 며느리로 인하여 일시적인 발복이 있거나 딸 쪽으로 외손이 발할 수도 있다.

　丙庚은 간괘(☶)와 진괘(☳)에 배납하는데 상하 효가 모두 음양이 배합되었으니 왕룡(旺龍)이라 하기도 하며 화발룡(花發龍)이라 하기도 하여 장손을 중심으로 크게 발하니 길상이다.

　丁辛은 태괘(☱)와 손괘(☴)에 배속하는데 상하 효가 모두 음양이 상배되었으니 상룡(相龍)이라 하기도 하고 결실룡(結實龍)이라 하기도 하여 대길하다. 차손이 선발하고 장지손(長支孫) 쪽도 고루 발한다.

　戊己는 감리괘에 동속되니 귀갑(龜甲)이라 하고 자기 본괘(本卦)가 없어 납할 수 없으므로 공망이 되어 흉하다. 절손(絶孫)한다고 되어 있다.

오양간부두(五陽干符頭)

乾甲	坤乙	艮丙	兌丁	坎	離	震庚	巽辛	離壬	坎癸
孤	虛	旺	相	龜甲	空亡	旺	相	孤	虛
甲子		丙子		戊子		庚子		壬子	
乙丑		丁丑		己丑		辛丑		癸丑	
丙寅		戊寅		庚寅		壬寅		甲寅	
丁卯		己卯		辛卯		癸卯		乙卯	
戊辰		庚辰		壬辰		甲辰		丙辰	
己巳		辛巳		癸巳		乙巳		丁巳	
庚午		壬午		甲午		丙午		戊午	
辛未		癸未		乙未		丁未		己未	
壬申		甲申		丙申		戊申		庚申	
癸酉		乙酉		丁酉		己酉		辛酉	
甲戌		丙戌		戊戌		庚戌		壬戌	
乙亥		丁亥		己亥		辛亥		癸亥	

육양지부두(六陽支符頭)

乾甲	坤乙	艮丙	兌丁	坎	離	震庚	巽辛	離壬	坎癸
甲戌	乙亥	丙子	丁丑	戊寅	己卯	庚辰	辛巳	壬午	癸未
甲申	乙酉	丙戌	丁亥	戊子	己丑	庚寅	辛卯	壬辰	癸巳
甲午	乙未	丙申	丁酉	戊戌	己亥	庚子	辛丑	壬寅	癸卯
甲辰	乙巳	丙午	丁未	戊申	己酉	庚戌	辛亥	壬子	癸丑
甲寅	乙卯	丙辰	丁巳	戊午	己未	庚申	辛酉	壬戌	癸亥
甲子	乙丑	丙寅	丁卯	戊辰	己巳	庚午	辛未	壬申	癸酉
上旋空亡	花發		龜甲空亡		結實		下旋空亡		

부두법(符頭法)

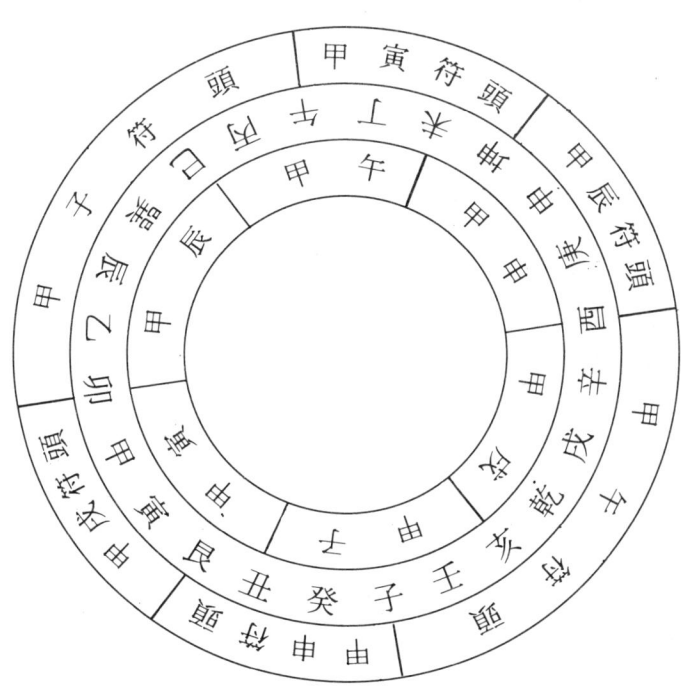

外線, 先天符頭
中線, 24方位
內線, 後天符頭
分界線은 兩符頭

이상과 같이 선천팔괘에서 庚丙丁辛이 길함을 알았으니 둔득(遁得)하는 요령을 알아야 한다. 그것이 부두법(符頭法)이다.

그 하나는 천산(穿山) 투지(透地)를 말하는데 오양간(五陽干)에다가 오자(五子)를 붙여 병자순과 경자순에 해당되는 12룡은 모두 길로 하는 법이다.

또 하나는 육양지(六陽支)에다 甲을 붙여서 순행하며 丙丁 庚辛만을 찾아 쓰는 법이다.

10. 사대국(四大局) 합룡(合龍) 통규법(通竅法)

乙丙交而 趨戌 = 火局
辛壬會而 聚辰 = 水局
丑牛納 丁庚之氣 = 金局
金羊收 癸甲之靈 = 木局

이는 용과 水의 배합 관계를 보는 것으로 지리가는 반드시 알아야 할 중요한 법이다.

을병교이 추술이란 乙陰木과 陽丙火는 생왕묘(生旺墓)가 상배되므로 부부 관계와 같아서 같은 장소로 귀고(歸庫)한다는 말이다. 즉 乙木의 생지(生地)가 午인데 午는 丙火의 왕지(旺地)이기도 하며 寅은 丙火의 생지인데 乙木으로는 왕지가 되며 戌은 乙丙이 공히 묘고(墓庫)가 된다. 다른 것도 이와 같이 추리할 것이다.

이는 용의 입수와 수구의 길흉을 보는 것인데 乙辛丁癸는 용을 지칭하는 것이니 음이므로 부(婦)가 되며 甲庚丙壬은 향(向:水)을 가리키는 말이니 양이므로 부(夫)가 되는 것이다.

① 입수룡은 길흉을 알아보려면 우선 결혈처(結穴處)에서 물이

어느 방향으로 흘러가는가를 보아야 하는바 水가 만약 癸丑艮寅甲卯의 6자상으로 나가면 축우납(丑牛納) 정경지기(丁庚之氣)인 금국(金局)이 되므로 乙辛丁癸가 용이라 하였으니 정포태(丁胞胎)를 짚어서 양생(養生)·대(帶)·관(官)·왕(旺)으로 입수하면 길하고 쇠입수(衰入首)는 평길하며 그 외 병사장절태(病死葬絶胎) 등 5룡으로 입수하면 아무리 다른 조건이 좋다고 하더라도 결코 발복하지 못한다. 욕입수(欲入首)는 발복이 혹 있으나 바로 패한다. 나머지 삼국도 이와 같이 추리하기 바란다.

② 또 향상(向上)의 길흉을 알아보려면 우선 수구가 어느 국인가를 앞에서와 같은 방법으로 알아보고 십이운성법(十二運星法)으로 길흉을 가린다. 가령 수구가 乙辰巽巳丙午의 6자상으로 되어 있다면 신임회이(辛壬會而) 취진(聚辰)이니 수국이 되며 水는 양이며 향이라 했으니 甲庚丙壬에서 양포태(陽胞胎)를 짚는 것이다.

그러면 임수(壬水) 포태를 한번 짚어 보자. 임수는 坤申에서 生하고 壬子에서 왕(旺)이 되고 乙辰에서 묘(墓:葬)가 되며 丁未에서 양(養)이 된다. 이상 생·왕·묘·양, 사향(四向)이 정고소수법(正庫消水法)이고 甲卯에서 사(死)가 되고 巽巳에서 절(絶)이 되는데 사지는 선천으로 왕지이므로 자왕향(自旺向)이라 하여 입향할 수 있으며 절지는 선천으로 생기가 되므로 자생향(自生向:絶處逢生)이라 하여 입향할 수 있으니 이 두 격도 차고소수법(借庫消水法)이라 하여 입향이 가능한 것이다.

그러므로 한 국(局)에서 양향(養向)·생향(生向)·왕향(旺向)·묘향(墓向)·사향(死向)·절향(絶向) 6개 장소만이 입향했을 때 길하고 그 외의 입향은 모두 흉하다고 할 수 있다. 다른 3국도 이에 준한다.

③ 4대국 분류도(四大局分類圖)

水局 = 乙辰 巽巳 丙午로 水去함
木局 = 丁未 坤申 庚酉로 水去함
金局 = 癸丑 艮寅 甲卯로 水去함
火局 = 辛戌 乾亥 壬子로 水去함

이것을 원관(元關) 통규법이라고도 하는데 元은 向을, 關은 용을, 竅는 水를 말하는 것으로 向으로써 용과 水를 통과시켜 일고(一庫)로 동귀시킨다는 뜻이다.

④ 4대국의 실례 해설

• 乙丙交而 趨戌 火局의 입향도

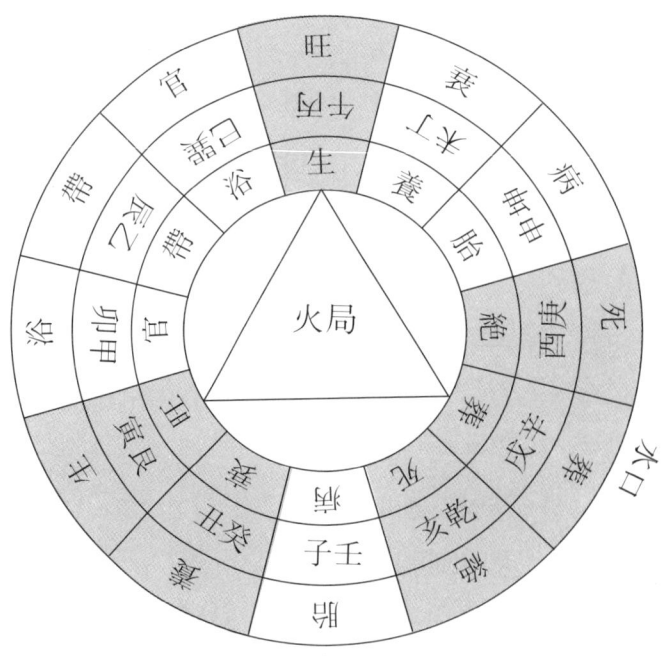

빗금 친 6개 장소만이 입향할 수 있으며 그 외의 입향은 혹 발복했다가도 금시 패절하거나 불규칙한 흉화를 받는다.

정왕향(正旺向)

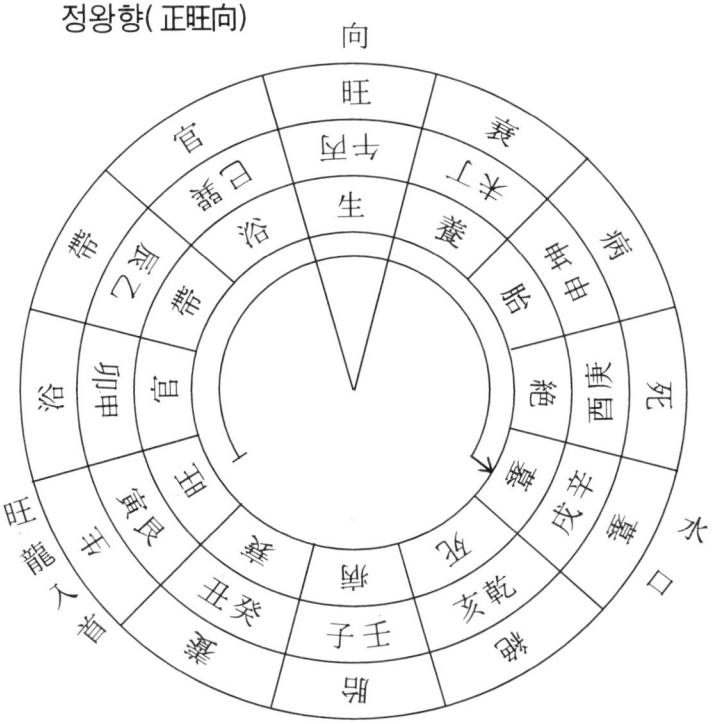

간인왕룡(艮寅旺龍)으로 입수한 용에서 左水가 도우(倒右)하여 辛戌 수구로 출수할 경우 자좌오향(子坐午向)이나 임좌병향(壬坐丙向)으로 입향한다. 이는 왕룡(旺龍)이라는 처녀와 생수(生水)라는 총각이 좌측 간인방(艮寅方)에서 출발하여 향상(向上) 병오방(丙午方)에서 건전한 방법으로 만나 辛戌 수구라는 이름의 묘고(墓庫)까지 동귀하는 수법(水法)이니 만국(滿局)이 생왕하여 대발하는 것이다.

정생향(正生向)

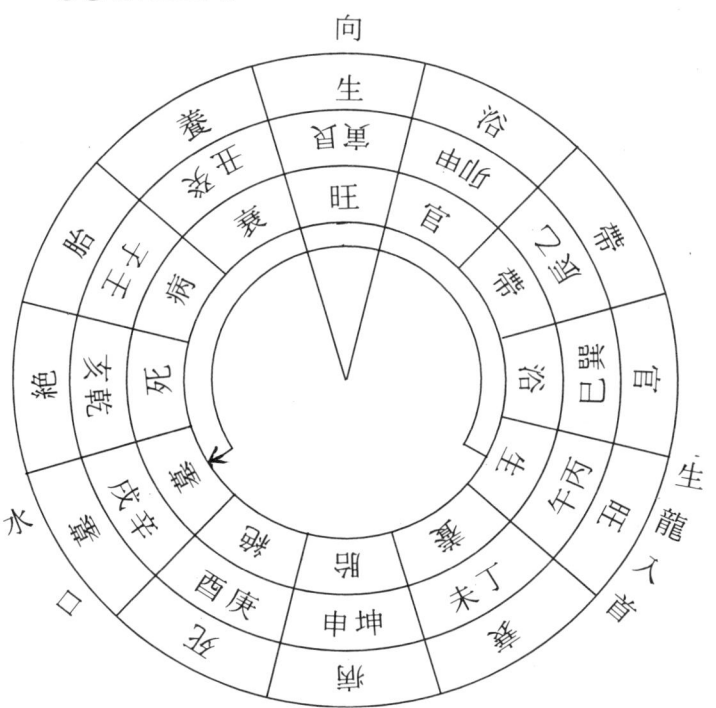

병오생룡(丙午生龍)으로 입수한 용에서 右水가 도좌하여 辛戌 수구로 출수할 경우 신좌인향(申坐寅向)이나 곤좌간향(坤坐艮向)으로 입향하면 정생향이 된다. 이 또한 만국이 생왕하여 대발하는 수법이다.

정묘향(正墓向)

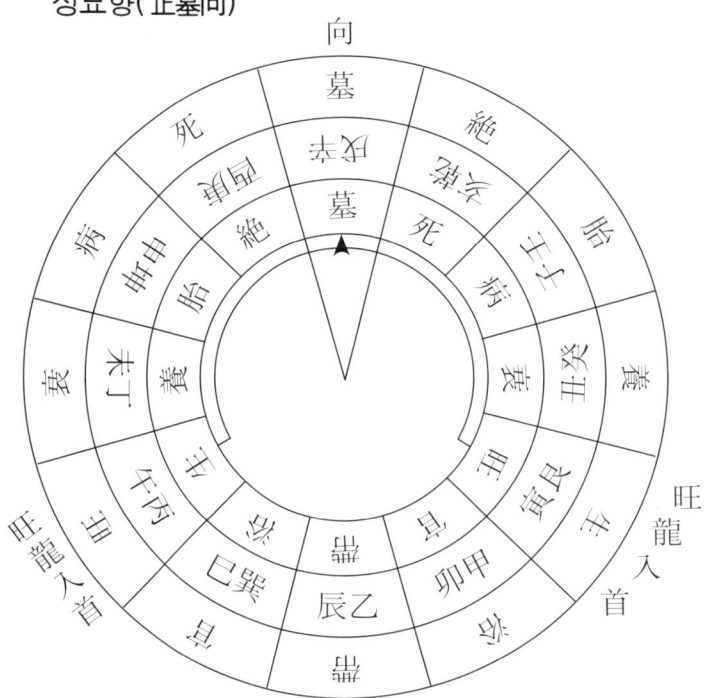

병오생룡 입수와 간인왕룡(艮寅旺龍)으로 입수한 용에서 좌측의 관왕수(官旺水)와 우측의 장생수(長生水)가 향상에서 합금(合襟)하여 신술정묘(辛戌正墓)로 출수하는 수법이다. 진좌술향(辰坐戌向)이나 을좌신향(乙坐辛向)을 놓을 경우 합법(合法)인데 이 또한 자손이 흥왕하고 부귀하는 것으로 대국에서 많이 볼 수 있다.

정양향(正養向)

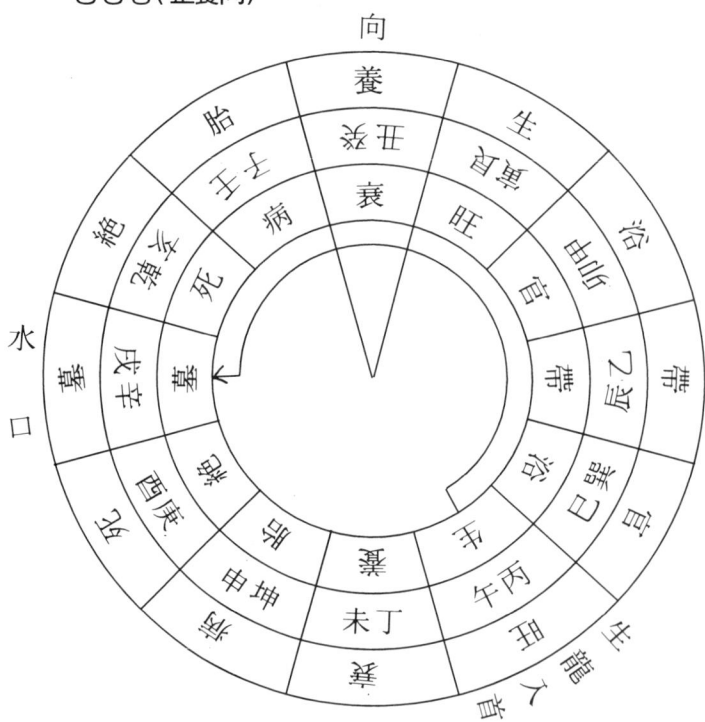

병오생룡으로 입수한 화국(火局)에서 우수가 도좌하여 辛戌 수구로 출수한다면 미좌축향(未坐丑向)이나 정좌계향(丁坐癸向)을 놓는다. 이 또한 우측의 제왕수(帝旺水)가 입당하여 정고(正庫)도 출류하므로 대발한다.

차고소수(借庫消水) 자생향(自生向)

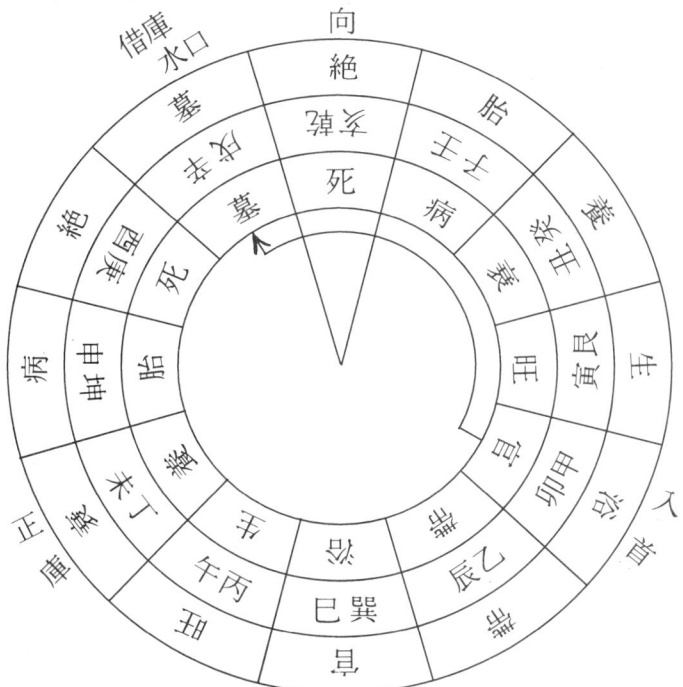

右水가 도좌하는 辛戌 수구에서 갑묘방(甲卯方)으로 용이 입수하였다면 사좌해향(巳坐亥向)이나 손좌건향(巽坐乾向)으로 입향할 수 있다. 이는 乾亥는 화국(火局)으로는 절지이나 목국(木局)으로는 생지가 되므로 목국의 생왕기를 빌려 쓰는 것이라 하여 차고소수법이 성립되며 절처봉생(絶處逢生)이 된 것이다. 이는 水가 丁未까지 못 가고 辛戌로 유출하기 때문이다.

차고소수 자왕향(自旺向)

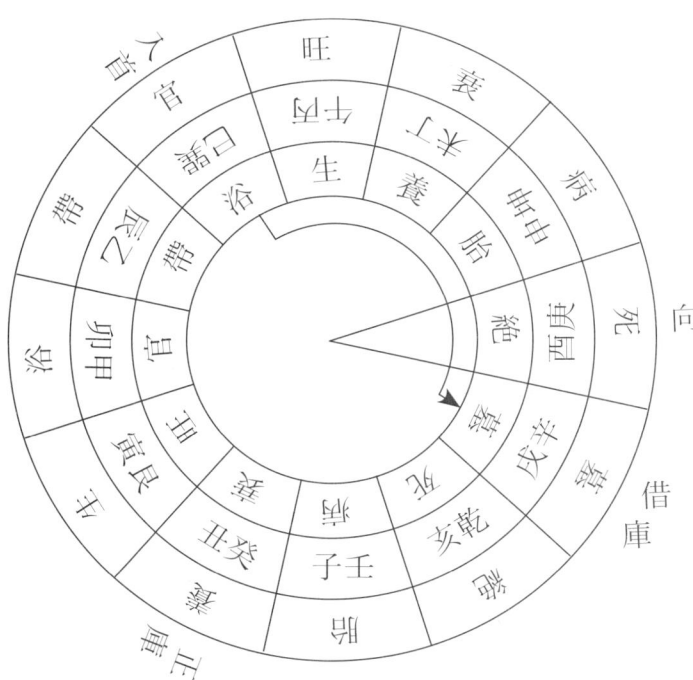

巽巳로 입수한 용에서 左水가 도우하는데 水가 癸丑까지 가지 못하고 辛戌로 유거(流去)한다면 갑좌경향(甲坐庚向)이나 묘좌유향(卯坐酉向)으로 입향하여야 한다. 이는 庚酉는 화국으로 사지이나 금국으로는 왕지가 되므로 금국의 생왕을 빌려 입향하니 자왕향이 된 것이다. 이상과 같이 6격 12향만이 합법이 되며 그 외 向은 불가하다. 나머지 3국도 모두 같은 방법으로 추리할 것이다.

• 辛壬會而 聚辰 水局의 입향도

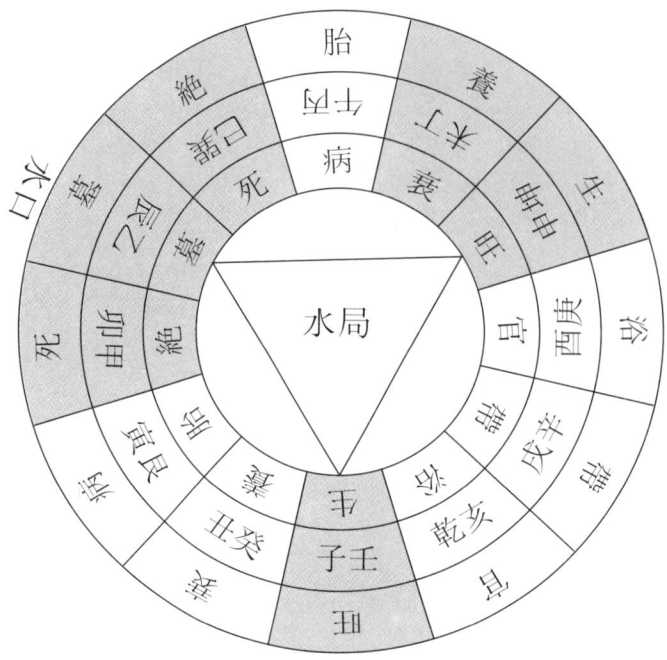

乙辰 수구로 출수하는 수국의 경우 6격 12향만이 입향할 수 있다. 그 외 설명은 화국의 논설에 준할 것이다.

• 丑牛納 丁庚之氣 金局의 입향도

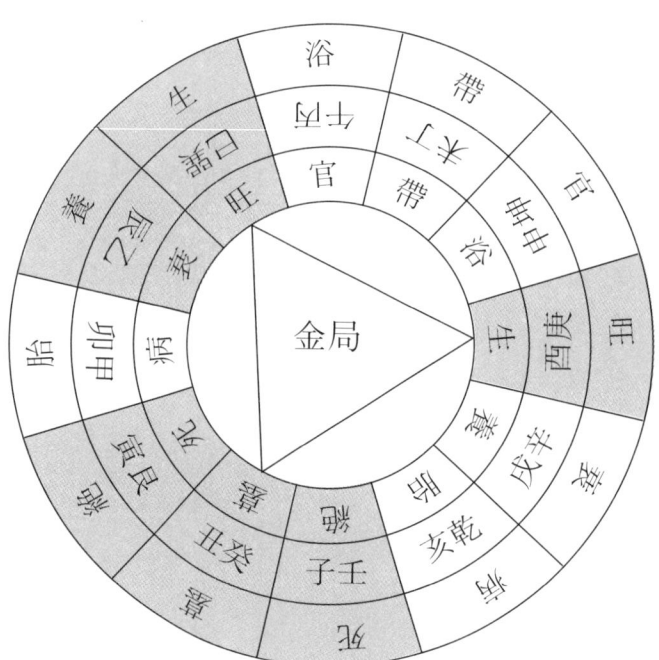

癸丑 수구로 출수하는 금국의 경우 빗금 친 6격 12향만이 입향할 수 있다. 그 외는 화국의 논설에 준하기 바란다.

• 金羊收 癸甲之靈 木局의 입향도

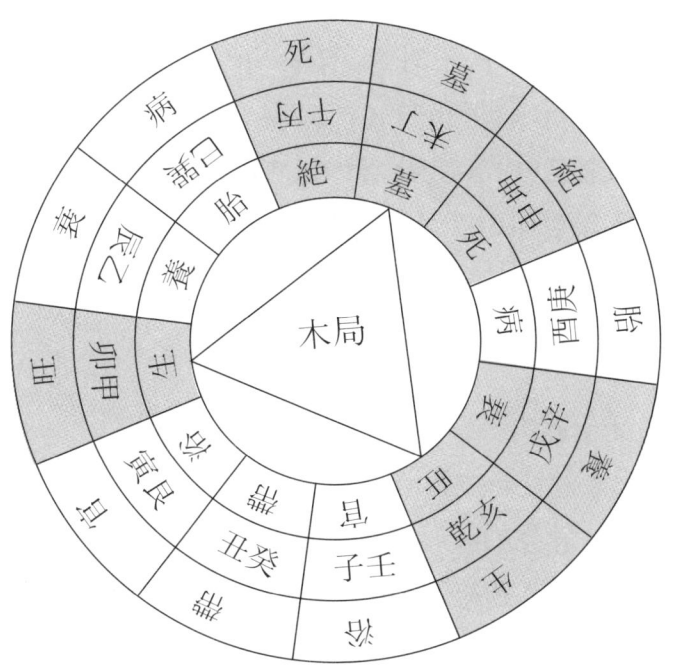

丁未 수구로 출수하는 목국의 경우 빗금 친 6격 12향만이 입향할 수 있다. 그 외 설명은 화국의 논설에 준할 것이다.

11. 향상 수법(向上水法)

향상이란 생향·왕향·쇠향의 3向을 일컫는 말인데 水란 천상에서 와서 천상으로 가는 것이기 때문에 향상을 위주(爲主)하여 논함이 마땅하기 때문에 모든 수법은 향상을 기준으로 되어 있다. 그렇기에 출수도 천간자(天干字)로 흘러가야 길할 것이며, 지지자(地支字)로 흘러가면 비록 궁위(宮位)는 맞을지라도 반드시 피해를 동반하는 것이다.

향상 수법은 근원이 양 공의 진신 수법(進神水法)에 있으며 가장 정미(精微)한 수법이므로 지리가들은 반드시 사용하여야 한다.

필자가 경험컨대 모든 수법은 결국 이 향상 수법으로 귀결된다. 그러면 향상 수법을 어떻게 사용하는가를 알아보자.

① 선천국(先天局)

선천 수법은 左水가 도우할 경우 寅申巳亥 坐가 되면 선천국이니 寅申巳亥에서 절을 起하고 右水가 도좌할 경우 子午卯酉 坐가 되면 子午卯酉에서 절을 기하여 생향(生向)이 되는 경우인데 이 때 水는 반드시 욕방(浴方)으로만 흘러야 하며, 만약 지나치면 대관왕방(帶官旺方)이 되어 불합이다. 이는 선천으로 절처가 후천의 생지가 된다는 논리에서 사용되는 법이다.

② 후천국(後天局)

이는 左水가 도우할 때 子午卯酉 坐가 되면 합법이니 寅申巳亥에서 生을 기하고 右水가 도좌할 때는 寅申巳亥 坐가 되면 합법이니 子午卯酉에서 生을 기하여 왕향이나 쇠향이 될 경우 합법하는데 이 때 水는 쇠방(衰方)이나 묘고방(墓庫方)으로 흘러야 한다. 이 수법은 水가 발원하는 곳은 장생방(長生方)이며 모이는 곳은 왕방이며 유거(流去)하는 곳은 묘고방(墓庫方)이어야 한다는 논법이다. 어떤 사람은 쇠향의 경우에 병수구(病水口)도 쓰는데 차고인 쇠방을 넘어서면 묘고로 흘러야 함이 원칙이다.

③ 쌍쇠국(雙衰局)

이는 "左水가 도우하든 右水가 도좌하든 막문종적(莫問踪蹟)하라" 하는 수법이므로 辰戌丑未 坐가 되면 모두 합법이다. 다만 용의 기종어팔방(氣從於八方 : 분계선) 법칙에 어긋남이 없게 할 것이다.

12. 보성 수법(輔星水法)

소수법(消水法)은 정음(靜陰) 정양(靜陽)에 합법하여야 하고 팔괘 궁위(八卦宮位)에 맞아야 하니 보성 수법(輔星水法)을 말한다. 이 두 수법이 천반봉침(天盤縫針)으로 합법하는 수법인 것이다.

정음 정양의 용법은 앞에서 이미 설명되었으므로 여기에서는 생략한다.

보성 수법은 向을 위주하여 보(輔) 무(武) 파(破) 염(廉) 탐(貪) 거(巨) 녹(祿) 문(文)의 순으로 음양 간에 그 배속되는 괘에 붙여서 변괘하는 것이다.

아래의 표는 먼저 향상으로 원손에 작괘(作卦)하고 초변(初變)을 중지(中指)로부터 武破廉貪巨祿文의 순으로 순행하며 변괘하는 것이다. 왜 초변을 보(輔)로부터 초지(初指)로 시작하지 않느냐 하면 향상으로 작괘시에 초지(初指)로 보(輔)가 이미 변화하였기 때문이다.

보성 수법(輔星水法)

陰陽向 \ 九星	輔	武	破	廉	貪	巨	祿	文
乾 甲 向	乾	離	艮	巽	坎	坤	震	兌
離 壬 寅 戌 向	離	乾	巽	艮	坤	坎	兌	震
艮 丙 向	艮	巽	乾	離	震	兌	坎	坤
巽 辛 向	巽	艮	離	乾	兌	震	坤	坎
坎 癸 申 辰 向	坎	坤	震	兌	乾	離	艮	巽
坤 乙 向	坤	坎	兌	震	離	乾	巽	艮
震 庚 亥 未 向	震	兌	坎	坤	艮	巽	乾	離
兌 丁 巳 丑 向	兌	震	坤	坎	巽	艮	離	乾

그러면 이 수법의 길흉단(吉凶斷)을 살펴보자. 輔武貪巨는 4길성이요 廉破祿文은 4흉성이다. 따라서 4길성으로는 마땅히 내수

하여야 길하고 거하면 흉하며 4흉성으로는 내수면 흉하며 거수면 길한 것이다.

13. 삼길 육수(三吉六秀)

震庚亥를 삼길(三吉)이라 하고 艮丙巽辛兌丁을 육수(六秀)라 하는바 용에서나 水에서 만나면 공히 대귀가 되는 것이다.

삼길의 亥는 북극성이므로 자미원(紫微垣)이며 모든 생물의 주가 되므로 생물의 공(功)도 모두 거두어들이는 천제성(天帝星)이니 24山 가운데서도 가장 으뜸가는 길성이다. 또 震은 태양의 문호이므로 조화의 권을 잡고 모든 만물의 발생을 맡은 곳이므로 길성이 되는 곳이다. 이를 역(易)에서 '제출호진(帝出乎震)'이라 하였다. 또 庚은 달의 문호이므로 만물의 '성(成)'을 맡는 곳이기에 길성이 된다 한다.

육수는 팔괘 중에서 구륙충화(九六冲和)가 된 艮巽兌 괘와 이에 배속된 간위(干位)가 육수가 된 것이다. 그러므로 지리가들은 음룡은 길하고 발복도 장구하며, 양룡은 불귀하여 발복도 잠깐으로 끝난다고 하니 이것은 삼길 육수가 모두 음룡에 있기 때문이다.

14. 용상(龍上) 납갑(納甲) 삼길 육수

이는 선천 팔괘에 납갑하여 삼길 육수와 흉방위의 砂를 알아내기 위한 것이다. 혈성 후의 분수척상(分水脊上)에다 나경을 놓고 어느 글자로 용이 왔는가를 격정한다.

 그 용에 해당되는 선천 팔괘(先天八卦)는 하괘(何卦)인가를 알아낸 다음 다시 주혈성으로 내려와 사위(四衛)의 산을 변효(變爻)하며 격정한다. 일상탐랑(一上貪狼) 이중거문(二中巨門) 삼하녹존(三下祿存) 사중문곡(四中文曲) 오상염정(五上廉貞) 육중무곡(六中武曲) 칠하파군(七下破軍) 팔중보필(八中輔弼)의 순으로 변괘(變卦)하여 주위의 봉만(峰巒)으로 삼길 육수를 찾아내는 것이다.

 탐랑(貪狼), 거문(巨門), 무곡(武曲)을 삼길로 하고 이에 납갑하는 글자를 육수로 하며 녹존, 문곡, 염정, 파군을 사흉으로 한다.

天父卦(陽卦) = 乾　震　坎　艮
　　　　　　　甲　庚亥未　癸申辰　丙

地母卦(陰卦) = 坤　巽　離　兌
　　　　　　　乙　辛　壬寅戌　丁巳丑

가령 어느 용이 건룡이나 갑룡이라면 천부괘이니

乾	兌	震	坤	坎	巽	艮	離	乾
☰	☱	☳	☷	☵	☴	☶	☲	☰
貪狼	巨門	祿存	文曲	廉貞	武曲	破軍	輔弼	

어느 용이 곤을룡(坤乙龍)이라면 지모괘이니

坤	艮	巽	乾	離	震	兌	坎	坤
☷	☶	☴	☰	☲	☳	☱	☵	☷
貪狼	巨門	祿存	文曲	廉貞	武曲	破軍	輔弼	

① 천부괘번변법(天父卦翻變法:乾震坎艮四陽卦)

九星 來龍	☰	☱	☳	☷	☵	☴	☶	☲
	貪狼	巨門	祿存	文曲	廉貞	武曲	破軍	輔弼
乾甲	兌丁	震庚	坤乙	坎癸	巽辛	艮丙	離壬	乾甲

九星 來龍	☳	☰	☴	☶	☷	☵	☱	☳
	貪狼	巨門	祿存	文曲	廉貞	武曲	破軍	輔弼
震庚 亥未	離壬	乾甲	巽辛	艮丙	坤乙	坎癸	兌丁	震庚

九星 來龍	☴	☶	☲	☰	☱	☳	☷	☵
	貪狼	巨門	祿存	文曲	廉貞	武曲	破軍	輔弼
坎癸 申辰	巽辛	艮丙	離壬	乾甲	兌丁	震庚	坤乙	坎癸

九星 來龍	☷	☵	☱	☳	☰	☲	☴	☶
	貪狼	巨門	祿存	文曲	廉貞	武曲	破軍	輔弼
艮丙	坤乙	坎癸	兌丁	震庚	離壬	乾甲	巽辛	艮丙

② 지모괘번변법(地母卦翻變法:坤巽離兌四陰卦)

九星 來龍	☶	☴	☰	☲	☳	☱	☵	☷
	貪狼	巨門	祿存	文曲	廉貞	武曲	破軍	輔弼
坤乙	艮丙	巽辛	乾甲	離壬	震庚	兌丁	坎癸	坤乙

九星 來龍	☵	☷	☳	☱	☰	☲	☶	☴
	貪狼	巨門	祿存	文曲	廉貞	武曲	破軍	輔弼
巽辛	坎癸	坤乙	震庚	兌丁	乾甲	離壬	艮丙	巽辛

九星 來龍	☳	☱	☵	☷	☶	☴	☰	☲
	貪狼	巨門	祿存	文曲	廉貞	武曲	破軍	輔弼
離壬 寅戌	震庚	兌丁	坎癸	坤乙	艮丙	巽辛	乾甲	離壬

九星 來龍	☰	☲	☶	☴	☵	☷	☳	☱
	貪狼	巨門	祿存	文曲	廉貞	武曲	破軍	輔弼
兌丁 巳丑	乾甲	離壬	艮丙	巽辛	坎癸	坤乙	震庚	兌丁

早見表

	來　　　龍	三　吉　峰	六　秀　峰
陽卦	乾　　　甲 震　庚　亥　未 坎　癸　申　辰 艮　　　丙	兌　震　艮 離　乾　坎 巽　艮　震 坤　坎　乾	丁　庚　丙 壬　甲　癸 辛　丙　庚 乙　癸　甲
陰卦	坤　　　乙 巽　　　辛 離　壬　寅　戌 兌　丁　巳　丑	艮　巽　兌 坎　坤　離 震　兌　巽 乾　離　坤	丙　辛　丁 癸　乙　壬 庚　丁　辛 甲　壬　乙

제4부 양택론(陽宅論)

제 1 장 양택의 용(龍)

1. 양택 용의 총론

　陽宅과 陰宅은 水口 朝應 護從 등 큰 줄거리는 별로 다를 것이 없다. 다만 기세의 크고 작음이 다를 뿐이다. 양택의 용은 대룡으로서 왕성하고 강원하지 않으면 안되지만, 음택은 수절룡이나 수장의 가지룡에서도 결작이 가능한 것이다. 양택의 穴은 넓고 관평하지 않으면 안되지만 음택의 것은 좁아도 야무진 것을 좋아한다. 또 양택에서의 砂는 교결됨이 넓고 조공함이 멀어야 하지만, 음택의 穴에서는 주밀하게 관폐됨을 요구한다.
　또 양택의 水는 크게 모아서 합해야 하고 크게 만곡(彎曲)하지 않으면 안되지만 음택의 穴에서는 작게라도 분합(分合)이 확실하면 가능한 것이다. 대개 양택은 龍의 크기에 따라 대·소도시로부터 작게는 향촌의 마을까지로 구분하는 것이 보통이나 대체로 평지의 양택과 산곡의 양택으로 구분하기도 한다. 평지의 양택은 得水함이 가장 아름다우나 水의 둘러 싸안음이 있어야 하며 穴처의 고하가 분명해야 하고 비습한 것은 꺼린다. 그러나 산골짜기의 양택은 장풍(藏風)이 우선이며 넓을수록 좋고 협소한 것을 가장 꺼린다.
　그러면 양택입식가(陽宅立式歌)를 보도록 하자.

2. 陽宅立式歌(요금정, 설천기[泄天機])

墳墓陽宅理無異 還須分氣勢(분묘양택리무이 환수분기세)
　　분묘와 양택은 다른 이치가 없으나 기세의 나눔만이 다르다.
安墳死骨埋土中 乘氣子孫隆(안분사골매토중 승기자손륭)
　　안분은 사골을 토중에다 매장하고 기를 타게 하여 자손이 융창하게 함이다.
立宅生人居地上 乘氣財丁旺(입택생인거지상 승기재정왕)
　　입택은 산 사람이 지상에 살면서 기를 타고 재물과 人丁이 왕상하게 함이다.
朝若斜飛堂走寫 立見家衰謝(조약사비당주사 입견가쇠사)
　　조산이 만약 기울고 달아나거나 명당이 기울어 쏠리면 집안이 쇠약함을 즉시 만나리라.
若還穴小鑿敎寬 氣脈便傷殘(약환혈소착교관 기맥편상잔)
　　혈이 만약 좁다고 파서 넓히면 기맥을 쉽게 상잔시킬 것이다.
橫龍最忌 鑿穿脈 家業易消散(횡룡최기 착천맥 가업이소산)
　　횡룡에서 가장 두려운 것은 맥을 파고 천착시키는 것이니 가업을 쉽게 소산하리라.
面前水去最難當 安主外州亡(면전수거최난당 안주외주망)
　　면전으로 빠져나가는 물은 가장 감당키 어려우리니 반드시 객사를 주장한다.
過穴水返亦同忌 僅發卽陵替(과혈수반역동기 근발즉능체)
　　혈을 놓치거나 물이 등지는 것도 역시 함께 꺼리니 겨우 발하였다가도 즉시 체하리라.
後龍倉庫兩邊排 富家積錢財(후룡창고양변배 부가적전재)
　　후룡이 양면에 창고사를 배치하였다면 큰 부잣집으로서 돈꾸

러미를 쌓아 놓으리라.

忽然文筆左右現 讀書應擧薦(홀연문필좌우현 독서응거천)
　　홀연히 문필봉이 좌우에 나타났으면 독서로서 벼슬길에 천거 되리라.

獻花露欄亂衣形 家內有風聲(헌화로란난의형 가내유풍성)
　　양다리를 벌리고 속옷을 보이는 산이 있으면 여인의 음란한 소문이 있을 징조이다.

因甚頻頻遭賊盜 天罡腦傾倒(인심빈빈조적도 천강뇌경도)
　　자주 도적을 만나는 것은 천강성(頭圓兩火脚 : 두원양화각)의 뇌가 기울었기 때문이다.

因甚頻頻見火災 燥火勢崔嵬(인심빈빈견화재 조화세최외)
　　화재를 자주 만나는 것은 조화(頭脚尖利火體)성이 날카롭게 내려다 봄이다.

因甚頻頻見瘟疫 孤曜帶黃赤(인심빈빈견온역 고요대황적)
　　몹쓸 병이 자주 나타나는 것은 고요성(頭圓木脚)이 황적색을 띠었음이다.

因甚頻頻入訟庭 掃蕩眼中橫(인심빈빈입송정 소탕안중횡)
　　자주 송사가 나고 법정에 서는 것은 소탕성(屈曲水星)이 뻔히 보이게(훤히 보이는 곳에) 안중에 횡렬함이다.

龍如上格砂如下 雖貴無聲價(용여상격사여하 수귀무성가)
　　龍은 상격이라도 砂가 하격이면 비록 貴를 한다 해도 소리를 내지 못한다.

後龍如弱好前砂 只陰外甥家(후룡여약호전사 지음외생가)
　　후룡은 빈약한데 砂격만 좋은 것은 양자나 외손자가 음덕을 받을 것이다.

水凶穴吉金盆格 雖壞可從革(수흉혈길금분격 수괴가종혁)
　　穴은 吉하더라도 水가 흉하면 금분격이니 비록 실패하여 무

너진다 해도 종혁만은 가하리라.(절손은 면한다)

水吉穴凶如玉盤 一破永無完(수길혈흉여옥반 일파영무완)

　　穴은 흉하더라도 水가 길한 것은 옥반이 되니 한번의 파로서도 영원히 복구할 수 없다.

神前佛後最爲忌 廢地猶當避(신전불후최위기 폐지유당피)

　　신당의 앞이나 절의 뒤를 가장 꺼리며 폐허의 터도 피하는 것이 마땅하다.

更嫌古獄古戰場 必定有餘殃(갱혐고옥고전장 필정유여앙)

　　다시 감옥터나 전쟁터도 혐오하는 바이니 결정코 여앙이 반드시 나타나리라.

啓墳平塚最不可 居人多坎坷(계분평총최불가 거인다감가)

　　파묘터나 묘지를 깎아낸 자리도 가장 불가하니 사는 사람에게 기회가 없고 뜻을 펼 수 없으리라.

道路冲門亦不宜 常有是和非(도로충문역불의 상유시화비)

　　도로가 문을 쏘는 것도 역시 마땅치 못하니 언제나 화목치 못하여 시비가 있으리라.

水流若還冲屋背 人山家財退(수류약환충옥배 인산가재퇴)

　　개울물이 가까이 감아돌거나 집 뒤를 쏘는 것도 사람은 흩어지고 집안은 퇴패하리라.

宅邊常有水潺溪 喪禍自連綿(택변상유수잔계 상화자연면)

　　집 주위에 항상 물이 지적거리는 것도 상화의 슬픔이 연속하리라.

三陽不照名陰極 妖怪多藏藥(삼양부조명음극 요괴다장약)

　　삼양이 비쳐주지 않는 곳을 음극처라 하니 요괴가 많이 숨어 있을 것이다.

蛟潭龍窟莫相隣 陰盛必孤貧(교담룡굴막상린 음성필고빈)

　　교담용굴과 이웃이 되지 말라. 음이 성하여 반드시 외롭고 가난하리라.

3. 家宅의 吉凶斷

① 모난 집터는 재수가 없고 경쟁에서 뒤진다.
② 뒤가 낮은 집은 불가하니 꿈을 이룰 수 없기 때문이다.
③ 앞에 높은 빌딩이나 높은 산이 있으면 아랫사람이나 고용인이 능멸한다.
④ 집 주위에 높은 빌딩이나 산이 가까이 있어서 압력하면 질병은 물론 재산(財産)이 모이지 않는다.
⑤ 전체적으로 주위보다 낮은 집터는 질병, 고질병에 시달린다.
⑥ 골목의 막다른 집은 자손의 번창이 없고 절손하게 된다.
⑦ 다른 건물이나 암석 같은 모서리가 쏘면 남자가 단명하고 경쟁에서 항상 뒤처진다.
⑧ 도로나 물이 집을 쏘면 소년 죽음이 있어서 집안에 늙은이가 없다.
⑨ 도로나 물이 활등처럼 등을 지고 흐르는 집은 남에게는 배신당하고, 심하면 고과, 소망, 상패가 있다.

제 2 장 양택삼요론

1. 三要란?

 양택에서 세 가지 중요함이란 안방, 출입문, 부엌 등 세 가지를 말한다.
 안방은 주인이 가장 안전하고 편안하고 자유롭게 기거하는 곳이며, 출입문은 생존을 위해서 모든 생활 활동이 비롯되는 곳이며, 부엌은 생존을 유지키 위하여 음식을 만드는 곳이니 양택에서는 이 세 가지를 가장 먼저 놓고 길흉을 논하게 된다.
 길흉을 논하는 방법은 상생을 길하다 하고, 상극됨은 흉하다 하는데 특히 출입문은 안방을 생하고 안방은 부엌을 생하는 것이 있고, 또 부엌이 출입문을 생하고 출입문은 안방을 생하는 것이 가장 이상적이다.
 그밖에도 이들이 비화(比和)가 된다거나 合되는 것도 이로운 것인데 만약 집주인인 명주(命主)와 生扶拱合되는 것도 대단히 길한 것으로 한다.

2. 선천팔괘

 선천팔괘는 하도(河圖)에서 연유된 것인데 하도는 本人의《복서정종 해설》과《이정표 경반도해》에 자상하게 실려 있으므로 이 곳에서는 생략하였다.

　아래의 도표는 태극으로부터 선천팔괘가 탄생하는 과정과 그 이름과 괘의 모양을 횡도로 전개한 것이다. 순서가 틀리면 안되니 주의하기 바란다.

	兩儀	四象	卦名	次序	卦劃	翻卦名	五行	卦像	六親	方位
太極	陽儀	太陽	乾	1	☰	乾三連	金	天	父	南
			兌	2	☱	兌上絶	金	澤	小女	東南
		小陰	離	3	☲	離虛中	火	火	中女	東
			震	4	☳	震下連	木	雷	長男	東北
	陰儀	小陽	巽	5	☴	巽下絶	木	風	長女	西南
			坎	6	☵	坎中連	水	水	中男	西
		太陰	艮	7	☶	艮上連	土	山	小男	西北
			坤	8	☷	坤三絶	土	地	母	北

3. 문왕의 후천팔괘와 구궁도

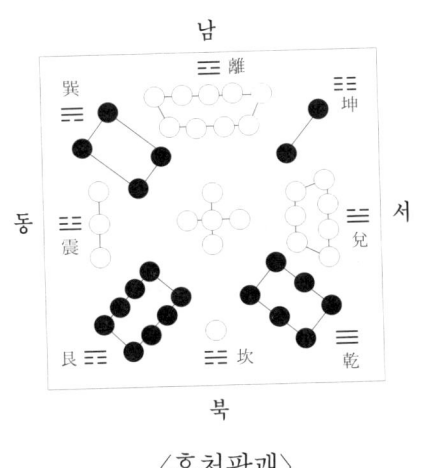

巽宮 4綠	離宮 9紫	坤宮 2黑
震宮 3碧	中宮 5黃	兌宮 7赤
艮宮 8白	坎宮 1白	乾宮 6白

　〈후천팔괘〉　　　　　　〈구 궁 도〉

후천팔괘와 구궁도는 모두 문왕의 낙서에서 본받은 것이다. 앞으로 양택의 길흉을 진단하는 데 실제로 가장 많이 사용하는 그림들이다. 특히 구궁도는 정확하게 이해를 해야 한다. 이 구궁도에 의해 동서팔택과 방위의 길흉과 오행의 변화와 상생 상극을 단정하기 때문이다. 이곳의 구궁도는 기본이 되는 본궁도이며 그 안의 구성은 연월일시를 따라 자리 바꿈을 하며 운행한다.

♣ 궁성상극가(宮星相剋歌)

구궁 안의 구성은 태세를 따라 자리 바꿈을 하고, 월건을 따라 자리 바꿈을 하며, 일진을 따라 자리 바꿈을 하고, 시간을 따라 자리 바꿈을 하게 된다. 그러므로 본궁을 궁(宮)이라 하고 자리 바꿈에 따라 이르는 구성을 성(星)이라 하는데 이르는 성이 본궁을 극하는 것은 대흉하고, 궁이 성을 극하는 것은 소흉하며, 궁이 성을 생하는 것은 소길이요, 성이 궁을 생하는 것은 대길로 되어 있다. 아래의 고전을 보자.

건궁에 火星이 이르면 건金이 극을 받아 노옹이 손상되는 피해가 있다.
감궁에 土星이 이르면 감水가 극을 받아 중남과 少婦〔셋째며느리〕를 손상시킨다.
간궁에 木星이 이르면 간土가 극을 받아 소남이 손상된다.
진궁에 金星이 이르면 진木이 극을 받아 주로 장남 쪽에 손상이 많다.
손궁에 金星이 이르면 손木이 극을 받아 주로 장녀를 손상시킨다.
이궁에 水星이 이르면 이火가 수극되어 주로 여인과 중녀에게 손상을 준다.

곤궁에 木星이 이르면 곤土가 수극되어 주로 노모와 少婦[셋째 며느리]를 손상시킨다.

태궁에 火星이 이르면 태금이 수극되어 주로 어린 부녀자[둘째, 셋째]를 손상시킨다.

4. 동서 팔택의 분류

① **동사택** – 坎(癸申辰), 離(壬寅戌), 震(庚亥未), 巽(辛)
坎離는 2남 2녀이니 상배(짝이 됨)되고, 巽震은 장남 장녀이니 상배되어 東宮으로 자리 잡았다.

② **서사택** – 乾(甲), 坤(乙), 艮(丙), 兌(丁巳丑)
乾坤은 父母이니 상배되고, 艮兌는 소남 소녀이니 상배되어 西宮으로 자리 잡았다. 中宮은 土이니 西四宅으로 배치한다.

비화될 경우 누누이 시험하여 봐도 부귀하지 않는 가옥이 없었다. 반드시 三吉방(출입문, 안방, 부엌)이 동사택과 서사택이 혼잡되는 것을 허락하지 않는다. 만약 東이든 西이든 一氣로 성가할 경우 자손이 흥왕하고 영화가 만당한다. 그러나 타 사택의 혼잡이 있을 경우 재물 손실은 물론 사람까지 다치게 되고 재앙이 연속된다. 출입문, 안방, 부엌이 동사택으로 水木 상생되거나 木火로 통명이 될 경우 유년에서도 生氣, 天乙, 延年의 三吉星을 만나는 것이니 정합된다. 만약 유년에서 六煞, 禍害, 五鬼, 絶命을 만난다 하더라도 택주와 본궁이 이미 배합되었으니 능히 발복할 수는 있다. 출입문, 안방, 부엌이 서사택으로 土金 상생이거나 比和가 되거나 宮과 星이 상생되었다면 유년에서 합하지 않더라도 능히 크게 발복한다.

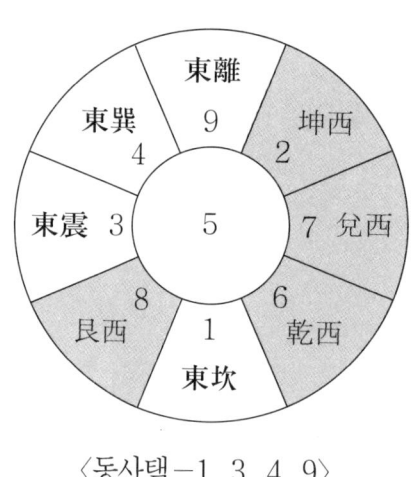

〈동사택-1, 3, 4, 9〉　　〈서사택-2, 5, 6, 7, 8〉

5. 東西 가택과 택주의 배합

　양택에서는 일반적으로 첫째로 보아야 할 것이 집터(穴)의 선악이며, 둘째로 그 자리에 세워지는 건축물의 방위(坐向)를 동사택으로 할 것인가 서사택으로 할 것인가를 용혈사수에서 허용하는 방법으로 결정짓는 것이며, 셋째로 宅主와의 運에는 맞는지를 가려야 하고, 넷째로 건물 내부의 구조 배치를 가장 이상적으로 설치하는 것이다.
　양택에서도 혈과 좌향 놓는 법 등을 먼저 용혈사수에 의하여 결정지어야 하는데 이는 이미 앞의 본론에서 배웠으므로 이곳에서는 생략한다.
　이곳에서는 택주와 운을 맞추는 법을 말해보기로 한다.
　택주가 가택운을 보는 법은 여러 가지 방법이 동원되지만 가장 중요한 것이 태세의 紫白(자백)법으로 맞추게 된다. 다시 말하면 자기가 태어난 해의 자백법을 말하는데 그 해의 中宮에 들어가 있는 구성으로 자기가 동사명인지 서사명인지를 결정한다.

자백이란 앞의 구궁도에 들어가 있는 九星 자백을 말하는데 이 것은 고정되어 있는 것이 아니고, 해마다 구궁을 따라 순환하기 때문에 만세력을 보고도 알 수 있으며 원리를 알고 싶은 사람은 본인이 쓴 택일책《택일은 동양 철학의 꽃이다》174쪽을 참조하기 바란다.

그러나 책이 없는 상태에서 간단하게 계산할 수 있는 공식을 아래에 소개한다.

☞ **대주가 男인 경우**

100에서 서기 생년 끝 두 단위를 빼고 그것을 9로 나눈 나머지 숫자가 자기 연백이다.

☞ **대주가 女인 경우**

서기 생년 끝 두 단위에서 4를 빼고 그것을 9로 나눈 나머지 숫자가 자기 연백이다.

이렇게 해서 나온 나머지 수를 구궁도에 넣으면 아래와 같다.

1수-감궁, 3수-진궁, 4수-손궁, 9수-이궁이니 동사명인이 된다.

2수-곤궁, 6수-건궁, 7수-태궁, 8수-간궁이니 서사명인이 된다.

만약 5가 넘을 경우는 남자는 坤궁, 여자는 艮궁으로 따라가므로 서사명인이다.

이상과 같은 방법으로 동사택, 서사택, 동사명인, 서사명인이 모두 결정되었다. 동사명인은 동사택에서 살아야 길하고 출입문, 부억, 안방도 東四卦방에 위치해야 한다. 서사명인은 서사택에서 살아야 길하며 출입문, 부엌, 안방도 西四卦방에 위치해야 한다.

6. 中宮 정하는 법

중궁을 정한다 함은 나경 놓을 자리를 찾는다는 말인데 이곳이 터의 중궁이다. 집터에서건 건물 내부에서건 각각 중앙점을 찾아 나경을 고정해 놓고 집의 좌향이나 八卦의 방위를 결정하고 동사택궁과 서사택궁을 결정 짓는다. 만약 쓰지 않는 공터가 있다거나 논이나 밭처럼 주택과의 용도가 다른 용도인 것은 제외시켜놓고 주택으로 활용되는 터의 중심점을 말한다.

7. 八方位의 길흉

팔방괘에다가

1-생기(生氣) 2-오귀(五鬼) 3-연년(延年) 4-육살(六殺)
5-화해(禍害) 6-천을(天乙) 7-절명(絶命) 8-복음(伏陰)
을 순서에 따라 배속시키는 것이다.

생기, 천을, 연년, 복음은 四吉神이고 화해, 육살, 오귀, 절명은 사흉신이다.

조 견 표 (이는 中宮에서 보는 방향이다)

변성\本卦	兌 丁巳丑	震 庚亥未	坤乙	坎 癸申辰	巽辛	艮丙	離 壬寅戌	乾甲
乾甲 向	생기	오귀	연년	육살	화해	천을	절명	복음
坤乙 向	천을	화해	복음	절명	오귀	생기	육살	연년
艮丙 向	연년	육살	생기	오귀	절명	복음	화해	천을
巽辛 向	육살	연년	오귀	생기	복음	절명	천을	화해
離壬寅戌	오귀	생기	육살	연년	천을	화해	복음	절명
坎癸申辰	화해	천을	절명	복음	생기	오귀	연년	육살
兌丁巳丑	복음	절명	천을	화해	육살	연년	오귀	생기
震庚亥未	절명	복음	화해	천을	연년	육살	생기	오귀

가령 震生이나 震命人은 동사괘에 해당하니 왼손으로 震下連 괘를 만들고 위의 순서대로 번갈아 변화시키는 것이다.

즉 一上生氣=離方   二中五鬼=乾方   三下延年=巽方
    四中六殺=艮方   五上禍害=坤方   六中天乙=坎方
    七下絶命=兌方   八中伏陰이니 다시 震卦로 돌아온다.

詩

가옥에는 坐向이 있고, 命에는 東西가 있으니
만약 山向만 논하고 命을 논하지 아니하면 大凶하고
또 命을 논하고 山向을 논하지 아니하면 小凶하며
命人과 坐向을 함께 배합시킨다면 길게 복이 되리라.

제 3 장 가옥삼요(家屋三要) 해설

1. 출입문

① 출입문은 屋宅에서 가장 중요한 것이니 命人과 坐로서 길방이어야 한다. 가령 동사명인과 동사택좌이면 동사택문이 길하고 서사택문은 흉하다. 또 서사명인과 서사택좌이면 서사택문이 길하고 동사택문이 되면 흉하다.

② 사길문을 선택하기 위함이니 생기, 천을, 연년, 복음 門 가운데서 하나가 될 것이다. (앞의 조견표 참조)

③ 만약 출입문 방위가 마땅치 못하므로 부득이하여 흉방위로 출입문을 낼 수밖에 없을 때는 속문을 두어 돌아 들어오게 하여 마지막 집안으로 들어설 때에 吉方이 되게 유도한다.

④ 출입문의 색깔도 방위에 따라 본색을 찾아야 한다.
   동남문, 동문-청색, 녹색
   남 문-홍색, 적색
   서 문, 서북문-백색, 은행색(살구색), 베이지색
   북 문-남색, 회색, 흑색
   동북문, 서남문-황색, 베이지색

⑤ 和解法
   ㄱ. 西命人
      ▶ 土인 서명인이 震門巽門의 木煞을 만났으면 홍색, 자색

의 지전(地氈)이나 화분 그림, 도자기, 신발상자 등의 물건을 설치한다.
- ▶ 金인 서명인이 震門巽門의 木煞을 만났으면 백색, 참(은행, 살구)색의 지전을 출입문 입구에 설치한다.
- ▶ 土, 金인 서명인이 離門을 만나 火煞이 되었으면 커피색, 황색의 지전을 출입문 입구에 설치한다.
- ▶ 土, 金인 서명인이 坎門의 水煞을 만났으면 커피색, 황색의 지전을 출입문 입구에 설치한다.

ⓒ 東命人
- ▶ 水, 木인 동명인이 乾兌金門의 살을 만났으면 남색, 회색의 지전을 출입문 입구에 설치한다.
- ▶ 火인 동사명인이 乾兌金門의 살을 만났으면 홍색, 자색의 지전을 설치한다.
- ▶ 水인 동사명인이 艮坤土門의 살을 만났으면 백색, 행(은행)색의 지전을 설치한다.
- ▶ 木, 火인 동사명인이 艮坤土門의 살을 만났으면 청색, 녹색의 지전을 설치한다.

이와 같은 비보법을 중국의 현대 풍수가인 송소광씨는 주장하고 있으나 그 효력을 정확히 말할 수는 없고 다만 나쁜 살을 범했을 때의 한 가지 화해방법으로 선택되는 것이라는 것을 말해둔다. 아무리 화해가 잘 된다고 해도 원래부터 살을 범하지 않는 것만 하겠는가?

⑥ 뾰족한 모서리가 출입문을 쏠 때는 흉한데 이를 제살하기 위하여 다음과 같은 화해법을 쓴다.
- ■ 입을 크게 벌린 맹수의 두패(頭牌)를 모서리에 향하여 (넓이 목척 8치 길이 1자 2치) 걸어둔다.
- ■ 오목거울을 모서리 쪽으로 걸어둔다. (흉함을 되쏘아

　　　　 낸다)
　　　■ 모서리가 쏘는 쪽에다가 병풍담을 축조한다. (外牆, 內牆 모두 可함)
⑦ 도로가 출입문을 정면으로 쏠 때의 제살법
　　　■ 노반경(魯班經)을 출입문 앞에 묻어둔다. (5척 비석에다 "泰山石敢當"이라 새김)
　　　■ 山海鎭을 출입문 앞에 붙여둔다. (산해진 그림의 우측 "我家如山海", 좌측은 "他作我無防"이라는 석산을 그린 그림과 글씨)
⑧ 경사진 언덕이 출입문 쪽으로 쏟아지면 흉하므로 화해시켜야 한다.
　　　■ 출입문 앞에 2~5단계의 계단을 산 쪽에서 올라오는 것처럼 설치한다.
⑨ 도로가 등진 출입문은 음란과 고과, 소망을 주장하니 화해시켜야 한다. 이때 앞에 "태산석감당"을 묻거나 "산해진" 판을 붙이거나 오목거울을 걸어둔다.
⑩ 양쪽 집 출입문이 마주 보는 것도 해롭다. 출입문 위에 "天官賜福(천관사복)"이라 써붙인다.
⑪ 이 밖에도 출입문의 수호신으로 門承圖 戶尉圖(좌측은 문승도, 우측은 호위도)라든가 출입문에 붙이는 土地財神 등이 있는데 이쯤으로 생략한다.

2. 주방(廚房)의 길흉

　양택의 길흉을 판단하는 데 가장 먼저 보는 것이 출입문의 길흉이요, 다음으로 안방의 길흉이며, 다음으로 주방의 길흉이라고 양택삼요에서는 책머리에 밝히고 있다.

① 주방 설치에 마땅치 못한 조건들을 열거하면 다음과 같다.
　㉠ 주방이 가옥의 向을 등지면 안된다. 즉 집은 남향인데 주방은 북향이면 안된다는 것이다.
　㉡ 주방이 출입문과 마주 보는 직충이 되어서는 안된다. 즉, 밖에서 주방의 속이 들여다보이는 것을 꺼린다는 것이다.
　㉢ 주방문에서도 부뚜막이 직충되어서는 안된다. 주방이나 부뚜막은 외부에 노출되는 것을 꺼린다.
　㉣ 주방문과 화장실문이 마주 보게 설치하면 안된다. 변소는 나쁜 균이 들끓는 장소이기에 주방에서는 멀어야 한다.
　㉤ 주방문과 안방문이 마주 보게 되는 것도 나쁘다. 세균이 날아들어 침입할 가능성도 많기 때문이다.
　㉥ 주방의 화덕과 안방의 벽이 접하여서는 안된다. 부뚜막은 열이 많은 곳이므로 안방의 생기를 연소시키기 때문이다.
　㉦ 부뚜막이 창 밑이거나 허공 쪽이 되어서는 안된다. 부뚜막은 담이나 두터운 흙벽에 붙여져야 하며 밝은 햇빛을 차단하여야 하기 때문이다.
　㉧ 부엌 밑으로 하수구가 지나가는 곳은 안된다. 부엌과 하수구는 水火상극이기 때문이다.
　㉨ 부뚜막 위에서 횡량(橫樑)이 낮게 누르는 곳은 안된다.
　㉩ 부엌은 햇빛을 싫어하는데 특히 서쪽의 지는 해가 직사하면 매우 불길하다. 가족의 건강을 해치기 때문이다.
　㉪ 부엌을 뾰족한 첨각이 쏘면 불길하다. 역시 가족의 건강을 해친다.
　㉫ 부뚜막 양옆으로 세탁기나 세면대를 놓는 것은 불길하

다. 역시 水火가 상극이기 때문이다.

② 부엌의 길흉방

일반적으로 부엌은 離, 坎, 艮, 坤, 兌, 乾의 여섯 방위를 싫어한다고 되어 있으나 東西八宅과 命卦로써 길흉을 논하는 것이 정법이다.

남방은 화재, 눈병을 주장한다.
북방은 水火 상극이므로 해롭다.
艮방은 鬼門이므로 건강을 해치고 손실이 있다.
坤방은 귀문의 대궁이므로 흉하다. 건강 손실을 주장한다.
乾방은 金宮이므로 가족이 곤경에 빠지고 손실이 따른다.
兌방은 金宮이므로 극을 맡으므로 흉하기 때문이라고 되어 있다.

③ 동서팔택으로 부엌을 설치하는 법

부엌은 구궁으로 비포하여 흉방에 앉아서 길방으로 향해야 한다. 만약 이를 어기면 주는 낙태하고 절손하며 인구와 재물이 모이지 아니하고 다른 사람으로부터 모함을 받게 된다.

④ 동사택명 부엌 설치가 가장 길한 설치법

※ 이는 대만의 송소광씨의 논리로서 「양택삼요」와는 다르니 참고하기 바람

震宅命＝乾坐五鬼－巽向延年
巽宅命＝兌坐六煞－震向延年
坎宅命＝乾坐六煞－巽向生氣
離宅命＝兌坐五鬼－震向生氣

동사택명은 五鬼方이나 六煞方에 앉아서 生氣方이나 延年方을 향하는 것이 좋다.

⑤ 서사택명 부엌 설치가 가장 길한 설치법

乾宅命＝震坐五鬼－兌向生氣
兌宅命＝巽坐六煞－乾向生氣
艮宅命＝巽坐絶命－乾向天乙
坤宅命＝震坐禍害－兌向天乙

서사택명은 凶方에 앉아서 生氣方이나 天乙方을 향하여야 가장 이상적이라는 것이다.

♣ 참 고

생기방에 부엌을 설치할 경우 主는 유산 무자하고 사람들에게 비방을 들으며 財産 人離하고 육축의 파패가 있다.

천을방의 부엌은 主가 장병으로 일어나지 못하고 약을 먹어도 효과가 없으며 굶기를 자주 한다.

연년방의 부엌은 主는 가난하고 수명이 짧으며 혼인도 어렵고 부부이별이 있고 가족이 잔질이 많고 전답과 육축이 퇴패한다.

복음방의 부엌은 主는 무재하여 곤고하고 모든 일이 순조롭지 못하다.

절명방의 부엌은 主는 건강 장수하고 인정이 왕성하고 재산이 많이 모이고 인구도 줄지 않는다.

육살방의 부엌은 主는 송사가 없으며 화평한 가운데 재물도 많으며 화재도 없고 인구도 줄지 않는다.

화해방의 부엌은 主는 무병 장수하고 송사도 없으며 재산도 줄지 않고 늘어난다.

오귀방의 부엌은 主는 도둑도 없고 노비도 충성하고 순종하며 재물과 전답도 늘며 병도 없다.

⑥ 주방(廚房)에서 중점적으로 주의해야 할 점
  ㉠ 바람타는 것을 꺼린다.

ⓛ 물을 두려워한다.
　　ⓒ 坐는 흉하고 向은 길해야 한다.
　　ⓔ 침대방과 접하면 안된다.
　　ⓜ 청결한 곳이라야 한다.
⑦ 쌀독(쌀통)
　쌀독은 일반적으로 흙속에 묻는 것이 가장 좋고, 노출되지 않는 은밀한 곳에 묻는 것이 좋다. 쌀통 속의 동태를 남이 알면 안되기 때문이다. 쌀은 흙속에서 생산되었으므로 신선한 흙속에 보존되어야 오랫동안 벌레도 없고 안전하다. 그러나 대도시에서는 그럴 수가 없으므로 흙 가까이 설치하는 것으로 족하다. 또 아파트처럼 전혀 불가능할 때에는 宅命으로 길방에 설치하는 것이 좋다.

⑧ 냉장고
　냉장고 역시 길방에 설치하는 것이 온당하다. 냉장고는 우리 가족이 먹을 음식을 저장하는 곳이기 때문이다. 또 냉장고는 매일 하루에도 몇 번씩 열고 음식물을 넣었다 내었다 하는 곳이므로 動적인 것이다. 凶方은 "宜靜不宜動"이기 때문이다.

⑨ 변소(便所)와 목욕실(沐浴室)
　㉠ 화장실과 욕실의 宜忌
　　- 화장실은 건방과 곤방에 설치하지 않는다. 土剋水하므로 병이 발생하고 家人의 건강을 해친다.
　　- 가택의 중앙에 설치하지 않는다. 土剋水하여 병이 발생하고 중앙은 심장이므로 불길하다.
　　- 정남방에 설치하지 않는다. 水火는 서로 용납하지 않기 때문이다.
　　- 화장실의 正中과 八方의 正中이 맞닿지 아니하여야

한다.
이상과 같으나 학문적인 근거가 부족한 바가 없지 않다. 그러나 가급적 이를 지킬 수 있으면 지키는 것이 좋겠다.
　ⓒ 화장실과 욕실의 중점사항
　－욕실과 화장실은 宅命으로 흉방에 설치해야 한다. 즉 동사명인은 乾, 兌, 艮, 坤方에 설치하고 서사명인은 坎, 震, 巽, 離方에 설치한다.
　－욕실과 변소는 은폐된 곳이 좋다. 만약 노출된 곳이거나 출입문과 직충하면 가족이 불치병으로 고생한다.
　－욕실과 변소를 고쳐서 사람의 잠자는 거처로 사용하면 안된다. 불결한 곳이기 때문에 위생적으로도 불결하다. 흉방에 설치하는 것이기 때문에 사람이 흉방에 거처하게 된다. 흉방을 주재하는 흉신의 저주가 있게 된다.
　－욕실과 변소는 항상 청결하게 해야 한다.
　－욕실과 변소는 항상 공기 유통이 잘 되도록 해야 한다.

3. 안방과 書房

양택 설계에서 안방과 아이들 방을 어떻게 설치할 것인가는 가장 중요한 것이다. 안방과 기타 가족이 거처하는 방은 수면과 안녕, 신체 건강과 체력 관리, 가족의 지혜와 사고, 출산과 육아, 재산의 왕쇠에 영향을 주기 때문에 중요하다. 만약 宅命과 방 배치가 어긋났을 때는 가족의 병과 재산소모, 자녀 양육의 어려움 등의 응이 온다.
　① 안방의 길흉
　　안방과 主命과는 어떻게 상배시킬 것인가?

앞에서도 이미 말했지만 동사명인은 동사택에 살면서 내부 구조도 동사택 방위에 안방을 두어야 한다는 것이다. 만약 집은 동사택인데 가족 중에 서사명인이 있다면 그 사람의 거처하는 방은 서사(西四)방위로 하는 것이 옳은 것이다. 또 동사명인인데 서사택에 살 경우에도 가옥 내의 동사괘 방위에 설계된 방을 거처로 삼는 것이 마땅하다.

② 주명과 방문의 배치

㉠ 방문 역시 택명의 길흉을 맞추는 것과 같이 길방으로 문을 내야 한다.

양택에서는 방위를 결정키 위하여 나경을 놓을 때 집터는 집터의 중심에다 나경을 놓고 방위를 결정하고, 건물의 내부에서는 건물의 중심에서 보고 방위를 결정하고, 방에서는 방의 중심에다 나경을 놓고 방위를 결정하는 것이다.

㉡ 안방 내에서는 침대를 놓는 곳은 역시 길방이어야 하고 장롱은 흉방에 놓는 것이 길하다.

㉢ 방문 근처에서 금기된 물건은 무엇인가?

▶ 거울이 방문 쪽을 비추는 것을 꺼린다. 거울은 곧게만 쏘는 물건이기 때문이다.

▶ 불상 등 신상(神像)이나 호랑이 등 맹수의 상이 방문 바로 앞에서 정대하는 것을 꺼린다.

▶ 뾰족한 모서리가 방문을 쏘는 것을 꺼린다.

▶ 출입문과 안방문이 직충하는 것을 꺼린다.

③ 안방의 커텐과 벽지 색깔의 선택

	本 色	生旺色	꺼리는 색
木	청색, 녹색	흑색	백색
火	적색, 분홍색	청색	흑색
土	황색, 참색	적색, 홍색	청색
金	백색, 우유색	황색	적, 홍색
水	흑색, 남색	백색	황색

대만의 송소광씨의 저서에 의하면 안방의 안색(顔色) 또한 중요하다고 설명하고 있다. 안색이란 벽지, 장판, 침대, 커텐의 색 등을 말한다.

오행의 본색을 보면 木-靑, 火-赤, 土-黃, 金-白, 水-黑으로 된다.

이는 물론 本命으로 자기 색을 찾게 되는 것이다.

④ 침대 위치의 길흉

㉠ 침대와 본명의 상배

방안에서도 택명주와 배합 방위라야 상쾌하고 건강하다. 어긋나면 재앙과 질병이 연속한다.

㉡ 머리는 어느 쪽에 두어야 하나?

길방에 머리를 두고 흉방 쪽으로 다리가 향하게 침대를 설치한다. 침대의 한쪽 면이 벽이나 장롱 같은 것으로 막혀 있으면 옆구리로 향이 바뀔 수도 있다.

㉢ 두향의 길흉에 따라 꿈은 어떠한가?

인생의 삼분의 일은 잠자는 시간으로 보낸다. 따라서 잠자는 시간이 또한 중요할 수밖에 없는데 우선 잠자리가 편안하려면 본명의 길방으로 머리를 향하여야 한다. 그러면 정신도 맑고 꿈자리도 아름답다. 가령 본명인이 흉방으로 두향하면 극을 받으니 꿈자리도 어수선하고 대단히 흉한 것 등이다.
ㄹ) 침대 머리의 꺼리는 것들
- ▶ 횡량(橫樑)이 침대를 누르면 압정살(壓頂煞)이 되어 건강에 해를 주고 정신건강에도 해롭다.
- ▶ 방문과 직선상에는 침대를 두지 않는다. 건강에 나쁘고 외부인과의 충돌도 있다.
- ▶ 침대를 창문에 바짝 붙여 두지 않는다. 깊은 잠을 잘 수 없기 때문에 건강을 해친다.
- ▶ 침대 머리에 큰 거울을 두지 않는다. 거울은 반사하는 성질이 있으므로 惡氣를 되살리기 때문이다.

4. 아동, 기타 가족방

① 아동방으로 꺼리는 방위
자백법(紫白法)에 八會四而小口損傷 三八之逢更惡(팔회사이소구손상 삼팔지봉갱악 : 艮八宮과 巽四宮이 모이면 소아를 손상하고, 震三宮과 艮八宮이 만나는 것도 또한 나쁘다)이라 하니 飛宮圖로서 결정한다 하였다.

坐坎宅 - 正東震方에 艮八이 이르므로 꺼린다.
坐艮宅 - 東北艮方에 二坤이 이르나 본시 艮宮이므로 꺼린다.
坐震宅 - 正北坎方에 艮八이 이르니 꺼린다.
坐巽宅 - 東南巽方에 艮八이 이르므로 꺼린다.
坐坤宅 - 西南坤方에 艮八이 이르므로 꺼린다.
坐兌宅 - 乾西北方에 艮八이 이르므로 꺼린다.
坐乾宅 - 正西北方에 艮八이 이르므로 꺼린다.
이상과 같으나 양택의 理氣說이 학파마다 다소 다른 점이 있을 수 있으므로 참고하기 바란다.
② 아동방으로 꺼리는 것들
- ▶ 창이 많거나 높으면 안된다.
- ▶ 침대를 창 밑에 설치하지 않는다.
- ▶ 아침에 솟아오르는 햇빛은 淸氣이기 때문에 동향이라야 좋다.
- ▶ 아동방에는 화분을 놓지 않는다.

5. 공부방 또는 책상의 방위

① 飛星法

비성법이란 구궁을 돌려서 길방을 찾는 것인데 四綠方은 문창신(文昌神)이 있어서 문장에 지혜를 주고 직급과 봉록을 결정하여 주며 一白方은 벼슬길과 문장, 시험, 인재 등용 등을 맡고 있기 때문에 이곳을 선택하기 위함이다.

一白과 四綠이 함께 만나는 곳이 가장 좋다는 것인데 이곳에서 공부를 하면 문장이 현달하고 청운의 꿈을 이루어 준다고 한다.

비성법도 중국은 기문수(奇門數)를 사용하는데 우리나라는 서전의 홍범구주를 인용한 홍연수(洪煙數)를 사용한다. 이를 소개하면 자기의 사주로서 비궁시키는데 1971년 윤 5월 5일 새벽 子시생을 예로 들어보자.

```
 8   1  10   9  →  28÷9=3 … 나머지 1
 辛  甲  癸  壬
 亥  午  丑  子
12   7   2   1  →  22÷9=2 … 나머지 4
```

이 사주의 천간의 수를 합한 후 9로 제하고 나머지 수가 中宮의 天數가 되고 地支의 수를 합한 후 9로 제하고 나머지 수로 중궁의 地數로 삼는다. 만약 나머지가 없으면 9수로 한다.

7 8	2 3	9 6
8 7	**1** **4**	**4** **1**
3 2	10 5	5 10

㉠ 중궁의 上수는 離宮으로 나가 역행한다.
㉡ 중궁의 下수는 坎宮으로 나간 후 순행하니 위 표와 같이 배치된다.
㉢ 兌宮과 中宮이 一白과 四綠이 들어가니 문창성과 관성

이 만난 것이다. 따라서 이 사람의 공부방은 서쪽이 가장 좋다.

② 八卦法

동사택 서사택을 합하여 八宅이라 하는 것은 이미 주지된 바이다.

"本山四綠方名文昌方(본산사록방명문창방)"이라 하니 이곳에서도 자기의 연백을 중궁에 배치하여 비궁시켜서 四綠이 어느 궁으로 가는가를 보고 그곳을 공부방으로 사용하는 것이다.

만약 동사명인데 사록방이 서사궁으로 입궁하여 쓸 수 없을 때는 一白坎方을 대용하여 공부방으로 쓴다. 이것이 맞지 않을 경우 총명이 없어지고 지혜가 매몰되어 명예를 날릴 수 없다고 한다.

따라서 앞 71年 윤5月 5日生의 공부방은 역시 七赤의 兌方이 된다.

제4장 서사택(西四宅) 32宮 설명

이는 서사택에 매여 있는 32출입문과 안방 2종류에다가 안방 하나, 주방 하나마다 8종류의 부엌이 배속되었을 때의 길흉과 화복을 판단하는 것이다.

서사택의 출입문, 안방, 부엌은 **연년(延年)**이 최상이며 아울러 土金 상생됨을 최상으로 하는 것이니 부부 정배되기 때문이다.

천을(天乙)이 출입문, 안방, 부엌이 된 것은 중길이며, 중길이 된 것은 비록 상생비화는 될지라도 순음, 순양의 해를 면치 못하기 때문이다. 또 **생기(生氣)**가 출입문, 안방, 부엌이 된 것은 그 다음이니 대개 생기는 비록 음양이 배합되더라도 부부의 정배가 아니기 때문이며 또 궁(宮)과 성(星)이 상극되기 때문이다.

무릇 서사택에 매여 있는 이 삼길택(三吉宅)은 길함만 있고 흉함은 적은 것이다. 만약 다시 서사택에 배치되고 서사명인(西四命人)이 기거한다면 자손이 현명하고 효도하며 부부가 화합 장수하며 부귀를 함께 누리는 대길 대리함이 있다.

비록 이러하지만 연한이 오래지 않은 곳에서는 작으나마 흉함도 함께 따르는 것이며 세월이 오래되어 기거한 지 4,50년이 넘은 곳이라면 흉함이 희석되어 미약하다 할 수 있다.

1. 乾門乾主 = 두 건이 겹쳐 순양의 기이므로 부녀를 상한다

① 이는 "복위택(伏位宅)"이라 하는데 순양의 상만 있고 음이 없어서 배합의 순화가 안된다. 그러므로 초년에는 부귀간에 발복할 수 있으나 오래되면 부녀는 일찍 죽고 홀아비가 나오며 자손도 희소하다. 이 국은 차길격(次吉格)이 된다.

② 건출입문과 건안방에서 팔방의 부엌 해설
감방 부엌 = 부엌이 감방일 때는 水이니 金기를 설기시킨다. 초년에는 상생의 도를 벗어나지 않았으므로 길하나 세월이 오래되면 재산이 나가 버리고 가난하게 된다. 남자는 주색과 잡기에 빠지고 여자는 음탕하며 자손이 흥하지 못하고 손상도 따른다. 질병은 해수병과 결리고 토하는 병이 있다.
간방 부엌 = 간궁의 부엌은 천을이니 土金 상생되어 초년에는 부귀쌍전하고 자식도 3명을 둔다. 그러나 여러 해가 지난 후에는 출입문 안방 부엌이 모두 순양이며 음의 배합이 없으므로 부인을 상하여 두세 번 장가들어야 하고 자식도 두기 힘들다. 그러므로 양자를 들이는 경우도 있게 된다.
진방 부엌 = 진방의 부엌은 오귀가 난동하므로 장자에게 불리하다. 관재 구설이 따르고 사람이 상하고 흉사하게 되며 재물은 흩어지며 도적의 피해도 나타난다. 대개 4, 5의 나이에 흉함이 많이 나타난다. 3괘가 모두 양이니 절손도 하게 된다.
손방 부엌 = 손방의 부엌은 녹존 土성이니 출입문과는 상생이 되나 궁과 문은 상극이 된다. 초년에 소길함은 있으나 오래되면 부녀들이 단명한다. 또한 요퇴(腰腿)·심복동통 등이 따른다.

이방 부엌=정남방의 부엌은 火金이 상극하며 음은 강하고 양은 쇠약하므로 딸이 많고 아들은 적다. 집안의 젊은 남자가 왕성하지를 못하고 재물도 왕성하지 못하며 오래되면 과부가 많다. 특히 두통과 안질, 악창 등의 고약한 질병이 나타나며 부인의 성격이 강하여 자식을 두지 못하기도 한다.

곤방 부엌=곤방의 부엌은 연년이며 土金상생되어 부부 정배한다. 주는 4명의 아들을 두고 복록이 유여하며 수명도 길어 모든 일이 대길하다.

태방 부엌=태방의 부엌은 생기이다. 출입문, 안방과 함께 비화가 되므로 초년에는 재물도 흥하고 사람도 왕성한데 세월이 오래되면 재혼을 거듭해야 하고 아울러 홀아비가 나오므로 차길의 곳이다.

건방 부엌=건방의 부엌은 출입문, 안방과 함께 비화가 되나 3양이 난동하므로 초년에만 다소 길하고 오래되면 극처하고 무자손하는 불길한 부엌이다.

2. 乾門坎主=天門이 낙수하므로 음광(淫狂)이 나온다

① 이는 이른바 육살이니 주는 흉함에 이른다. 육살이라는 것은 음인의 죽음이라는 문구인데 초년에 간혹 재물이 흥할 수 있으나 오래되면 반드시 상처하고 극자하며 과부와 홀아비가 나오며 가산을 모두 탕진하는 등 집안이 모두 망하게 된다.

② 건출입문과 감안방에서 팔방의 부엌 해설

감방 부엌＝정북방의 부엌은 水이므로 생함은 없고 金기만을 설기하는 육살방이다. 따라서 주는 재물이 흩어지고 자식을 못두는 등 불상사가 발생한다.

간방 부엌＝동북방의 부엌은 출입문과 상생하므로 천을이 되어 길하다. 주는 3명의 아들을 두고 성공시킨다. 만약 출입문과 부엌이 상극될 땐 오귀살을 범하게 되므로 어린아이를 키우지 못하고 남자들은 단명하며 절손도 하고 심복통이나 뱃속이 더부룩하고 헛배가 부른 병이 따른다.

진방 부엌＝정동방의 부엌이 되면 안방과는 천을이 되고 출입문과는 오귀의 상극이 되며 모두가 양의상(陽之象)이므로 흉하다. 초년에는 다소 발전이 있을 수 있으나 세월이 오래되면 대흉함을 면키 어렵다.

손방 부엌＝손방의 부엌은 출입문과는 화해(禍害)요, 안방에게는 생기가 된다. 그러므로 초년에는 혹 발복하여 사람과 재물이 함께 왕성할 수 있으나 오래되면 근골통이 오고 부인들이 일찍 죽고 어진 부인이면 더더욱 단명한 것이 특징이다.

이방 부엌＝이(火)방의 부엌은 金출입문과 상극되므로 남녀간에 수명이 짧고 길한 일보다 흉한 일이 더 많다.

곤방 부엌＝곤방의 부엌은 사람과 재물 모두가 왕성하니 대길한 상이다. 다만 감방의 안방과는 상극되므로 둘째 아들을 먼저 상하게 된다. 또 과부가 나오므로 절손하는 것인데 혹 자식을 두더라도 두방에서만이 가능하다.

태방 부엌=태방의 부엌은 출입문과는 비화되므로 사람도 나고 재물도 들어오지만 부인만은 수명이 짧으니 안방과 화해방이기 때문이다. 또 오래되면 부인들이 음탕하다.

건방 부엌=출입문과는 비화가 된다지만 안방에게는 육살이 되므로 초년만 조금 발하였다가 이내 실패한다.

3. 乾門艮主=山上에 하늘이 임하였으니 집안의 부귀가 크게 있으리라

① 이름하여 "천을택"인데 천을은 양택에서 복신이 된다. 세 아들을 두고 경서 공부를 많이 시키며 초년에 부귀를 함께 누리고 장수도 한다. 건장한 남자는 의롭고 여자는 인자하다. 그러나 순양이므로 세월이 오래되면 극처하고 상자하며 과부와 홀아비가 나오며 재취에게서 자식을 둘 수 있다.

② 건출입문과 간안방에서 팔방의 부엌 해설

감방 부엌=감방 부엌은 土는 水를 극하고 水는 金을 설기하니 심복동통을 주장한다. 헛배가 부르고 허로가 가중되며 어린아이를 기르기 힘들고 남녀간에 단명한다. 재혼할 일이 거듭 생기고 사사스런 마귀가 장난한다.

간방 부엌=출입문과는 상생되고 안방과는 비화된다. 전답이 흥왕하나 아녀(兒女)는 손상이 있으며 남자가 번창하지 못하니 모두가 양이므로 음의 비호를 못 만났기 때문이다.

진방 부엌＝정동방의 부엌은 출입문과는 오귀살을 범했고 안방과는 상극되므로 흉하다. 자손을 못 두어 절손하고 퉁퉁 붓는 병이 발생하여 허로와 속병으로 대흉하게 된다. 얼마 안되어 패망한다.

손방 부엌＝손방의 부엌은 金木土가 3상극을 이루고 있다. 그러므로 처를 극하고 자식을 손상하며 산고와 황종병, 근골동통 등 각종 질병에 시달리게 된다. 특히 어린아이들의 풍질도 무섭다.

이방 부엌＝정남방의 부엌은 부인들의 성격이 강렬하여 집안에 큰소리가 떠나질 아니하고 자손도 희귀하여 잘해야 절손을 면할 수 있다. 정신이 어지러운 병 또는 정신이상과 안질이 많이 나타난다.

곤방 부엌＝곤방의 부엌은 연년과 생기가 되므로 대단히 길하다. 가장 이상적인 배치이므로 연년세세 대명한다.

태방 부엌＝태방의 부엌은 출입문과는 비화가 되고 안방과는 상생이 되므로 대길하다. 이것은 좌우 상하가 모두 순리이므로 가장 바람직한 것이다.

건방 부엌＝건방의 부엌은 출입문과는 비화가 되고 안방과는 상생이 되므로 초년에는 발하여 부귀를 할 수 있다. 그러나 세월이 오래되면 극처 상자하고 절손까지도 할 수 있는데 이는 삼요가 모두 순양이기 때문이다.

4. 乾門震主＝귀신이 雷門에 드니 장자를 상하게 되리라

① 이를 "오귀택"이라 한다. 밖에서 안을 극하므로 그 재앙이

가장 빠르게 나타난다. 관재 구설이 잇따르고 화재의 피해가 있으며 도적 또한 무섭다. 이들은 4, 5의 수에서 많이 나타난다. 괴이한 귀신이 어지럽게 괴롭히며 남녀간에 요절이 많다. 질병으로는 심복동통이 있으며 전답이 줄어들고 육축과 재산이 나간다. 부자간에도 불화가 있고 장자 쪽에서 먼저 요절하거나 절손하고 다음으로 둘째, 셋째 쪽으로도 이어지는 대흉한 가택이다.

② 건출입문과 진안방에서 팔방의 부엌 해설

감방 부엌＝초년에는 자못 좋을 수 있다. 그러나 오래되면 사람이 왕성하지 못하고 절손하게 된다.

간방 부엌＝재물은 다소 모아질 수 있으나 병약하고 소아가 왕성하지 못하여 어찌하여 자식을 두었다 하더라도 질병이 극심하여 키우기가 어렵다.

진방 부엌＝출입문 안방 부엌이 모두 순양이므로 조화가 없으니 미워하는 것들끼리 동거하는 꼴이다. 또 오귀를 범하였으므로 대단히 흉하다.

손방 부엌＝부녀들이 단명한다. 근육과 골격에 이상이 있고 동통과 낙태가 많으며 특히 산액(産厄)을 조심해야 한다.

이방 부엌＝정남방의 부엌은 火와 金이 상극하므로 집안의 남자들이 요절한다.

곤방 부엌＝출입문과는 상생되지만 안방과 상극되므로 길흉이 반분되는 것 같으나 역시 흉함이 많고 길함은 적다.

태방 부엌＝정서방의 부엌은 출입문과는 비화되고 안방과는 金과 木이 상극하므로 흉다길소이다.

건방 부엌＝출입문과 부엌과 안방이 모두 순양이므로 음의 배합이 없으므로 흉한데다 2金이 木을 함께 극하므로 대흉한 상이다.

5. 乾門巽主＝건손이 상극하므로 산망(産亡)이 있고 심통(心痛)과 다리병이 있다

① 출입문과 안방이 맞지 않으므로 이름하여 "화해택"이다. 초년에는 간간이 발재함이 있고 사람도 왕성하다. 그러나 세월이 오래되면 부녀들이 요망하고 도적과 관재 구설이 끊이지 않는다. 팔방 어느 부엌이라도 길할 수 없는 매우 불리한 집이다.

② 건출입문과 손안방에서 팔방의 부엌 해설
감방 부엌＝정북의 부엌은 출입문과 안방에게 상극은 되지 아니하므로 초년에 다소 재물이 발하고 사람도 왕성하다. 그러나 동서의 배합이 아니되므로 오래되면 흉함으로 돌아간다.
간방 부엌＝출입문과는 상생되지만 안방과는 상극된다. 그러므로 절손하고 파란이 많이 따르는 불길한 가택이다.
진방 부엌＝정동방의 부엌은 출입문에서 오귀가 된다. 출입문과는 상극이고 안방과는 비화라도 매우 불길한 가택이다. 가택인이 성공할 수 없다.
손방 부엌＝손방의 부엌은 출입문과 상충되고 안방과는 비화라도 전흉한 가옥이다. 특히 부녀자들이 먼저 장수를 못하고 요절한다.

이방 부엌=정남방의 부엌인데 출입문을 극하고 안방은 설기시키므로 대단히 흉한 가택이다. 남자들이 왕성하지 못하고 단명하며 부인들이 전권을 잡아야 하는 흉가이다.

곤방 부엌=출입문과는 상생하지만 안방과는 상극이다. 당초부터 출입문과 안방이 맞지 않았으므로 불리한 가옥이다. 노모가 먼저 단명한다.

태방 부엌=정서방의 부엌인데 부엌의 방위에 관계없이 흉한 가옥이다. 이곳은 남녀간에 모두 단명하고 절손한다.

건방 부엌=출입문과는 비화되고 안방과는 상극된다. 상처극자하고 홀아비가 연속하여 나오는 흉가이다. 절손한다.

6. 乾門離主=건金과 이火가 상극하고 동과 서가 상극하는 흉가이다

① 출입문과 안방이 상극하는 흉가이므로 "절명택"이라 한다. 노부인, 늙은이들이 단명하고 질병으로 고생하는데 특히 안질이 있어서 앞을 볼 수 없고 악창으로 고생한다. 재물도 모이지 않고 도적을 자주 만나며 과부가 집을 지켜야 하고 절손도 하게 된다.

② 건출입문과 이안방에서 팔방의 부엌 해설
감방 부엌=재물이 흩어지고 처를 극하고 음탕한 것이 특징이다.
간방 부엌=출입문과는 상생이 되므로 자손이 영리하고 어질다. 그러나 부녀자들의 성격은 난폭하니 출입문과 안방이 당초부터 동서가 다르기 때문이다. 오래 살면 흉하다.

진방 부엌=정동방의 부엌은 오귀 부엌으로서 대흉하다. 단명 패절한다.

손방 부엌=손방의 부엌은 이른바 화해(禍害) 부엌이다. 큰며느리가 극을 받으므로 낙태를 많이 하고 아이를 낳다가 위험해지기도 하며 단명한다. 오래 살면 절손한다.

이방 부엌=정남방의 부엌은 출입문과는 상극되므로 대단히 흉하다. 안방과 비화되는 것도 역시 길할 수 없다.

곤방 부엌=곤방의 부엌은 출입문과는 상생되고 안방과는 비록 극하지는 않지만 동서의 뿌리가 다르다. 그러므로 처음에는 다소 발복하다 오래되면 패가하게 된다. 이를 양택삼요에서는 반길반흉이라 하였지만 뒤에 가서는 흉함이 더 많다.

태방 부엌=정서방의 부엌은 출입문과는 비화되지만 안방과 상극하고 동서의 다름으로 인하여 흉함을 만나게 된다.

건방 부엌=건방의 부엌은 출입문과 비화되지만 안방과 상극되므로 불길하다. 후에 절손한다.

7. **乾門坤主**=건방의 출입문과 곤방의 안방은 천문이 地에 이르렀으니 영화 만당이다

① 이 가옥이 이른바 "연년택"이다. 土金 상생되기도 하지만

함께 서사택이며 부부가 바르게 만났으며 星과 宮이 상생되므로 가장 이상적이다. 4명의 아들을 두고 가족 모두가 화목하며 효자 효손이 득위한 연고이다.

② 건출입문과 곤안방에서 팔방의 부엌 해설

감방 부엌＝정북방의 부엌은 水가 土의 극을 받으므로 둘째, 가운데 아들이 먼저 단명한다. 위장의 속병과 동통이 따르는 불길한 부엌이다.

간방 부엌＝간방의 부엌은 출입문과는 상생되고 안방과는 비화되므로 삼방이 모두 안정되고 배합되므로 남녀가 모두 건전하고 아름다운 가옥이다. 가장 이상적인 배합이다.

진방 부엌＝정동방의 부엌이니 출입문과는 상극되고 더더욱 안방을 극하므로 대흉하여 전혀 발전을 기대할 수 없는 가옥이다.

손방 부엌＝손방의 부엌 역시 출입문과 상극되고 안방을 극하므로 대흉한 가택이다. 노부모와 큰며느리가 단명한다.

이방 부엌＝정남방의 부엌이니 건방의 출입문과는 火金이 상극되는 흉한 가옥이 된다.

곤방 부엌＝곤방의 부엌은 출입문과 상생되고 안방과는 같은 방위에서 비화되므로 대길하다.

태방 부엌＝정서방의 부엌을 말하는데 출입문과는 비화되므로 생기방이 되고 안방과는 천을이 되므로 모두가 화평한 대길한 가옥이다.

건방 부엌＝건방의 부엌은 출입문과 같은 방위의 비화이며 안방과는 상생이 되므로 대길한 가옥이다.

8. 乾門兌主 = 건출입문에 태안방은 천택(天澤)이 되므로 재물은 왕성하나 음란함이 많다

① 건방의 출입문과 정서쪽의 안방이니 이른바 "생기택"이라 한다. 노부와 소녀의 상배가 됨이다. 초년에는 부를 크게 발하고 귀까지 크게 한다. 또한 사람도 왕성하고 장수함도 있다. 그러나 오래되면 처첩을 여러번 얻어야 하니 재혼을 여러번 해야 된다는 것이다. 과부가 가정을 이끌어야 하는 상이므로 차길의 가옥이다.

② 건출입문과 태안방에서 팔방의 부엌 해설
감방 부엌 = 정북방 水의 부엌이니 건방의 金을 설기한다. 金은 水를 생하는 것 같지만 실은 생으로 보지 않는 것이다. 이는 재물이 나가고 자손도 못 두게 되며 처자식을 극하기도 하며 음탕하기도 하는 흉가이다.
간방 부엌 = 간방의 부엌은 이른바 천을 부엌이므로 대길하다. 이 역시 가장 이상적인 부엌 중의 하나이다.
진방 부엌 = 정동방의 부엌이니 출입문과 상극이 되는 오귀방의 부엌이다. 대흉하다.
손방 부엌 = 손방의 부엌은 화해방의 부엌이므로 역시 대흉하다. 부인들이 출산하다가 잘못되거나 단명한다. 근골과 동통의 질병이 끊이지 않는다.
이방 부엌 = 정남방의 부엌이니 건방의 출입문을 극하므로 흉하다. 남녀간에 단명하고 재물도 흩어지는 대흉한 부엌이다.

곤방 부엌＝곤방의 부엌은 서사택방이기는 하나 곤방에는 본시 부엌을 두지 않는 것이다. 그러나 相生과 배합이 잘 되었으므로 吉多凶少하다.

태방 부엌＝정서방의 부엌은 출입문과 비화가 되므로 화목하여 길하다. 오래 살면 극처함은 모두가 金이기 때문이다.

건방 부엌＝건방의 부엌은 양은 많고 음은 부족하므로 부녀자들이 단명한다. 과부가 집을 이끌어야 하며 음탕하기도 하다. 소길한 부엌이다.

9. 坤門坤主＝地가 거듭되었으니 과부들의 세상이다. 집안에 남자 보기가 힘들다

① 곤출입문에 곤안방은 쌍곤의 "복위택"이다. 2土가 한 밭을 갈기 때문에 전답이 불어나고 부귀할 수 있는 곳이다. 초년에는 크게 발달하지만 오래되면 남자들이 쇠퇴하여지는데 혹 본처에게서는 절손하고 재취의 몸에서 자식을 둘 수도 있다. 이는 두 곤괘가 모두 노음이기 때문이니 부녀자들이 집을 이끌어 나간다.

② 곤출입문과 곤안방에서 팔방의 부엌 해설

태방 부엌＝태방의 부엌은 정서쪽이니 천을방 부엌이다. 출입문과 안방과 모두 상생되므로 이 집은 사람도 고르게 나고 재산도 많이 불어난다. 따라서 부귀를 겸한 가옥이라 할 수 있다. 그러나 3괘가 모두 음괘로 모여있으므로 오래되면 과부가 많이 나오고 절손도 하게 되는 것이 흠이다. 더욱

이 데릴사위를 한다거나 양자 또는 후실에게서 자식을 두기도 한다.

건방 부엌＝건방의 부엌은 이른바 연년방 부엌이니 노부모의 배합은 물론 음양이 배합되었으므로 부귀를 크게 하는 대길한 가옥이다.

감방 부엌＝정북 감방의 부엌은 절명방이므로 패절하는 흉방이다. 사는 사람이 심복동통과 허로와 헛배 부른 병 등으로 고생한다.

간방 부엌＝간방의 부엌은 생기방이니 가장 이상적인 것이다. 부귀를 크게 하고 자손도 흥창하며 재물도 많다.

진방 부엌＝정동방의 부엌이니 木土의 상극으로 대흉하다. 오래 살면 상처극자하고 절손하는 가옥이다.

손방 부엌＝손방의 부엌도 역시 출입문과 안방을 모두 극하는 대흉한 가옥이다. 앞의 정동방 부엌보다 더욱 흉하다. 남녀간에 수명이 짧은 가옥이기도 하다.

이방 부엌＝정남방의 부엌이니 이른바 "육살방"이다. 火土가 상생이지만 상생으로 보지 않으니 동서사택이 다르기 때문이다. 대흉한 가옥이다.

곤방 부엌＝곤방의 부엌은 출입문, 안방, 부엌이 모두 곤방이니 3土가 비화된다. 그러므로 초년에 약간의 발재는 있을 수 있지만 오래되면 3음이 작용하여 과부가 속출하고 여인들이 가정을 이끌어 가야 하고 절손까지 하는 나쁜 가옥이 된다.

10. 坤門兌主 = 곤출입문에 태안방이니 지택이 되어 부귀하나 모두 음괘이므로 절손은 면할 수 없다

① 이른바 "천을택"이다. 부녀자들이 지혜롭고 아름답다. 초년에 크게 발복하는데 다만 음이 강력하고 양이 쇠약하므로 세월이 오래가면 남자가 단명하는 것이 흠이다. 어린아이 키우기가 힘들고 양자를 두거나 데릴사위를 하는 경우도 있다. 이 가옥은 과부가 가사를 이끌어 간다.

② 곤출입문과 태안방에서 팔방의 부엌 해설
  태방 부엌 = 정서방의 부엌이니 출입문과는 상생되고 안방과는 동궁에서 비화된다. 초년에는 대길하다. 그러나 자손 문제는 근심이니 순음끼리 모였기 때문이다. 절손하여 자식을 두지 못하게 된다.
  건방 부엌 = 서북방의 부엌은 이른바 연년부엌이니 사람도 왕성하고 재물도 왕성한 이상적인 길한 가옥이 된다. 수명도 길고 이름도 크게 날리며 현달하는 아름다운 배치이다.
  감방 부엌 = 정북방의 부엌이니 출입문과 土水 상극되어 대흉하다.
  간방 부엌 = 동북방의 부엌은 출입문과는 비화되고 안방과는 상생되는 가장 바람직한 구조이다.
  진방 부엌 = 정동방의 부엌이니 출입문과 안방 모두 상극되므로 대흉하다.
  손방 부엌 = 동남방의 부엌 역시 木궁이므로 출입문과 안방에 함께 상극되므로 역시 대흉하다.

이방 부엌=정남방의 부엌은 오귀방을 범하였고 안방을 극하므로 가장 흉한 가옥이 된다.

곤방 부엌=서남방의 부엌은 출입문과 안방에 비화되고 상생되므로 초년에는 발복하여 부귀를 한다. 그러나 모두 음괘이므로 세 여자만의 동거이므로 남자가 없으니 절손한다.

11. 坤門乾主=땅에서 천문을 일으키니 부귀가 영창하리라

① 이른바 "연년택"이라 한다. 출입문과 안방이 외土 내金으로 상생되므로 가장 바람직한 가옥이다. 남녀간에 장수하고 부부가 해로하며 자녀도 집안에 꽉 찬다. 자녀 모두가 효자 효녀이며 영리하고 지혜롭다. 이 가옥은 부귀영화를 마냥 누리는 가장 좋은 집이다.

② 곤출입문과 건안방에서 팔방의 부엌 해설

태방 부엌=정서방의 부엌이니 이른바 "생기부엌"이다. 안방과는 비화되고 곤출입문과는 상생되니 삼방이 모두 길하다. 대길한 모범 가옥이다.

건방 부엌=서북방의 부엌이니 출입문과는 상생되고 안방과는 비화된다. 역시 대길하다.

감방 부엌=출입문은 土인데 정북방의 水이니 상극되어 흉하고 동서의 사택에도 맞지 않기 때문에 결정적으로 흉한 가옥이다.

간방 부엌=동북방의 부엌이니 천을방이므로 삼방 모두가 길방이 된다. 대길한 가옥이다.

진방 부엌=정동방의 부엌이니 출입문과 안방 모두 상극이

　　　　　된다. 대흉한 가옥이다.
　　　손방 부엌＝동남방의 부엌이니 오귀가 되어 흉하다. 또한 출
　　　　　　　　입문, 안방 모두 상극된다. 가장 흉한 가옥이다.
　　　이방 부엌＝정남방의 부엌이니 안방을 극하고 동서사택이
　　　　　　　　어긋났으므로 대흉하다.
　　　곤방 부엌＝출입문과는 비화되고 안방과는 상생되니 이른
　　　　　　　　바 삼길 가옥으로 대길하다.

12. 坤門坎主＝곤土는 노모이고 감水는 둘째 아들인데 출입문의 극을 받으므로 중남이 손상된다

① 출입문이 곤방이고 안방이 감방이라면 이른바 "절명택"이 된다. 이는 水가 土의 극을 받으므로 심복통적(心腹痛積)이 있어서 뱃속에 덩어리가 생기고 누렇게 붓는다. 둘째 아들이 단명하고 상함을 받으며 과부가 가계를 이끌어야 하고 자손이 희귀하여 후취에게서 자식을 두거나 양자를 들여야 한다. 전답이 없어지고 패가하게 되는데 도적과 사기, 관재 구설이 생기고 반 미친 사람이 나오기도 한다. 둘째 아들이 먼저 패절하고 차차 다른 자식에게도 모두 파급된다.

② 곤출입문과 감안방에서 팔방의 부엌 해설
　　　감방 부엌＝정북방의 부엌은 곤방의 출입문으로부터 극을
　　　　　　　　받으니 흉하다. 또한 동사택과 서사택의 배치에
　　　　　　　　도 어긋나므로 길할 수가 없는 가옥이다.
　　　간방 부엌＝동북 사이의 부엌은 土이니 안방을 극하므로 역
　　　　　　　　시 흉하다. 사람이 왕성하지 못하고 질병으로
　　　　　　　　고통받으며 남녀간에 단명한 것이 특징이다. 성

공할 수 없는 흉한 가옥이다.

진방 부엌＝정동방의 부엌이니 출입문 土를 극하는 불길한 가옥이다. 동서사택에도 맞지 않는다.

손방 부엌＝동남 사이의 부엌이니 출입문 土를 극하고 또한 오귀 부엌이 된다. 그러므로 가장 흉한 가옥 중의 하나이다.

이방 부엌＝정남방의 부엌이니 안방과는 상극이라도 정배되며 출입문과는 상생이라도 생이라 하지 않는 것이니 동서사택의 근본이 다르기 때문이다. 그러므로 온전히 흉하지는 아니하고 다소의 길함도 함께 존재한다.

곤방 부엌＝서남 사이의 부엌인데 곤출입문과는 비화되지만 안방을 극하므로 역시 흉하다.

태방 부엌＝정서방의 부엌이니 출입문과도 상생되고 안방과도 상생되어 길할 것 같으나 역시 동서사택의 뿌리가 다르므로 불리하다. 남녀간에 단명한다.

건방 부엌＝서북 사이의 부엌이다. 출입문, 안방과 모두 상생이 되나 안방의 뿌리가 다르므로 길할 수 없다. 초년에는 다소 발복을 하고 사람도 나는데 오래되면 음탕하고 패절에 이르게 된다.

13. 坤門艮主＝곤의 비옥한 땅과 산의 두터운 땅이 만났으므로 전답을 많이 갖게 된다

① 이는 "생기택"이라 한다. 2土가 비화되어 전답과 재산이 왕성하여 큰 부자가 되는 가옥이다. 육축도 왕성하고 하는 일마다 잘된다. 남녀간에 장수하고 효자 효녀도 번창한 가운

데 어질고 착하다. 그러나 세월이 오래되면 다소의 재앙을 면할 길 없다. 그러므로 차길한 가옥이 된다.

② 곤출입문과 간안방에서 팔방의 부엌 해설

감방 부엌＝정북방의 부엌은 출입문과도 절명방이며 상극되고 안방과도 상극되므로 대흉하다. 가족이 괴질로 고생하고 단명한다.

간방 부엌＝동북 사이의 부엌은 출입문과 안방 모두에 비화되고 모두가 서사택에 뿌리를 두었으므로 길하다. 그러나 모두가 土이므로 부에 비하여 귀가 부족한 것이 흠이다.

진방 부엌＝정동방의 부엌이니 강한 木이다. 부엌과 안방 모두가 土이므로 극을 받게 되어 대흉하다. 土가 손상되면 비장과 위장에 병이 생기고 황종과 심통이 있으며 남녀간에 단명하고 절손까지 하게 되는 불길한 가옥이 된다.

손방 부엌＝출입문과는 오귀방이고 안방과는 절명이 되어 양쪽을 극하므로 대흉하다. 질병이 떠나지 않아 젊은이가 요절하므로 집안에 늙은이가 없다. 가장 못난 자식으로 간신히 절손을 면하나 2대가 넘으면 결국 절손한다.

이방 부엌＝정남방의 부엌이니 곤출입문과 간안방의 土를 생할 것 같으나 동서사택의 뿌리가 다르므로 상생하지 못한다. 그러므로 火는 강렬하고 土는 볶여서 자식을 기를 수 없다. 부녀자들이 악한 질환으로 시달리고 경맥은 안정되지 못한다.

곤방 부엌＝서남 사이의 부엌이니 간곤 土끼리는 비화되므

로 중길하다. 그러나 부는 크게 할 수 있으나 귀
가 부족하다.
　태방 부엌＝정서방의 부엌이니 출입문과 안방 모두에 상생
　　　　　　되며 배합도 바르게 되어 크게 이로운 가옥이다.
　건방 부엌＝이른바 연년부엌이므로 대길하다. 2土가 1金을
　　　　　　생하여 주므로 수명이 길어서 팽조와 비기기도
　　　　　　하는 대길한 일등의 가옥이다.

14. 坤門震主＝사람이 龍을 걸터앉으니 이치에 맞지 않아서 어미
　　　　　　가 산망(産亡)한다

① 이른바 "화해택"이다. 안방의 木이 출입문의 土를 극하므로
어미와 자식이 불화한다. 먼저 재물을 없애고 난 다음 사람
을 상하게 하는데 황종병과 비장·위장병으로 고생한다. 만
약 재물이 있을지라도 사람이 없어 절손하거나 사람이 있으
면 재물이 없어 사람을 고생시킨다. 결코 재물과 사람이 함
께 건전할 수 없다.

② 곤출입문과 진안방에서 팔방의 부엌 해설
　감방 부엌＝정북방의 부엌은 이른바 절명 부엌이 된다. 뱃
　　　　　　속에 덩어리를 키워서 고생한다. 둘째 아들이
　　　　　　먼저 망하게 된다.
　간방 부엌＝동북방의 부엌인데 출입문과는 비화되나 안방과
　　　　　　상극되므로 남녀간에 단명하고 어린이를 키우기
　　　　　　힘들다. 모두 불리한 가옥이다.
　진방 부엌＝정동방의 부엌인데 안방과는 비화되지만 출입문
　　　　　　과는 상극되므로 흉하다.

손방 부엌=동남 사이의 부엌은 출입문을 극하고 동서사택의 뿌리가 다르므로 대흉하다. 이곳은 오귀방의 부엌이기도 하다.

이방 부엌=정남방의 부엌이니 火가 되어 출입문을 생하고 안방과도 상생되므로 길할 것 같으나 동서사택의 뿌리가 다르므로 상생이라 하지 않는다. 흉함은 많고 길함은 적다.

곤방 부엌=서남 사이의 부엌이니 출입문과는 비화가 되지만 안방과는 상극이다. 불길하다.

태방 부엌=정서방의 부엌인데 출입문과는 상생되나 안방과 상극되므로 흉하다. 남녀간에 단명하다.

건방 부엌=서북방의 부엌이니 출입문과는 상생되나 안방과 상극되므로 흉하다.

15. 坤門巽主=사람을 지호(地戶)에 묻는 상이니 노모가 사망한다

① 이 가옥은 "오귀택"이라 하여 근본적으로 동서사택에 위배된다. 木과 土가 상극되므로 노모가 일찍 죽고 또한 부녀자들에게 불리하다. 순음이므로 남자들 또한 단명하는 흉가이다. 황종병과 비장·위장병이 극성을 부리고 관재 구설도 심하다. 주색잡기로 패가망신하고 음란과 광기가 끊이지 않는다. 초년에는 두 아들을 두나 오래되면 절손하여 양자를 들여야 한다.

② 곤출입문과 손안방에서 팔방의 부엌 해설
감방 부엌=정북방의 부엌인데 출입문과는 상극되고 안방과

는 상생된다. 그러나 동서사택의 근본이 다른 것이므로 길한 일은 적고 흉한 일이 많다.

간방 부엌＝동북 사이의 부엌이니 출입문과는 비화되지만 안방과는 상극된다. 3代 과부가 나와 가정을 지키고 남자는 쇠절하다가 후에는 절손하게 된다.

진방 부엌＝정동방의 부엌이니 출입문과 상극되고 안방과는 비화되나 역시 동서의 뿌리가 다르므로 불리하다.

손방 부엌＝동남 사이의 부엌이니 출입문과는 상극되지만 오귀방 부엌도 된다. 남녀 모두가 단명하고 흉한 일이 거듭된다.

이방 부엌＝정남방의 부엌이니 출입문과 안방 모두에 상생되므로 곤과 손 사이에서는 유일하게 해신(解神)이 되어 식복은 있다. 그러나 동서사택의 뿌리가 다르므로 흉다길소하며 3음이 모였으므로 절손하고 여인이 공문 출입을 하게 된다.

곤방 부엌＝서남 사이의 부엌이니 출입문과 같은 방위이므로 비화되고 안방과는 상극되므로 흉한 가옥이 된다.

태방 부엌＝정서방의 부엌인데 안방, 출입문, 부엌 모두가 음이므로 양이 없어 배합이 안되고 또 金과 木이 상극까지 되니 남녀간에 모두 단명하여 요절한다. 대흉하다.

건방 부엌＝서북 사이의 부엌이니 연년방 부엌이다. 출입문과는 상생되지만 안방과 상극되므로 흉하다. 부녀자들이 단명하고 즐거운 일이 거의 없다.

16. 坤門離主 = 사람의 문에 불을 만났으니 과부가 발생한다

① 이른바 "육살택"이다. 출입문이 안방을 설기시킨다. 이때 동서사택의 뿌리가 다르므로 상생이라고 하지는 않는다. 부녀자들이 집을 지키고 남자는 단명한다. 집안이 화목하지 못하고 내란이 있으며 오래되면 절손하는 흉한 가옥이다.

② 곤출입문과 이안방에서 팔방의 부엌 해설

감방 부엌=정북의 부엌이니 출입문과 안방과 모두 상극되므로 대흉한 가옥이다.

간방 부엌=동북방의 부엌은 출입문과는 비화되고 안방과는 상생된다. 모두가 상생되어 길한 것 같으나 부녀자들이 사나운 것은 동서사택의 근본이 다르기 때문에 선길후흉하다.

진방 부엌=정동방의 부엌은 출입문과는 상극되고 안방과는 상생된다. 역시 흉함은 많고 길함은 적다.

손방 부엌=동남방의 부엌은 출입문과 상극하고 동서의 뿌리가 다르므로 흉하다. 오귀 부엌이다.

이방 부엌=정남방의 부엌을 말하는데 출입문과 상생되고 안방과 비화되므로 초년에는 재산을 모은다. 그러나 오래되면 동서사택의 뿌리부터 맞지 않으므로 남자들이 쇠약하다가 절손하기도 한다. 흉다길소하다.

곤방 부엌=서남 사이의 부엌이니 출입문과는 비화되고 안방과는 상생되나 동서사택의 뿌리가 다르므로 상생이라 하지 않는다. 반흉반길이라 할 수 있으나 역시 흉이 더 많고 여인들이 왕성하고 남자들은 미약하다.

태방 부엌＝정서방의 부엌인데 곤방의 출입문과는 상생되지만 오귀 부엌이 된다. 따라서 흉하다.

건방 부엌＝서북방의 부엌인데 출입문과는 상생되나 안방과 상극이 되므로 나쁘다. 여인은 왕성하나 남자들이 잘 안된다.

17. 艮門艮主＝2土가 난동하니 중중 첩첩이 되어 처와 자식을 상한다

① 이를 "복위택"이라 한다. 2土가 한 밭을 만드니 전답이 많다. 크게 부자가 되는 상이다. 초년부터 재산이 늘어나 순조롭게 발전하다가 세월이 오래되면 극처하고 자식이 적거나 못둘 수 있으니 순양만 있고 음이 섞이지 않았기 때문이다.

② 간출입문과 간안방에서 팔방의 부엌 해설

감방 부엌＝정북방의 부엌이니 오귀 부엌이기도 하지만 출입문과 안방에 모두 상극되므로 모든 것에 다 흉하다.

간방 부엌＝동북 사이에 위치한 부엌이니 출입문, 안방과 모두 비화되나 3土가 첩첩이 쌓이고 모두 양이므로 재물은 많으나 인물이 나지 않고 상처 상자하는 흉한 가옥이다. 절손이 되기도 한다.

진방 부엌＝정동방의 부엌이니 육살방으로 출입문과 안방을 극하는 대흉한 가옥이다. 3개 모두가 양이므로 상처 극자한다.

손방 부엌＝동남 사이의 부엌이니 출입문과 안방을 모두 극하는 대흉한 가옥이다. 부녀자들이 가정을 이끌어야 하고 절손하는데 자식을 두었다 하더라도 키우기가 어렵고 오래되면 양자를 들여야 한다. 이 집에 사는 사람들은 황종병과 비장·위장에 질병을 갖게 된다.

이방 부엌＝정남방 부엌이니 火가 출입문과 안방을 생하여 준다. 오행의 상생 상극만으로 생각할 때는 매우 길한 가옥일 것이다. 그러나 동서사택의 뿌리가 다르므로 상생이라도 상생으로 보지 않는 것이다. 초년에 조금 발복하다가 오래되면 사나운 부인의 포악으로 가계가 흔들린다.

곤방 부엌＝서남 사이의 부엌이니 출입문과 안방과 함께 모두 土이므로 비화가 된다. 전답이 늘고 부를 크게 하니 길한 가옥이다. 그러나 모두 土뿐이므로 귀가 다소 부족하다.

태방 부엌＝정서방 부엌이니 土金이 상생하는 매우 길한 가옥이다. 이는 연년 부엌이 되기도 하니 모두가 길하다.

건방 부엌＝서북 사이의 부엌인데 土金이 상생하는 길한 가옥이다. 천을이 되기도 하는데 초년에는 길하다가도 세월이 오래 가면 모두가 양만 모였으므로 극처 상자한다. 홀아비가 자주 나오고 자식이 희귀하며 기르기도 힘들다.

18. 艮門震主 = 산과 우레가 만나면 소아를 상하게 된다

① 이 가옥은 이른바 "육살택"인데 안방과 궁과 성, 삼자가 내외에서 교전한다. 가도가 편안치 못하고 재물은 흩어지며 절손하는데 어찌하여 생긴 자식도 기르기 어렵고, 길렀다 하여도 불효하거나 질병으로 고생한다. 초년에는 곤고한 가운데 근근이 가계를 이어가지만 세월이 오래되면 극처하고 패절한다.

② 간출입문과 진안방에서 팔방의 부엌 해설
　진방 부엌 = 정동방의 부엌이니 출입문과 상극하므로 안방과 비화된다고 하여도 매우 흉하다. 이는 앞 ①의 해설과 같은 일들이 생긴다.
　손방 부엌 = 동남방의 부엌이니 안방과는 비화되지만 출입문을 극하므로 대단히 흉한 가옥이다. 과부만 살면서 가정을 이끌어 나가고 자손도 희귀하며 얼마 안가서 절손한다. 여인들도 황종병과 위장·비장병으로 고생한다.
　이방 부엌 = 정남방의 부엌인데 출입문과 안방 모두 상생되니 반길이라 할 수 있다. 간출입문과 진안방이 본시 동서사택의 뿌리가 다르므로 전길이 될 수 없고 흉함이 더 많기 때문이다.
　곤방 부엌 = 서남방의 부엌이니 출입문과는 비화되고 안방과는 상극된다. 역시 길할 수 없는 가옥이다.
　태방 부엌 = 정서방 부엌이니 출입문과는 상생되고 안방과는 상극된다. 집안에 남자 보기가 힘들고 과부들이 가정을 이끌어 간다. 절손하는 가옥이다.

건방 부엌＝서북방의 부엌이니 출입문과 상극되고 안방과도 상극된다. 이 집은 3개 모두 양끼리 모였고 동서 사택의 뿌리가 다르기 때문에 흉하다. 또한 오귀방도 된다.

감방 부엌＝정북방의 부엌이니 출입문과는 상극되고 안방과는 상생되지만 오귀를 범하였고 3양이 모였으니 대흉하다.

간방 부엌＝동북방의 부엌이니 출입문과는 비화되고 안방과는 상극이다. 불길한 가옥이다.

19. 艮門巽主＝산이 지호(地戶)에 임하니 절손하여 과부만 살게 된다

① 이 집은 "절명택"이 되어 土가 木의 극을 받는다. 어린아이를 기르기가 어렵고 심하면 절손까지 한다. 풍병으로 고생하고 위장병과 황종병까지 따르는 가옥이다. 과부가 연달아 나오고 노복들은 도망간다.

② 간출입문과 손안방에서 팔방의 부엌 해설

진방 부엌＝정동방의 부엌이니 출입문을 극하고 안방과는 상생된다. 이미 출입문과 안방에서 어긋났으므로 부엌으로 해결하는 방법은 없다. 자식을 두기 어렵고 두었다 하더라도 키우기가 어렵다.

손방 부엌＝동남 사이의 부엌이니 출입문을 극하고 안방과는 비화된다. 역시 흉방인데 출입문과 안방부터 뿌리가 다르므로 어린아이를 둘 수 없고 혹 둔다 하더라도 과부가 혼자서 길러야 하고 성이 다른 아들을 두기도 한다.

이방 부엌＝정남방의 부엌이다. 출입문을 생하고 안방과도 상생이나 역시 불리한 가옥이다. 사나운 부인이 가정의 전권을 잡고 초년에는 다소의 재물을 두게 되나 오래되면 절손한다. 경맥이 고르지 못하며 오래되면 혈액순환이 안되고 내외출혈을 한다.

곤방 부엌＝서남방의 부엌이니 출입문과는 비화되지만 안방과 상극된다. 남녀 모두 단명하고 절손한다.

태방 부엌＝정서방의 부엌이니 출입문과는 상생하나 안방과 상극한다. 불리한 가옥으로 부녀자들이 단명한다.

건방 부엌＝서북방의 부엌이니 출입문과는 상생되나 안방과는 상극된다. 부녀자가 출산하다가 죽는다거나 낙태 유산이 심하여 자식을 두기가 어렵고 근골 동통으로 고생하게 된다.

감방 부엌＝정북방의 부엌이니 출입문과는 상극되고 안방과는 상생된다. 출입문이 오귀방이기도 하니 흉하다.

간방 부엌＝동북방의 부엌이니 출입문과는 비화되나 안방과는 상극된다. 역시 흉한 가옥이 된다.

20. 艮門離主＝귀임지호(鬼臨地戶)하니 부녀자들만 강력하다

① 이는 "화해택"으로 火가 치열하여 土는 볶이는 것이다. 음은 왕성하나 양이 쇠약하므로 남자들은 유약하고 부녀자들

은 사납고 독하여서 가문을 어지럽히고 가도는 화목치 못하다. 혹 애첩이 본처를 질투하여 고통을 주기도 한다. 초년은 조금 활발하다가도 세월이 오래되면 자손이 희소하고 혹 자식을 두었다고 하더라도 키우기도 어렵다. 또 경맥이 순조롭지 못하여 혈산붕루(血山崩漏)한다.

② 간출입문과 이안방에서 팔방의 부엌 해설

간방 부엌＝동북방의 부엌이니 출입문과는 비화되고 안방과는 상생되므로 처음에는 재물로 다소 성공한다. 그러나 세월이 오래되면 역시 불길할 수밖에 없는 것은 동서의 뿌리가 다르기 때문이다.

진방 부엌＝정동방의 부엌이니 출입문과 상극되므로 안방과 상생이 된다 해도 불길하다. 자손의 수가 줄어들다가 나중에는 절손한다.

손방 부엌＝동남방의 부엌이니 출입문과 상극되고 안방과는 상생된다. 과부가 집을 꾸려 나가고 오래되면 절손한다.

이방 부엌＝정남방의 부엌이니 출입문과 상생되고 안방과 비화되므로 전길할 것 같으나 동서의 뿌리가 다르므로 길함은 조금이고 흉함이 더 많다. 부인이 남편의 권한을 빼앗고 가정을 이끄는 것은 남자가 쇠약하기 때문이다.

곤방 부엌＝서남방 부엌이니 출입문과 비화되고 안방과는 상생이므로 재물로만 작은 기쁨이 있다.

태방 부엌＝정서방 부엌이니 출입문과는 상생되지만 안방과 상극한다. 부인들이 흉하다. 소길도 없는 불리한 가옥이다.

건방 부엌=서북 사이의 부엌이니 출입문과는 상생되나 안방과는 상극된다. 집안의 늙은이들이 단명한다.
감방 부엌=정북방의 부엌이니 출입문과 안방 모두에 상극되므로 흉하다. 더구나 오귀 부엌이므로 더욱 나쁘다.

21. 艮門坤主=山地가 만났으니 전답이 많고 나날이 부자가 된다

① 이른바 "생기택"이다. 음양이 다른 2土가 서로 협조하니 전답이 크게 늘어나고 큰 부자가 된다. 뒤에는 공명까지 현달하며 자손은 어질고 영리하며 번창한다. 부부는 건강하게 장수하게 된다. 그러나 세월이 오래되어 星과 宮이 상극하면 소아에게 불리하여 질병으로 고생하기도 한다. 사람은 자못 왕성한 가옥이다. 두 번째로 길한 가옥이다.

② 간출입문과 곤안방에서 팔방의 부엌 해설
진방 부엌=정동방의 부엌이니 출입문을 극하고 안방을 모두 극하니 흉하여 남녀간에 모두 단명 요절하는 가옥이다. 관재 구설이 잇따라 나타나며 가정은 불화하고 어린이를 기르기 어려우며 극상극하는 흉가이다.
손방 부엌=동남 사이의 부엌이니 출입문과 안방을 모두 극하는 흉가이다. 처자를 손상하고 절손까지 한다.
이방 부엌=정남방의 부엌이니 출입문과 안방을 모두 생한다. 그러나 동서의 뿌리가 다르므로 상생으로 보지 않는 것이니 사나운 부인이 들어와 가정을 불안케 하는 흉가이다. 이는 부엌이 출입문과 안방으로부터 설기당하기 때문이다.

곤방 부엌＝서남방의 부엌은 출입문과 안방 모두에 비화가 되므로 초년에 재물로 발복하여 전답이 늘어난다. 그러나 세월이 오래되면 역시 불리한 것도 많으니 3土가 모였으므로 귀가 모자라기 때문이다. 차길한 배치이다.

태방 부엌＝정서방 부엌은 출입문과 안방과 모두 상생되고 3방 모두 서사택이니 대길하다.

건방 부엌＝서북방의 부엌이니 출입문과 안방과 모두 상생된다. 가장 이상적인 집에서 가장 길한 배치이다. 이 부엌은 천을방 부엌이기도 하다.

감방 부엌＝안방과는 절명방이요, 출입문과는 오귀방이므로 2土와 상극하므로 대흉하다. 처음에는 전답이 다소 늘어나지만 당대에 극처상자하고 절손하며 질병 등의 우환이 떠나질 않는다.

간방 부엌＝동북방의 부엌인데 3방이 모두 서사택으로 배합되고 3방의 土가 비화되므로 대체로 길하다.

22. 艮門兌主 ＝산택이 통기하니 사람은 왕성하고 부귀도 누린다

① 이른바 금상 연년이 자기의 자리를 찾았으므로 어전에 오르는 복택이다. 土金이 상생하므로 부부가 바르게 만나고 소년에 등과하여 벼슬길이 열려 어전에서 조회한다. 밖에서 안을 생하므로 횡재수도 크게 나오고 전답도 많이 늘어나고 육축도 흥왕하여 부로도 비길 데 없다. 부부가 해로하는 것은 물론 자손도 현명하고 헌헌장부가 4형제나 되며 효부 현

부의 내조도 크다. 가족들도 모두 장수하고 자기의 창업도 세우고 특히 둘째나 셋째 쪽에서 크게 발달한다. 이는 성과 궁이 상생하는 서사택 중에서 제일가는 가옥의 배치이다. 감라(甘羅)의 열두 재상집이란 즉 이 집을 말한다. 만약 4층, 5층에서 또 다시 동택하여 4층, 5층으로 고대하더라도 乾은 크고 긴 것을 주재하니 건방의 부엌으로 다시 배치한다면 또 다시 길할 수 있다.

② 간출입문과 태안방에서 팔방의 부엌 해설

진방 부엌＝정동방의 부엌인데 출입문과 안방 모두에 상극된다. 대단히 흉한 부엌이다.

손방 부엌＝동남 사이의 부엌이니 절명방이므로 역시 출입문과 안방이 함께 상극된다. 부녀자들이 단명하고 절손하기도 한다.

이방 부엌＝정남방의 부엌이니 출입문과는 상생이라도 안방을 극한다. 역시 불리한데 특히 작은집 부녀자들이 흉사한다.

곤방 부엌＝서남방의 부엌인데 출입문과 비화되고 안방을 생하는 대단히 길한 상이다. 삼형제나 오형제를 두는데 모두 발전하고 출세하며 장수한다.

태방 부엌＝정서방의 부엌인데 土와 金이 상생하므로 부녀자들이 지혜롭고 착하며 가문을 빛낸다. 부녀자들이 빼어난 것은 음金이 제자리를 찾았기 때문이다.

건방 부엌＝서북방의 부엌이니 이른바 천을과 생기가 만났으므로 삼길을 모두 갖춘 것이다. 출입문과 부엌은 상생되고 안방과는 비화되므로 부귀가 연속되고 덕화를 갖추었으므로 수명 또한 길어서 모질(耄耋 : 더할 수 없는 늙은이)이 되도록 살게 된다. 서사택에서 가장 이상적인 가옥이다.

감방 부엌＝정북쪽의 부엌이니 출입문과는 오귀방이며 동서사택법에도 어긋났으므로 가장 흉한 가옥이다.

간방 부엌＝동북방의 부엌이니 출입문과는 비화되고 안방과는 상생되므로 길한 가옥이다.

23. 艮門乾主＝산이 하늘 가운데서 일어나니 자손이 귀히 되고 지혜롭다

① 동북방 출입문에 서북방의 안방이 된 것은 서사택의 배합이므로 "천을택"이라 한다. 이는 밖의 土가 안의 金을 생하여 주니 한가족이 모두 아름답다. 3명의 아들이 부와 귀를 다투어 하고 오래되면 남자는 장수도 하는데 부녀자들은 단명하여 극처하고, 혹 자식을 상하기도 하는데 이는 모두가 양이기 때문에 음의 배합이 없어서 그러하다. 그러므로 이 집은 차길에 해당하는 가옥이다.

② 간출입문과 건안방에서 팔방의 부엌 해설

진방 부엌＝정동방의 부엌이니 출입문과 안방과 모두 상극되며 동서사택의 뿌리가 다르므로 오귀 부엌과 육살방이 되므로 대흉하다.

손방 부엌＝동남간방의 부엌이니 부엌은 출입문을 극하고 안방은 부엌을 극하여 삼상극이 된다. 남녀간에 단명하는 흉한 집이다.

이방 부엌＝정남방의 부엌이니 안방의 金을 극하므로 흉하다. 과부가 집을 지키고 절손하게 되며 재산을 지킬 수 없고 안질과 악창증으로 고생하게 된다.
곤방 부엌＝서남 사이의 부엌인데 출입문과는 비화되고 안방과는 상생되는 대길한 가옥이다. 건강 장수하고 자손 성공한다.
태방 부엌＝정서방의 부엌인데 출입문과는 상생되고 안방과는 비화되는 대길한 가옥이다. 자손 번창하고 건강 장수한다.
건방 부엌＝안방과 같은 방위이고 천을택에 천을부엌이니 출입문과는 상생되므로 차길한 가옥이다. 오래 살면 순양끼리의 가옥이므로 극처하고 절손한다.
감방 부엌＝정북방의 부엌이니 오귀살을 범하였다. 출입문과 상극되므로 대흉하다. 어린아이를 기르기 힘들고 오래 살면 절손하고 재물도 없어진다.
간방 부엌＝동북방의 부엌이니 출입문과는 같은 곳이고 안방과는 상생되는 차길한 가옥이다.

24. 艮門坎主＝왕양한 귀신을 만난 격이니 물에 상하게 된다

① 이른바 "오귀택"이다. 물에 빠져 죽거나 자살하는 자가 나오고 관재 구설로 재산을 탕진하며 도적과 화재가 번갈아 나타나고 하는 일마다 막혀서 오래되면 패가망신한다. 부자 형제가 불화하고 극처 상자하며 오역(忤逆)과 불효가 나오고 질병으로 고생하는 자는 뱃속에 덩어리가 생기고 동통이 있다. 이미 안방과 부엌이 상극되고 동서사택의 뿌리가 흉하므로 어떤 방위의 부엌일지라도 길할 수가 없다.

② 간출입문과 감안방에서 팔방의 부엌 해설

　진방 부엌＝정동방의 부엌이니 화해택으로 출입문과는 상극되는 불길한 가옥이다. 부녀자들이 단명하다.

　손방 부엌＝동남방의 부엌이니 출입문과는 상극된다. 황종병과 풍증으로 남녀간에 일찍 죽고 절손하여 과부들이 집을 지킨다.

　이방 부엌＝정남방의 부엌이니 안방과 상극된다. 남녀간에 단명하고 집을 지키는 과부들도 사납고 포악하다.

　곤방 부엌＝서남방의 부엌이니 안방과 상극되므로 중남이 요절하고 오래되면 모든 형제가 절손 상패한다.

　태방 부엌＝출입문과 안방 모두에 상생은 되므로 처음은 간신히 편안은 유지한다. 그러나 오래되면 역시 불리하다.

　건방 부엌＝서북방의 부엌인데 출입문, 안방과 상생은 되나 모두가 양이므로 극처 상자하고 음탕하며 도박으로 재물을 모두 날려버리고 오래되면 절손한다. 역시 흉한 가옥이다.

　감방 부엌＝정북방의 부엌이니 출입문과 상극되므로 재앙이 하늘로부터 내려오고 밖에서 안을 극하는 대흉한 집이다.

　간방 부엌＝출입문과는 비화되지만 안방과 극하므로 역시 대흉한 가옥이다.

25. 兌門兌主＝택(澤)이 거듭되었으므로 막내 며느리가 집안의 권한을 휘어잡는다

① 이른바 태가 태를 만나니 "복위택"이다. 2金이 비화되므로

초년에는 재물을 이룰 수 있으나 세월이 오래되면 순음끼리 만났으므로 남자들이 단명하고 자손이 번성하지 못한다. 과부가 외롭게 자식을 키워야 하니 차길한 가옥이다.

② 태출입문과 태안방에서 팔방의 부엌 해설
 건방 부엌=서북방의 부엌이니 생기 부엌이 된다. 순음에서 양이 배합되니 길한 가옥이다.
 감방 부엌=정북방의 부엌이니 출입문과 안방을 설기시키므로 재물이 흩어지고 처를 극한다. 불길한 가옥이다.
 간방 부엌=동북방의 부엌이니 이른바 연년택으로 부부가 바르게 만난 격국이다. 土부엌이 출입문과 안방을 생하여 주므로 대길하다.
 진방 부엌=정동방의 부엌이니 출입문과 안방 모두에게 상극되므로 흉하다.
 손방 부엌=동남방의 부엌이니 안방과 출입문 모두에게 상극되므로 부녀자가 난잡하며 단명 절손한다.
 이방 부엌=정남방의 부엌이니 왕성한 火가 출입문 金과 안방 金을 극하니 대흉하다. 이를 요마입택(天魔入宅)이라 하여 괴이한 귀신이 자주 거듭 나타나 사람을 괴롭히는 가옥이다.
 곤방 부엌=서남방의 부엌이니 모두 서사택이기는 하나 3음이 함께 모였으므로 세 여자만 동거하는 꼴이 되어 음만 성하고 양은 쇠약하니 남녀간에 단명하고 절손하는 불길한 가옥이다.
 태방 부엌=정서방의 부엌이니 출입문, 안방, 부엌에 3태가 함께 모여 비화되는 것 같지만 절손하는 집이다.

초년에는 혹 득재는 하나 길게는 흉하다.

26. 兌門乾主=택천이 만났으나 홀어미가 재원을 장악하는 상이다

① 서북 안방에 서쪽 출입문이니 이름하여 "생기택"이 된다. 2 金이 비화되므로 전답 등 재산을 많이 늘리고 사람도 흥왕하다. 그러나 부녀자들은 단명하여 거듭 혼인하거나 오래 살면 과부들만의 거처로 변한다.

② 태출입문과 건안방에서 팔방의 부엌 해설
건방 부엌=서북방의 부엌이니 안방, 출입문과 모두 비화되며 같은 서사택으로 음양이 배합되었으므로 대체로 길하다. 오래 살면 절손한다.
감방 부엌=정북방의 부엌이니 출입문과 안방의 金기운을 설기시킨다. 동서의 뿌리도 다르므로 재산이 모이지 않고 남녀간에 단명한 흉가이다. 오래 살면 절손한다.
간방 부엌=동북방의 부엌이니 출입문과 안방을 생하여 주는 대길한 가옥이다. 서사택의 이상적인 가옥 중의 하나이다.
진방 부엌=정동방의 부엌이니 木이 되어 출입문과 안방의 金과는 상극되는 대흉한 가옥이다. 더구나 오귀택이 되어 생인이 단명하고 과부가 집을 지키며 절손하는 흉가이다.
손방 부엌=동남방의 부엌이니 출입문과 안방 모두에 상극된다. 동서의 뿌리도 어긋났으므로 부녀자들이 단명하여 홀아비가 많고 장손 장부가 모두 불리하다. 오래 살면 절손한다.

이방 부엌＝정남방의 부엌이니 왕성한 火가 안방과 출입문의 金을 형극한다. 주는 대흉하니 단명 고과가 속출하고 절손한다.

곤방 부엌＝서남방의 부엌이니 건곤이 상생하고 출입문을 생하므로 대길한 가옥이다. 이른바 천을과 연년택이라 하여 부귀하고 장수하는 가장 이상적인 서사택 가옥 중의 하나이다.

태방 부엌＝정서방의 부엌이니 출입문, 안방 모두에 비화되는 고로 힘있는 가옥이다. 서사택의 뿌리가 같으므로 길하나 3금만의 가옥이므로 전길함은 없고 오래 살면 상처극자할 수 있다.

27. 兌門坎主＝백호가 강에 빠진 상이니 육축을 상하게 된다

① 정서방 출입문과 정북방의 안방은 본시 동서의 뿌리가 다르다. 따라서 "화해택"이라 하기도 하고 "설기택"이라 하기도 하는데 재산이 퇴패하고 셋째 부인이 단명한다. 다른 자손들은 주색잡기를 즐기며 음탕하여 오래 살면 더욱 흉하여 패절하는 대흉한 가옥이다. 이곳에서는 어느 부엌이라도 길할 수 없다.

② 태출입문과 감안방에서 팔방의 부엌 해설

건방 부엌＝서북방의 부엌이니 출입문과 안방 모두에 비화되고 상생은 되나 동서사택의 뿌리가 다르므로 재산이 흩어지고 사람도 상하는 흉가이다.

감방 부엌＝정북방의 부엌인데 이미 출입문과 안방에서 어긋났으므로 부엌의 길방이 있을 수 없다. 부녀자가 단명하는 불리한 가옥이다.

간방 부엌＝동북 사이의 부엌이니 역시 불리한데 특히 소아가 크지 못하고 죽으며 끝내는 절손한다.

진방 부엌＝정동방의 부엌인데 출입문과 상극되고 안방을 설기시키니 더욱 불리한 가옥이다. 남녀 모두 단명한다.

손방 부엌＝동남방의 부엌이니 출입문과 상극하고 안방을 설기하니 부녀자에게 더욱 나쁘다. 단명하고 절손한다.

이방 부엌＝정남방의 부엌이니 출입문 金을 극하고 안방과도 상극되니 가장 흉하다. 이를 오귀택이라 한다.

곤방 부엌＝서남 사이의 부엌이니 출입문과는 상생이나 안방과는 상극이다. 특히 중남이 단명하고 오래되면 모두 단명 절손한다.

태방 부엌＝정서방의 부엌인데 비화되고 상생은 되지만 역시 부녀자들이 단명하는 불리한 가옥이다.

28. 兌門艮主＝연못과 산이 협조하여 복을 증진시키는데 소방(少房：셋째아들)이 대영한다

① 이른바 "연년택"이다. 성과 궁이 상생하므로 남자는 총명하고 여자는 뛰어나다. 충효와 현량으로 가도가 화순하며 부귀가 영창하고 속진관후(粟陳貫朽：곡식은 넘쳐서 묵고 돈꾸러미는 쌓여서 썩는다는 말이니 큰 부자를 말함)하며 과

갑(科甲 : 장원으로 급제함)이 해마다 꼬리를 문다. 특히 작은아들 쪽에서 왕성하다. 남녀간에 장수하고 4년, 9년마다 크게 이름을 내며 巳酉丑년에 응이 온다. 이 가옥이 서사택 중에서 가장 으뜸이 되는 길택이다.

② 태출입문과 간안방에서 팔방의 부엌 해설
건방 부엌＝서북방의 부엌이니 천을과 생기가 되는 길방이다. 안방과 상생되고 출입문과 비화되니 대길하다.
감방 부엌＝정북방의 부엌이니 출입문을 설기하고 안방과는 상극된다. 또한 동서사택의 뿌리가 어긋났으며 오귀택이 되어 대흉하다.
간방 부엌＝동북방의 부엌이니 출입문과 상생되고 안방과는 비화된다. 서사택의 복위이므로 역시 대길하다.
진방 부엌＝정동방의 부엌인 출입문과 안방 모두에 상극되며 또한 동서의 뿌리가 어긋났으므로 흉하다.
손방 부엌＝남동방의 부엌인데 출입문과 안방 모두에 상극되므로 대흉하다. 동서의 뿌리도 달라서 생인에게 형극이 극심하다.
이방 부엌＝정남방의 부엌이니 출입문과 상극도 되지만 오귀를 범하였으므로 대흉하다.
곤방 부엌＝서남방의 부엌이니 출입문과 안방 모두에 비화되고 상생되므로 대길한 가옥이다.
태방 부엌＝정서방의 부엌이니 출입문과 비화되고 안방과 상생된다. 역시 대길한 가옥이다.

29. 兌門震主 = 호랑이가 용의 굴에 들어갔으니 일을 하여도 이루는 것이 없다

① 서쪽 출입문에서 동쪽 안방은 동서사택의 법칙을 어긋났으므로 이곳은 좋은 가옥이 있을 수 없다. 이른바 "절명택"이기도 한데 木이 金의 공격을 받으므로 자식없는 과부가 사는 상이 된다. 생인이 모두 단명하지만 장남 장녀가 더욱 흉하다. 심복요통은 물론 고치지 못하는 고질병으로 고생하며 여인은 남편과 자식을 모두 상극하고 혼자 살게 되며 사는 동안에도 가족이 불화하고 재산은 소진된다.

② 태출입문과 진안방에서 팔방의 부엌 해설

건방 부엌 = 서북방의 부엌은 출입문과는 비화되지만 안방과 상극되므로 흉하다. 또한 오귀살을 범하였으니 대흉하다.

감방 부엌 = 정북방의 부엌이니 출입문을 설기하고 안방을 생하나 동서의 뿌리가 손상되어 남자가 단명하고 자식을 극하며 부녀자도 상하게 된다.

간방 부엌 = 동북방의 부엌은 안방을 극하므로 역시 불리하다. 서사택에서 진방은 방향이 어긋났기 때문이다.

진방 부엌 = 정동방의 부엌은 서사택과 출입문에서 안방과 함께 어긋났으므로 대흉하다.

손방 부엌 = 동남방의 부엌이니 서방 출입문과 서사택에서는 불길한 곳이며 상극도 된다. 대흉하다.

이방 부엌 = 정남방의 부엌이니 출입문 金을 극하므로 대흉하다. 오귀살을 범하기도 하였다.

곤방 부엌＝서남방의 부엌은 서사택과 출입문에서는 필요하나 안방이 어긋났으므로 대흉하다.

태방 부엌＝정서방의 부엌은 출입문과는 비화되나 안방이 이미 어긋났으므로 역시 대흉하다.

30. 兌門巽主＝호랑이가 막다른 골목을 만났으니 음양간에 역시 불리하다

① 이 가옥이 "육살택"이다. 출입문과 안방이 이미 어긋났으므로 어떤 방법으로도 길할 수 없다. 두 음녀가 동거하면서 상극하므로 양이 견디지 못하고 손상되므로 극부 상자하며 사람과 재물도 모두 함께 패절한다. 불치병과 예상치 못했던 재난으로 고생하기도 한다.

② 태출입문과 손안방에서 팔방의 부엌 해설

건방 부엌＝서북방의 부엌이니 안방을 극하므로 부녀자들이 단명하고, 남자들은 형극되니 대흉하다.

감방 부엌＝정북방의 부엌이니 출입문을 설기하고 안방을 생하나 동서사택의 뿌리가 어긋났으므로 대흉하다.

간방 부엌＝동북방의 부엌이니 안방과 상극된다. 남자들이 단명하고, 소아는 상극되어 마침내는 절손한다.

진방 부엌＝정동방의 부엌이니 출입문과 상극되므로 남녀간에 단명하고 재앙을 거듭하여 만나는 흉한 가옥이다.

손방 부엌＝동남방의 부엌인데 출입문, 안방과 함께 3음이 모였으니 세 여자가 동거하며 상극 불화하므로 남편이나 자식이 있을 수 없다. 초년에는 간혹 재물을 만질 수 있으나 얼마 안가서 모두 탕진하는 흉가이다.

이방 부엌＝정남방의 부엌이니 출입문을 극하고 오귀살을 범하였으므로 대흉하다.

곤방 부엌＝서남방의 부엌이니 안방과 상극되고 3음이며 오귀살까지 범하여 대흉하다.

태방 부엌＝정서방의 부엌인데 출입문과는 비화되나 안방을 극한다. 역시 대흉한 가옥이다.

31. 兌門離主＝맹호를 화염 속에다 삶은 꼴이니 소녀에 요망(夭亡)함이 있다

① 이 집이 가장 흉악한 "오귀택"이다. 음火가 음金을 극하니 부녀자들의 장난으로 가정을 파괴시킨다. 큰 권력에 부인을 빼앗기기도 하고 남자는 단명한다. 사람이 왕성치 못하고 그나마 재난으로 흉사가 많으며 생각지 못했던 괴이한 불상사가 자주 일어나고 마침내는 절손하고 가문의 문을 닫게 된다. 남은 사람도 장병으로 고생한다.

② 태출입문과 이안방에서 팔방의 부엌 해설

감방 부엌＝정북방의 부엌인데 안방을 극하고 출입문을 설기하므로 대흉하여 남녀간에 요수한다.

간방 부엌＝동북방의 부엌이니 출입문과 안방의 상극됨을 통관하므로 길할 것 같으나 동서사택의 뿌리부터 어긋났으므로 결코 길할 수 없다. 반흉하다.

진방 부엌＝정동방의 부엌이니 출입문과 상극되므로 역시 흉하다.

손방 부엌=동남방의 부엌이니 출입문과 형극되고 3음이 모여 양의 배합이 없으므로 대흉하다.

이방 부엌=정남방의 火가 출입문을 극하므로 대흉하다. 오귀살을 범하기도 하였다.

곤방 부엌=서남방의 부엌이니 출입문 金과 안방 火의 상극됨을 통관하니 길할 것 같으나 3음이 모였고 동서의 뿌리가 어긋났으니 결코 길할 수 없다. 반드시 절손한다.

태방 부엌=정서방의 부엌이니 출입문과는 비화되나 안방과 상극이므로 역시 대흉하다. 오귀살을 범했다.

건방 부엌=서북방의 부엌은 출입문과는 비화되나 안방과 상극되므로 대흉하다. 남녀간에 단명하고 괴이한 재난이 자주 일어난다.

32. 兌門坤主=택지는 재상이 융성하고 이성이 동거하며 발전하는 상이다

① 이 집은 "천을택"이라 하여 길한 상이다. 천을은 본시 복을 주는 성진이므로 가도가 크게 융창하여지고 집안에 좋은 일이 연속된다. 자손은 경서 읽기를 좋아하고 효도도 하는데 모두 음이라 여성들은 왕성하나 양인 남자들은 대체로 별수 없이 쇠약한 편이다. 본손은 부발하고 딸 쪽이 귀발하여 사위가 처가를 돕기도 한다. 그러나 오래 살면 본손은 절손하고 양자를 들여야 한다. 선길 후흉한 가옥이다.

② 태출입문과 곤안방에서 팔방의 부엌 해설

건방 부엌=서북방의 부엌이니 출입문과 비화되고 안방과

상생되므로 대길하다. 생기와 연년택이기도 하다.

감방 부엌＝정북방의 부엌이니 서사택에 동편이 혼잡되었으므로 흉하다. 남녀간에 단명한다.

간방 부엌＝동북방의 부엌은 출입문과 안방과 상생되고 비화되므로 대길하다. 가운이 점점 번창한다.

진방 부엌＝정동방의 부엌이니 서사택에 동이 섞였으며 출입문과 안방을 모두 형극하여 대흉하다.

손방 부엌＝동남방의 부엌인데 출입문과 안방 모두 형극된다. 3음이 서로 물고뜯으므로 예기치 않았던 재난이 일어난다.

이방 부엌＝정남방의 부엌이니 출입문을 형극하고 오귀살까지 범하였으므로 대흉하다.

곤방 부엌＝서남방의 부엌이니 모두 길할 것 같으나 3음이 모였으므로 재물은 있으나 사람이 나지 않는다. 오래 살면 절손한다.

태방 부엌＝정서방의 부엌이니 출입문과는 비화되고 안방과는 상생이다. 그러나 3음이 모였으므로 전길할 수 없다. 재발(財發)은 있으나 남자가 성치 못하여 극부 상자한다.

이상은 서사택 32출입문에서 각각 팔방의 안방과 다시 팔방 부엌의 길흉을 논하였다. 대체로 동서사택의 뿌리가 어긋나면 흉하지만, 상극이 되어도 흉하였고, 상생이 되면 길함이 더한 것을 알 수 있다. 서사택이란 乾 坤 艮 兌의 4택을 말하는 것인데 서사택 내에서 출입문 안방 부엌이 되면 길하고 발복도 오래 가지만 동사택이 섞이면 혼잡이 되어 흉함인 것이다.

참고도 1. 動宅 四隅門 보는 법

動宅四隅란 乾 坤 艮 兌向을 말하는바 四隅에 정문을 개설하였다면 모두 巧番八卦를 사용하여 坐山으로 主房을 좇아서 遊年을 일으키는데 向上에 어느 星辰이 이르렀나를 보고 곧 그 성진에 의하여 출입문과 상생이 되어야 진행한다. 또 主房上에 배속된 성진을 보고 길흉을 알 수 있다.

만약 출입문이 한쪽 변으로 편중된즉 門上에서 遊年을 일으켜 順數하여 향상에 이르는 것을 본다.

건물 안으로 가서 번패에 방이 있거나 없거나를 불론하고 즉 담장을 기준하여 一星씩 쳐 나간다. 가령 兌主艮門의 動宅이라면 즉 艮上에서 유년을 일으켜 보면 진궁에 육살이 이르게 되니 1층의 다리는 즉 육살로 계산하고 水星 二層이 생기이니 木에 의하여 다음으로 생하여 나간다. 이것이 偏門일 때 番星하는 법이니 일정불역의 양법이다. 아래 그림을 참고하라.

참고도 2. 西四宅 乾 坤 艮 兌 四遊年 起例

乾坐

巽 화해	離 절명	坤 연년
震 오귀		兌 생기
艮 천을	坎 육살	乾 복위

兌坐

巽 육살	離 오귀	坤 천을
震 절명		兌 복위
艮 연년	坎 화해	乾 생기

坤坐		
巽 오귀	離 육살	坤 복위
震 화해		兌 천을
艮 생기	坎 절명	乾 연년

艮坐		
巽 절명	離 화해	坤 생기
震 육살		兌 연년
艮 복위	坎 오귀	乾 천을

위 4개의 도표는 서사택에 소속된 가옥의 바른 배치도이니 좌측 손으로

  1 상 생기 2 중 오귀 3 하 연년 4 중 육살
  5 상 화해 6 중 천을 7 하 절명 8 중 복위

의 순서대로 배포시킨 것이다. 이로써 출입문, 안방, 부엌, 부엌문, 명궁(命宮)수의 다과를 설정한 다음 팔궁의 유년 길흉을 결정할 수 있는 것이다.

만약 한궁이라도 불합일 때에는 全吉할 수 없는 것이니 주의할 일이다.

참고도 3. 연년택·천을택·생기택의 도표

화해	절명	안방 연년
오귀		생기
부엌 천을	육살	출입문 乾

① 연년택
건방 출입문, 곤방 안방, 간방 부엌으로 이른바 연년택이다. 천을방 부엌과 연년방 안방에서 2土가 출입문 건金을 생하니 남녀간에 장수하고 처현자효하며 부귀영창하니 사람은 왕성하여 과갑이 연속되고 재물 또한

왕성하여 세상의 으뜸가는 삼길택이다. 4명의 아들을 두고 소방에서 먼저 발달한다.

오귀	육살	출입문 坤
화해		천을
안방 생기	절명	부엌 연년

② 생기택

곤방 출입문, 간방 안방, 건방 부엌이니 이른바 생기택이다. 자식이 안기고 어머니는 안아주는 상이니 한가족이 화순하고 부부가 화해하여 2土가 협조하니 재백이 풍융하고 노음과 소양이 건방의 金을 생하니 수명을 누리고 공명이 현달하며 부자 자효하는 삼길택이다.

육살	오귀	천을 부엌
절명		兌 출입문
안방 연년	화해	생기

③ 천을택

태방 출입문, 곤방 부엌, 간방 안방이니 이른바 천을택이다. 정중에서 팔괘를 포진하여 무게중심이 크고 고대하고 높은 방을 동북 간방에 다 배치한 집이다. 이 집은 오복을 모두 갖춘 삼길택 중의 하나이다.

제 5 장   동사택(東四宅) 32宮 설명

　이곳에서는 동사택에 소속된 32출입문과 안방에서 방방 문문마다 나타나는 팔방위의 부엌에 대한 길흉화복을 단정하고자 한다.
　동사택에서 출입문, 안방, 부엌이 생기방으로 되는 것이 상 중에서도 상이니 대길하다. 이는 水木 상생이거나 木火 통명이 되면 비록 부부 정배괘가 아닐지라도 음이 있고 양이 있는 것이며 또한 궁과 성이 상생되는 이치로 하는 것이니 이른바 생기택이 되어 동사택 가운데 상지상의 대길함이 된다고 하는 것이다. 동사택에서 연년(延年)으로 출입문, 안방, 부엌이 된 것은 中吉이 된다. 이에는 비록 부부 정배괘를 만났다 하더라도 金木 상극하고 水火 상전(相戰)하여 궁성이 상극됨을 면할 수 없기 때문에 중길이라 한 것이다.
　동사택에서 天乙로 출입문, 안방, 부엌이 된 것은 또 그 다음으로 길하다 한다. 이는 괘 중에서 음이 없고 순양만으로 이루어진 상태이기 때문에 차길뿐이 안되는 것이다.
　이상은 동사택에서 나오는 삼길택인 것이다. 이 삼길택이 되어서는 길함만 있고 흉함은 없다는 것은 당연하다.
　다시 동사택 궁에 삼원(三元)을 배속시키는 것이 있는데 삼원궁에 주인이 거처하면 자손이 만당하고 남총여수(男聰女秀)하며 발복이 유구하게 된다. 그런데 걱정되는 것은 연한이 오래되지 아니하였는데도 길흉간에 응이 없다고 보채는 것이니 독자에게 부탁하는 것은 누차 시험하여봐도 3, 40년이나 5, 60년이 되었더라도 약속된 발복은 틀림이 한번도 없었으니 의심치 말라는 것이다.

1. 坎門坎主 = 水가 만약 거듭되면 처자와 이별한다

① 이른바 "복위택(伏位宅)"이다. 순양의 가옥이므로 초년에 대발하다가 순양만으로는 화생의 이치가 없으므로 오래가면 극처상자하게 된다. 과부가 나와 집을 지키며 결국엔 절손하게 된다. 坎이 거듭되면 처첩이 없이 두 남자가 동거하는 상이므로 같은 동사궁이라도 흉하다.

② 감출입문과 감안방에서 팔방의 부엌 해설
  간방 부엌 = 동북 사이의 부엌이니 출입문과 안방을 모두 극하는 흉가이다. 또한 오귀살을 범하였으므로 더욱 불리한데 먼저 중남이 망하고 뒤에는 장남 소남에게도 모두 흉하다.
  진방 부엌 = 정동방의 부엌이니 이른바 천을 부엌이 된다. 초년에는 다소 크게 발복하여 하는 일마다 잘 풀려 나간다. 그러나 세월이 오래되면 처를 극하고 자식을 상하게 되니 3방이 모두 순양이어서 화생의 이치를 잃었기 때문이다.
  손방 부엌 = 동남방의 부엌이니 생기 부엌이다. 복록이 크고 수명도 길다. 다섯 아들을 모두 장원급제시키는 최길한 부엌이다.

이방 부엌=정남방의 부엌이니 연년 부엌이다. 4자를 두나 안방 출입문에서 극하므로 차길한 가옥이다.

곤방 부엌=서남방 부엌인데 동서의 뿌리가 다르고 출입문과 안방을 모두 극하므로 대흉하다. 절명 부엌이기도 하다.

태방 부엌=정서방 부엌이니 동서의 뿌리가 다르므로 불리하다. 안방과 출입문을 생하므로 소부만 단명하고 소흉하다.

건방 부엌=서북방의 부엌인데 동서의 뿌리가 다르고 모두 양이고 음의 화생이 없으므로 대흉하다. 극처상자하고 천문낙수(天門落水)하므로 주색으로 미쳐 파가한다. 육살 부엌이기도 하다.

감방 부엌=정북방의 부엌은 복위이니 초년 부귀 발복하고 가족 자녀들도 편안하다. 그러나 오래되면 3양이 모여 음의 화생이 없으므로 극처하고 절손한다.

2. 坎門艮主=水가 산의 극을 받으니 반드시 절손한다

① 이 집은 "오귀택"이다. 감수와 간토가 상극을 범했으며 동서의 뿌리가 다르므로 대흉하다. 먼저 작은아들이 불리하여 강하에 투신 자살하며 관재구설 도적 시비 등이 있으며 패가망신하고 사사스런 마귀가 집에 들어와 괴롭히니 질병이 심각하고 재앙이 많다. 이곳에서는 어느 방위의 부엌으로도 길할 수가 없다.

② 감출입문과 간안방에서 팔방의 부엌 해설
간방 부엌=동북방의 부엌이니 출입문을 상극하고 안방과는

비화되지만 역시 흉하다.
진방 부엌＝정동방의 부엌은 천을 부엌이 된다. 출입문과는 상생되기 때문이다. 그러나 안방을 극하므로 흉다길소이다.
손방 부엌＝동남방의 부엌은 출입문과는 생기가 되어 길하지만 안방과는 절명이 되어 극하니 흉하다. 소아를 기르기가 힘들고 오래 살면 절손하게 된다.
이방 부엌＝정남방의 부엌은 출입문과는 상극이지만 연년문이 되어 소길하나 안방과는 상생되므로 소길은 있다. 그러나 이미 동서의 뿌리가 어긋났으며 火열 土조하므로 부녀자들의 성격이 강폭하다. 작은아들 쪽이 불리하다.
곤방 부엌＝서남방의 부엌이니 출입문을 극하고 동서의 뿌리가 다르므로 대흉하다. 중남과 소남이 먼저 해롭다. 가족이 황종적괴(黃腫積塊)로 고생하며 심복동통(心腹疼痛)이 있기도 하다. 안방과는 비화되므로 소길에 해당한다.
태방 부엌＝정서방의 부엌인데 출입문을 생하고 안방과도 상생된다. 작은아들 쪽은 길하나 부녀자들에게는 불리하다.
건방 부엌＝서북방의 부엌은 출입문과 상생되고 안방과도 상생나 3방 모두가 양만으로 구성되었으므로 처음에는 조금 길하다가 세월이 오래되면 극처하고 절손하는 흉한 가옥이다.
감방 부엌＝정북방의 부엌이니 출입문과는 비화되나 오귀문이고 안방과 상극되는 고로 재물은 나가고 사람은 손상되며 단명하고 절손하는 흉옥이다.

3. 坎門震主 = 물과 우레가 만났으니 발복한다. 오래되면 절손하는데 모두 양괘이기 때문이다

① 이 집은 동사택으로 순수하고 상생되는 "천을택"이다. 가난을 구제하는 데는 제일가는 가옥이다. 초년에는 사람이 왕성하여 공명도 현달하고 장원으로 급제함이 줄을 잇는다. 온 가족에 길한 경사가 있고 사람과 타물에게까지도 적덕하기를 좋아한다. 그러나 세월이 오래가면 고독하여 과부가 홀로 집을 지켜야 하며 절손도 하여 부녀자가 가문을 이끌어 나가야 하니 순양으로 음의 화생이 없기 때문이다.

② 감출입문과 진안방에서 팔방의 부엌 해설
간방 부엌 = 동북방의 부엌인데 출입문에는 오귀를 범하였고 또한 상극도 되며 안방과도 상극이 되므로 대흉하여 온 가족이 불리하고 제사가 불리하다.
진방 부엌 = 정동방의 부엌인데 동사택이 모였으며 출입문과 천을이 되고 안방과는 비화되어 초년에는 대길하다. 그러나 오래가면 상서롭지 못한 일이 자꾸 발생하는데 이는 양3괘가 모여 음의 생화가 없기 때문이다.
손방 부엌 = 동남방의 부엌인데 출입문과 상생되고 안방과는 비화된다. 이 가옥이 동사택에서도 제일 길한 것으로서 복록이 오래가고 수명 장수하니 삼성이 협력하기 때문이다.
이방 부엌 = 정남방의 부엌이니 안방을 생하고 출입문은 상극이나 상배되고 동사택의 뿌리가 같으므로 크게 부귀하는 연년택이다. 자손이 왕성하여 벼슬 길도 활짝 열린 좋은 배치이다.

곤방 부엌=서남방의 부엌은 절명 부엌으로 대흉하다. 출입문, 안방과 함께 삼상극이 되므로 상서롭지 못한 배치이다.

태방 부엌=정서방의 부엌이니 출입문과는 비록 상생이나 상생으로 보지 않으니 화해 부엌이기 때문이다. 안방과 金木이 싸움이 되므로 남녀간에 모두 불리하여 성공할 수 없다. 대흉가 중의 하나이다.

건방 부엌=서북방의 부엌이니 출입문과는 상생되나 상생으로 보지 않으니 육살 부엌이기 때문이다. 또한 안방을 극하고 오귀조(五鬼灶)이기도 하며 3괘 모두가 양괘이니 음괘의 화생함을 만나지 못하여 대흉하다. 남녀간에 음란하고 제정신을 갖지 못하고 미쳐서 날뛰니 재물이 모일 수 없으며 끝내는 절손하고 문을 닫게 된다.

감방 부엌=정북방의 부엌은 출입문과 같은 방위이며 복위방이 되고 안방과는 천을조이며 상생되므로 대체로 길한 가옥이다. 초년에는 크게 발복하여 부귀와 복록을 함께 누린다. 그러나 세월이 오래되면 절손하게 되며 과부들만의 가옥으로 변하니 3괘가 모두 양이며 음의 화생 배합이 없기 때문이다.

4. 坎門巽主=水木이 상생되어 영화롭고 여인이 빼어나고 크게 발한다

① 이곳은 이른바 생기관계이니 5명의 아들이 등과한다. 이 배

치는 탐랑이 제자리를 찾았다는 가옥으로서 남자는 총명하고 여인은 빼어나며 자손은 효도한다. 사람이 대왕하여 공명이 현달하니 부귀를 모두 갖춘 동사택에서도 가장 으뜸가는 배치이다. 만약 이 집이 3층으로 되어 고대하면 오래 살아도 집안에 나쁜 일이 생기지 아니하고 밖의 水가 안의 木을 생하니 밖으로부터 기쁜 소식이 연달아 들어오고 발복은 속하고 유구하게 이어진다.

② 감출입문과 손안방에서 팔방의 부엌 해설

간방 부엌＝동북방의 부엌은 출입문과 안방 모두에 상극되며 동서의 뿌리도 다르니 관재구설과 시비충돌로 성취하는 일이 없다. 또한 어린아이를 키우기 어렵고 오래가면 절손하여 과부들만이 집을 지킨다. 사는 동안에도 풍질과 비위가 상하고 복내동통증 등으로 평생 고생한다.

진방 부엌＝정동방 부엌은 출입문과 상생되고 안방과는 비화되니 대길하다. 이 집 역시 동사택에서 가장 좋은 배치로 꼽힌다. 동방의 부엌은 사명(司命 : 사람의 생명을 맡고 있는 神 또는 별)이기 때문에 자기 자리를 찾은 것이다. 삼다오복(三多五福)을 모두 갖춘 가옥이라고 《일필집(日畢集)》에서는 말하고 있다.

손방 부엌＝동남방의 부엌이니 생기 부엌이 된다. 안방과 비화되고 출입문과 상생되는 대길 대리한 가옥의 배치이다.

이방 부엌＝정남방의 부엌이니 안방과는 상극되나 연년 부엌이며 동사택에서 감리는 상극으로 보지 않는다. 4, 5명의 자식을 출생시켜 발귀하고 발부하는 길리한 가옥의 배치이다.

곤방 부엌＝서남방의 부엌은 출입문과 안방 모두와 상극된다. 대흉방의 부엌으로서 남녀간에 단명하고 특히 중남이 먼저 단수 절손한다.

태방 부엌＝정서방의 부엌은 출입문은 상생이나 뿌리가 다르므로 생으로 보지 않으며 안방을 극하므로 흉하다. 여인 쪽은 다소의 초년 길리가 있으나 남자들은 장병과 단명 절손까지 이어진다.

건방 부엌＝출입문과 상생이지만 육살이 되므로 생으로 보지 않으며 안방에서는 상극하고 화해방이 되기도 한다. 큰며느리가 불리하여 심장과 다리 동통 또는 산망(産亡)이 있기도 한다. 오래되면 모두에게 불리하다.

감방 부엌＝정북방의 부엌이니 복위 부엌이 된다. 안방의 손 木을 2水가 생하니 가장 길리한 배치이다.

5. 坎門離主＝水火가 旣濟되어 대길창이다

① 이른바 연년방에 안방이 배치되었다. 구성(九星)으로는 무곡(武曲) 金星이므로 넷째 아들이 강력하여 대발하는 가옥이다. 부부가 바르게 만났으니 부를 먼저 하고 또 대귀하는 상이다. 하는 일마다 이루지 못하는 것이 없고 사람이건 재물이건 왕성하지 아니한 것이 없다. 그러나 오래 살면 극처하는 곳이니 머리와 배의 통증으로 고생하고 안질도 두렵다.

② 감출입문과 이안방에서 팔방의 부엌 해설

간방 부엌＝동북방의 부엌은 출입문과 상극되고 오귀살을 범하였으니 대불상이다. 어린아이에게 불리하여 기르기 힘들고 부인들이 바람이 나고 처첩을 거듭 취하여야 하는 흉한 배치의 부엌이다.

진방 부엌＝정동방의 부엌이니 출입문, 안방과 더불어 출입문은 부엌을 생하고 부엌은 안방을 생하는 3길택이라 한다. 순수하지 아니함이 없는 최길택 중의 하나이다. 세 아들을 두고 모두 출세를 크게 하며 효도한다.

손방 부엌＝동남방의 부엌이니 출입문에서는 생기 부엌이 되고 안방에서는 천을 부엌이 된다. 부엌 방위 가운데 가장 좋은 곳이니 남자는 총명하고 여자는 빼어나 지혜롭다. 덕있는 현부가 들어와 제일가는 가문으로 성가시킨다. 재물은 물론 사람도 왕성하여 장원급제가 끊이지 않는 최길택이다.

이방 부엌＝정남방의 부엌이니 출입문과는 부부정배가 되어 대길하고 안방과는 비화되니 역시 길하다.

곤방 부엌＝서남방의 부엌은 출입문을 극하고 안방을 누설시킨다. 출입문에 대하여 절명 부엌이 되고 안방은 상생으로 보지 않는 것은 동서의 뿌리가 다르기 때문이다. 남녀간에 손상이 많고 단명하며 오래되면 절손하는 흉한 배치이다.

태방 부엌＝정서방의 부엌인데 출입문을 생하나 동서의 뿌리가 다르므로 생으로 보지 않으며 안방과는 상극되니 흉한 배치이다. 소부(少婦)가 단명 악사하고 부녀자들이 가문을 소란시킨다.

건방 부엌＝서북방의 부엌이니 출입문을 생하나 생으로 보지 않고 안방과는 상극된다. 부모 등 노인들이 손상되는 배치이니 악창과 안질로 고생한다. 오래되면 젊은 과부들이 집을 지켜야 하니 남녀간에 단명하기 때문이다.

감방 부엌＝정북방의 부엌이니 출입문과는 비화되는 동위이고 안방과는 상극이나 상극으로 보지 아니하는 것은 부부정배를 득하였기 때문이다. 길한 배치이나 차길이다.

6. 坎門坤主＝水土가 상극하니 중남에게 불리하다

① 이른바 절명위의 안방이며 土가 水를 극한다. 이는 곤土가 감을 범했으니 中男이 견디지 못하고 선패한다. 중남이 단명하여 과부가 나오고 절손하니 오래되면 모두가 불리하다. 위장, 비장 계통이 나빠서 뱃속에 덩어리가 생기고 황종병과 창질로 남녀간에 단명한다. 이 배치는 동서의 뿌리가 다르므로 어떤 방위의 부엌으로도 구제가 안된다.

② 감출입문과 곤안방에서 팔방의 부엌 해설
간방 부엌＝동북방의 부엌인데 출입문을 극하고 안방과는 비화되나 결코 길할 수 없다. 소아에게 불리하고 중남이 요망 악사한다.

진방 부엌＝출입문과는 상생되나 안방을 극하니 흉하다. 노모에게 먼저 해가 오고 재산은 모두 퇴패하며 온 가족이 함께 불리하다.

손방 부엌＝동남방의 부엌인데 출입문과는 상생되나 안방을 극하며 또한 오귀방이기도 하니 노모가 먼저 손상되고 오래되면 모두에게 나쁘지만 특히 부녀에게 불리하다. 처음부터 불리한 배치이기 때문이다.

이방 부엌=정남방의 부엌이니 안방에서 육살방이므로 상생이라도 상생으로 보지 않는다. 출입문에는 연년이니 반흉이다. 역시 흉다길소한 가옥의 배치이다.

곤방 부엌=서남방의 부엌인데 감水를 2土가 협공하는 상이다. 중남이 단명 요절하고 절손한다. 다른 아들도 재물을 모을 수 없고 발달이 없는 흉한 배치이다.

태방 부엌=정서방 부엌이니 안방에서는 천을방이나 출입문에서 화해방이므로 많은 부분이 흉하다.

건방 부엌=서북방의 부엌은 안방에서는 연년 부엌이나 출입문에서는 육살 방위이므로 흉대길소이다.

감방 부엌=정북방의 부엌은 출입문과는 비화되나 안방과 상극되므로 흉한 배치이다. 이곳에서는 해설에서 이미 밝혔듯이 출입문과 안방이 어긋났으므로 어떠한 방위의 부엌으로도 구제할 방법이 없다.

7. 坎門兌主=연못의 물이 새는 상이니 소녀(少女)가 요망한다

① 이른바 출입문에서 화해방에 안방이 있으니 안방의 기운을 누설시킨다. 재물은 나가고 파가하며 처첩을 거듭 들여야 하니 부녀와 소년이 일찍 요절하는 기분 나쁜 배치이다. 해

수병과 토담, 결핵, 악창증 등으로 다른 사람도 고생해야 하고 초년에 부는 조금 하다가 얼마 안되어 실패하고 절손까지도 할 수 있다.

② 감출입문과 태안방에서 팔방의 부엌 해설
간방 부엌＝동북방의 부엌은 오귀방의 부엌이며 출입문을 극하기도 한다. 안방을 생하는 연년 부엌이 된 것은 부분적으로 발부하여 길하다고 할 수 있으나 이 모두 작은아들 쪽에 불리한 배치이며 오래되면 다른 가족 모두에게도 불리하다.
진방 부엌＝정동방 부엌이니 출입문에게는 천을방 부엌이며 상생되나 안방과는 상극되어 흉하다. 남녀간에 단명하고 건강을 해친다.
손방 부엌＝동남방의 부엌은 출입문과는 상생이 되나 안방과는 金木 상극된다. 부녀자에게 먼저 해가 오지만 뒤에는 모두에 불리하다.
이방 부엌＝정남방의 부엌은 출입문과 火水 상극하고 안방과는 金火 상극하니 가장 흉한 배치 중의 하나이다. 특히 부녀자가 먼저 불리한데 현부는 먼저 죽고 악처는 집안을 망하게 한다. 악창과 흉사가 있는 집이다.
곤방 부엌＝서남방의 부엌인데 출입문을 극하고 안방에서는 천을방이다. 역시 흉다길소한 가옥의 배치이다.
태방 부엌＝정서방의 부엌이니 출입문은 생하나 화해방이고 안방과는 비화되니 복위이나 초년에 조금 발재하다가 오래되면 소방 쪽이 선패하고 이어 모두가 다 불리하다. 반흉반길이라 하지만 흉이 더 많다.

건방 부엌＝서북방의 부엌은 출입문을 생하나 육살방이 되며 안방과는 비화되므로 반흉반길이다. 남녀간에 단명한다.

감방 부엌＝정북방의 부엌은 출입문과는 동위이나 안방과는 생하지만 육살방이다. 길흉이 반반이라 하나 흉함이 더 많다.

8. 坎門乾主＝건방 金기운을 출입문 水가 누설하니 음란하고 패절하는 배치이다

① 이른바 출입문에서 육살방의 안방이다. 이는 천문 낙수를 범한 것이다. 음란과 광기인이 나와 재산을 다 털어먹고 극처 상자하며 절손하고 만다. 초년에는 간혹 발달하는 자가 있는데 이는 상생이기 때문이나 10년도 지키지 못하고 즉시 퇴패하게 되는데 이는 순양끼리의 배치이므로 음괘의 화생이 없기 때문이다.

② 감출입문과 건안방에서 팔방의 부엌 해설

간방 부엌＝동북방의 부엌이니 출입문을 극하기도 하지만 오귀방의 부엌이다. 비록 안방을 생하기는 하나 3괘가 모두 순양으로 모였으니 초년에 조금 발하다가 금새 패절하고 절손하고 만다.

진방 부엌＝정동방의 부엌이니 출입문에서 천을방이 되고 안방에서는 오귀방이 된다. 길흉이 반반인 것 같으나 흉함이 더 많다.

손방 부엌＝동남방의 부엌은 출입문에서 생기방이고 안방에서는 화해방이므로 길흉이 반반인 것 같으나 흉다길소하고 절손한다. 현명한 부인을 상하고 재산은 나가고 가족의 노고가 극심하다.

이방 부엌＝정남방의 부엌은 출입문에서 연년 부엌이며 안방과는 상극되고 절명위이다. 노부모가 단명하고 극처 상자한다.

곤방 부엌＝서남방 부엌은 출입문과 상극되며 육살방이기도 하다. 안방과는 土金 상생이 되며 연년 방위이다. 길흉이 반반인 것 같으나 먼저 중남에게 흉한 일이 오고 다음으로 모든 가족에게도 불리하다.

태방 부엌＝정서방의 부엌은 출입문을 생하나 화해방이 되고 안방과는 비화되면서 생기방이 되니 길흉이 반반이다. 초년에 부발을 크게 하나 장수를 못하는 배치이다.

건방 부엌＝서북방의 부엌은 출입문을 생하나 육살방이 되고 안방과는 비화되어 길흉 반반인 것 같으나 순양괘가 모였으므로 음의 화생이 없어 남자 아이들에게 불리하다. 뒤에 가서는 극처하고 절손한다.

감방 부엌＝정북방의 부엌이니 출입문과 동위가 되고 안방에서는 육살방이 되므로 불리한 배치이다. 이를 길흉이 반반이라 하나 양방의 水가 안방을 설기하므로 재산도 나가고 극처 상자하여 절손하게 된다.

9. 離門離主 = 火炎이 중중하므로 자녀를 둘 수 없다

① 이른바 "복위택"이다. 두 여자가 동거하는 상이니 순음이 되어 좋을 수가 없고 길게 나갈 수도 없다. 초년에 조금 재물을 모으다가 자손이 왕성치 못하므로 불길하다. 남자는 단명하고 오래되면 절손하고 과부들만이 가옥을 지키게 된다.

② 이출입문과 이안방에서 팔방의 부엌 해설
  곤방 부엌 = 서남방의 부엌은 육살 방위이니 상생이라도 상생으로 보지 않는다. 火는 맹렬하고 土는 볶여서 씨앗이 성장할 수 없다. 또한 순음이므로 아이를 둘 수 없고 혹 둔다 하더라도 기르기가 힘들며 남자들은 단명하다가 절손으로 집안의 문을 닫게 된다. 대흉한 가옥의 배치이다.
  태방 부엌 = 정서방 부엌은 출입문과 안방 모두에 상극이며 오귀방의 부엌이 된다. 일가 전체가 부녀자의 장난으로 파산하고 고통을 받게 되고 남녀 모두가 단명한다. 관재구설과 횡사가 있으며 절손하여 문을 닫게 된다.
  건방 부엌 = 서북방의 부엌은 출입문 안방 모두에 상극이 되고 절명방이 된다. 대흉한 배치이다. 남자들은 단명하고 여인들만 살다가 절손한다. 사는 동안에도 악창과 고질병으로 시달리게 된다.
  감방 부엌 = 정북방의 부엌은 출입문과 안방 모두에 상극되나 상극으로 보지 않으니 연년방의 부엌이기 때문이다. 4명의 아들을 두고 복록과 부귀를 크게 누리고 수명도 긴 것은 중남 중녀가 자기 짝을 만났기 때문이다.

간방 부엌＝동북방의 부엌은 상생은 되지만 기운을 누설시키며 화해방의 부엌이다. 부녀자들의 성품이 강강하여 가정이 편치 못하고 경맥이 순조롭지 못하여 혈압 등의 병으로 고생한다. 상생이므로 극흉까지는 이르지 않으나 가패와 질병은 면치 못한다.

진방 부엌＝정동방의 부엌은 출입문과 안방을 생하고 생기방이 된다. 사람이 건강하고 왕성하여 수복을 함께 누리는 대길한 배치이다. 생기방의 부엌이기 때문이다.

손방 부엌＝동남방의 부엌은 출입문과 안방을 생해 주는 천을방의 부엌이다. 부녀자들이 지혜롭고 재물도 모을 수 있으나 오래 살면 절손하니 모두가 음괘들이므로 그러하다.

이방 부엌＝정남방의 부엌은 출입문, 안방과 함께 모두 음괘이므로 초년에는 길하나 오래되면 남자들이 단명하고 절손하게 된다. 이곳은 3火가 모였으니 조열하여 습기가 없는 연고이다.

10. 離門坤主＝火가 人門에서 음의 세상을 만드니 과부가 성하여 절손한다

① 이른바 육살방에 안방이 있으니 불리하다. 맹렬한 火의 열기로 土가 볶여 상생이라도 상생으로 보지 않는다. 또한 순음에서는 불생이므로 사람이 왕성치 못하고 남자는 단명하

다가 오래가면 절손한다. 초년에는 간혹 발복함이 있으나 이 배치에서는 결코 성공이 없다. 아비 없는 자식을 낳아 남의 손에서 키우기도 한다.

② 이출입문과 곤안방에서 팔방의 부엌 해설

곤방 부엌=서남방의 부엌이니 출입문에서 육살방위가 되므로 상생으로 보지 않는다. 순음괘이며 土가 복이므로 생기가 없어서 절손한다. 남녀간에 모두 단명하는데 경맥이 순조롭지 못하므로 심통과 안질로 고생한다.

태방 부엌=정서방 부엌이니 출입문과 상극되며 오귀 부엌이 된다. 재산도 없어지고 부녀자들이 횡사 단명한다. 또한 관재구설과 시비도적 등 피해가 많다가 뒤에 가서는 절손하게 된다.

건방 부엌=서북방의 부엌은 출입문과 상극되며 절명방이 된다. 안방과는 상생 상배되고 연년방이 되므로 길흉이 반반이라 할 수 있다.

감방 부엌=정북방의 부엌은 출입문과 상극이나 연년방이어서 상극으로 보지 않으며 안방과는 상극되며 절명방위이므로 대흉한데 특히 중남 중녀가 먼저 해롭고 뒤에는 모두 나쁘다. 남녀간에 단명한다.

간방 부엌=동북방의 부엌은 출입문과 상생이나 화해방이므로 상생이 아니다. 안방과는 비화되어 길할 듯하나 처가 남편의 권한을 빼앗고 내주장한다. 남자들이 쇠약하고 자손 또한 희소하며 사는 동안도 건강이 나빠 고생한다.

진방 부엌=정동방의 부엌은 출입문에 상생되나 안방을 극하므로 흉다길소한 배치이다. 남녀간에 단명한다.

손방 부엌=동남방의 부엌은 안방에서 오귀방이 되고 상극도 된다. 노모가 단명하고 사람도 왕성치 못하다. 3음이니 부녀자가 집안의 전권을 잡고 날뛰다가 패가시키고 절손까지 하는 흉한 가옥의 배치이다. 사는 동안에도 가족 불화한다.

이방 부엌=정남방의 부엌이니 안방과는 상생되나 상생으로 보지 않으니 육살방이기 때문이다. 초년에 재물로는 다소 발복하나 오래가면 역시 절손하여 문을 닫게 된다.

11. 離門兌主=이태가 만나면 火의 빛이 소녀를 상하게 한다

① 이른바 출입문에서 오귀방이 되며 火金이 상극하니 대흉하다. 재물을 모을 수 없고 처를 극하고 자손도 상하게 되며 남녀간에 단명하고 절손하게 된다. 특히 부녀자들의 장난으로 인명까지 피해를 보고 패가망신하는 최흉한 배치이다. 사는 동안도 해수병, 악창, 폐결핵 등으로 고생한다. 또한 외인의 압력과 속임수로 고생하기도 한다.

② 이출입문과 태안방에서 팔방의 부엌 해설

건방 부엌=서북방의 부엌이니 출입문과 상극도 되고 절명방위가 된다. 남녀간에 단명하고 절손하는 대흉한 배치이다.

감방 부엌=정북방의 부엌은 출입문에서 연년 방위이므로 상극이 아니며 안방과는 상생이나 화해방이므로 상생이 아니다. 역시 흉가이다.

간방 부엌=동북방의 부엌은 상생인 것 같으나 출입문과 화해방이 되며 안방과는 상생이며 연년방이니 길다흉소하다.

진방 부엌=정동방의 부엌은 출입문을 생하고 안방과는 상극되며 절명방이 된다. 그러므로 부녀자들은 성하고 총명하며 남자들은 쇠약하고 단명한다. 특히 여인이 세상을 놀라게 하는 총명함이 있다.

손방 부엌=동남방의 부엌은 출입문은 생하나 안방과는 상극된다. 또한 모두 순음괘이므로 여인들이 총명하고 성하나 남자는 희소하고 우둔하다. 오래되면 절손하는 흉한 가옥이다.

이방 부엌=정남방의 부엌은 출입문과 동위이니 안방과는 상극되고 오귀방이므로 대단히 흉한 배치이다. 패가하고 절손한다.

곤방 부엌=서남방의 부엌은 출입문과 상생이나 육살방이니 상생이 아니고 안방과는 상생되는데 천을방이 된다. 그러나 3괘 모두 순음괘이므로 부녀자들은 발달이 있으나 남자들은 쇠패하고 절손한다. 흉한 배치이다.

태방 부엌=정서방의 부엌은 출입문과 상극되고 오귀방이며 안방과는 동위이나 3괘 모두 순음으로 모였으므로 흉하다. 초년에 여인은 다소의 발달이 있으나 남녀 모두 단명하고 절손한다.

12. 離門乾主 = 이와 건이 만나면 노공(老公)이 불리하고 타인도 오래가지 못한다

① 이른바 절명방위의 안방이니 패가하고 절손한다. 부인들이 전권을 잡고 가문을 망신시키며 음은 성하고 양은 쇠약하므로 딸만 많고 아들은 적은데 모두 단명까지 하며 사는 동안에도 안질과 동통, 악창, 혈압 등으로 고생한다.

② 이출입문과 건안방에서 팔방의 부엌 해설
　곤방 부엌 = 서남방의 부엌은 출입문과 상생되고 안방을 생하니 대길할 것 같으나 출입문과 안방에서 이미 상극되었으므로 차차길(次次吉)일 뿐이니 흉다길소밖에 안된다.
　태방 부엌 = 정서방의 부엌이니 출입문과는 상극되고 안방과는 비화가 된다. 재물은 흩어지고 크게 실패하는 불길한 배치이다.
　건방 부엌 = 서북방의 부엌이니 출입문과 상극되고 안방과는 동위로 비화된다. 길함은 거의 없고 흉함만 심한 배치이다.
　감방 부엌 = 정북방의 부엌이니 출입문과는 상극이라도 연년방이 되므로 해롭지 아니하나 안방과는 설기하지만 상생되므로 흉하지 않을 것 같으나 동서의 뿌리가 다르므로 흉다길소하다.
　간방 부엌 = 동북방의 부엌이니 출입문과는 상생이나 화해방이므로 흉하다. 안방과는 상생이지만 흉다길소하다.

진방 부엌＝정동방의 부엌이니 출입문과는 상생되나 안방과 상극되므로 흉하다. 안방에서 오귀방의 부엌이므로 남녀간에 단명한다.

손방 부엌＝동남방의 부엌이니 출입문과는 상생이나 안방과 상극되고 육살방이 되므로 흉하다. 남녀간에 단명한다.

이방 부엌＝정남방의 부엌이니 출입문과 동위이므로 복위가 되나 안방 金을 극하므로 대흉하다. 남녀간에 모두 단명하고 인명이 상한다.

13. 離門坎主＝음양정배되는 국이므로 부귀를 크게 한다

① 이른바 연년방의 부엌이다. 부부가 바르게 만난 "水火기제"의 가택이다. 복록과 수명이 모두 온전하고 자손은 현명하며 충효를 다하고 의리 또한 두터워 주위에서 우러러본다. 4명의 아들에게서 손자가 만당한다. 다만 오래되면 극처를 하는 수가 있고 심복동통과 안질 등 질병이 많은 것이 흠이다. 이때의 결함은 진방이나 손방의 부엌을 두었을 때 모두 해결된다.

② 이출입문과 감안방에서 팔방의 부엌 해설

곤방 부엌＝서남방의 부엌은 출입문에서는 육살방이 되고 안방은 극하니 흉하다. 중남이 먼저 단명하고 절손한다. 그러나 세월이 오래되면 남녀 모두 단명하고 가난하다.

태방 부엌＝정서방의 부엌이니 출입문과 상극되고 오귀방이 되며 안방과는 상생이나 화해방이다. 소부가 먼저 단명하고 재앙을 많이 받으며 뒤에 가서는 가족 모두의 건강이 나빠지는 부엌이다. 특히 부녀자들의 불화와 장난으로 관재와 시비구설이 발생하고 가족간의 불목이 이어진다.

건방 부엌＝서북방의 부엌이니 출입문과 상극되므로 흉하다. 안방과도 상생은 되지만 절명방의 부엌이므로 상생으로 보지 않는다. 가족이 수명이 짧고 눈이 나쁘며 고질적인 질병으로 고생하는 등 재앙이 많이 나타난다. 얼마 안되어 과부가 집을 지키는 배치이다.

감방 부엌＝정북방의 부엌이니 감리가 정배되고 안방과는 비화되므로 길하다. 그러나 水는 강하고 火가 약하므로 부녀자들이 단명하는 결점이 있다.

간방 부엌＝동북방의 부엌이니 출입문과는 상생되나 화해부엌이므로 흉하고 안방과는 상극되므로 대흉하다. 작은아들이 먼저 불리하고 오래되면 모두에게 불리하다. 특히 부녀자들의 성격이 강하여 남자들이 치이게 된다.

진방 부엌＝정동방의 부엌이니 출입문과 안방 모두에 상생되기도 하지만 본시 동사택 괘로서 배합되었으므로 가장 이상적인 가옥이다. 자손들의 장원급제가 연속된다.

손방 부엌＝동남방의 부엌이니 출입문, 안방과 함께 모두 상생되며 木火가 통명하여 대부대귀하는 최길한 배치이다.

이방 부엌＝정남방의 부엌이니 출입문과 비화되고 안방과는 정배되므로 대길한 가옥이다.

14. 離門艮主 = 火와 山이 만나니 부인이 강폭하고 경영사가 순조롭지 못하다

① 이른바 화해 가옥이 되어 이火와 간土가 상생되나 상생으로 보지 않는다. 초년에는 혹 부귀를 하는 경우가 있으나 부녀자들의 심성이 강폭하여 남편의 권한을 빼앗아 외부에 망신을 준다. 오래되면 자손이 희소하여지고 절손하게 된다. 이는 火는 조열하고 土는 볶이는 상이므로 생기를 받지 못하기 때문이다. '옛글에 이르기를 이간이 만나면 여인이 집안을 흔들어 어지럽힌다(書云, 離艮陰人攪家聲)' 하였다.

② 이출입문과 간안방에서 팔방의 부엌 해설

곤방 부엌 = 서남방의 부엌이니 출입문과는 상생되나 육살방이 되므로 흉하고 안방과는 비화되므로 초년에는 길하나 오래되면 불리하니 이미 안방과 출입문이 어긋났기 때문이다.

태방 부엌 = 정서방의 부엌이니 출입문과는 상극되며 오귀방이 되므로 부녀자들이 단명하고 오래되면 남녀 모두에게 불리하다.

건방 부엌 = 서북방의 부엌은 출입문에서 절명방이 된다. 특히 늙은이가 먼저 흉망하고 재산이 흩어진다.

감방 부엌 = 정북방 부엌이니 출입문과는 상극되나 정배되므로 길하나 안방과는 상극도 되지만 오귀방이라 흉하다. 작은아들 쪽이 먼저 흉하고 뒤에 가면 남녀 모두 단명한다.

간방 부엌 = 동북방의 부엌은 출입문과 안방 모두에 상생되고 비화되므로 길할 것 같으나 차길밖에 안되니 동서의 뿌리가 이미 갈렸기 때문이다.

진방 부엌＝정동방의 부엌이니 출입문과는 상생되나 안방과 상극되므로 흉하다. 작은아들 쪽이 먼저 흉하다.

손방 부엌＝동남방의 부엌이니 출입문과는 木火 통명이 되어 초년은 길하나 안방과 상극되므로 역시 흉하다. 작은아들 쪽이 먼저 흉하고 절손하며 오래되면 모두에게 불리하다. 풍병과 황종이 있다.

이방 부엌＝정남방의 부엌이니 출입문과 비화되고 안방과 상생되므로 소길은 있다. 그러나 안방과 화해방이 되므로 초년의 길로 끝난다. 오래가면 장병으로 고생하고 자손이 희소하며 절손까지도 한다.

15. 離門震主＝화뢰가 협조하니 크게 발복한다. 특히 부녀자가 지혜롭다

① 이는 생기방에 안방을 배치한 것이며 木火 통명이라 하여 대부대귀하는 배치이다. 이는 공명이 현달하는데 걸어서 곧장 천구(하늘의 신선이 노니는 거리)에 오른다고 한다. 처는 현명하고 자식은 효도하며 남자는 총명하고 여인은 어질다. 3년을 대길하였으면 다시 8년을 더욱 크게 발전한다. 이른바 평지일성뢰(平地一聲雷)라 하는데 평지에서 한마디로도 우렛소리를 내며 사내라고 생긴 자는 모두가 수재여서 나아가 장원을 하지 아니하는 자가 없다.

이를 비유하여 옛글에 '궁서생홀이 발달부귀(窮書生忽而 發達富貴 : 궁핍한 서생에게 홀연히 부귀발달함이 온다)'라 함이 이 집을 두고 하는 말이다. 여기다가 巽방에다가 부엌을 배치하면 더욱더 아름답다.

② 이출입문과 진안방에서 팔방의 부엌 해설

곤방 부엌＝서남방의 부엌은 출입문과 상생이더라도 육살문이므로 상생으로 보지 않으며 안방과는 상극되므로 흉하다. 부녀자들이 단명하고 황종과 비위 등의 질환으로 고생한다.

태방 부엌＝정서방의 부엌은 출입문과 상극도 되지만 오귀방이 되고 안방과도 상극되며 절명방이므로 대흉하다. 남녀 공히 단명하고 관송 시비, 구설과 도적 등을 만나고 부녀자들이 난잡하고 놀며 흉사 악사가 있다.

건방 부엌＝서북방의 부엌이니 출입문과 안방 모두가 상극 교전하니 내외가 불안하며 예측치 못한 흉사가 연달아 일어나고, 하는 일마다 실패하고 사고가 연발하며 가족은 장병, 괴질로 고생하니 부엌 설치의 가장 흉한 방위이다.

감방 부엌＝정북방의 부엌은 출입문과 정배되고 안방을 상생하니 대길무흉한 배치이다.

간방 부엌＝동북방의 방위이니 출입문과 상생이라도 상생으로 보지 않는 것이니 화해방이기 때문이며 안방과는 상극이며 육살방이기 때문이다. 부녀자에게 불리하고 소아를 기르기 힘들고 내주장하게 되니 포악한 여인이 집안을 소란시키기 때문이다.

진방 부엌＝정동방의 부엌이니 출입문과 상생이고 안방과는 동위이니 대부대귀하는 배치이다.
손방 부엌＝동남방의 부엌이니 가장 이상적인 배치이다. 총명 준수한 어진 자손이 다생하고 부녀자들도 가장 현숙한 작배가 이루어지고 부귀와 영화가 비길 데 없이 크며 4~5명의 자식이 등과하여 벼슬길도 높다.
이방 부엌＝정남방의 부엌이니 출입문과 동궁이고 안방과도 상생하는 대길한 배치이다. 대부대귀한다.

16. 離門巽主＝화풍이 만나니 인정은 희소하나 가내는 편안하고 안정한다

① 이른바 천을방의 안방이니 여인이 인자하고 정의로우며 부귀를 쌍전한다. 부인이 가정을 성가시킨다. 초년에는 크게 발복하여 이름을 낸다. 그러나 오래되면 자손이 끊기고 전답은 비록 많이 있다 하더라도 의붓아들이 집안을 장악하니 출입문과 안방 모두가 순음으로 배치되었기 때문이다.

② 이출입문과 손안방에서 팔방의 부엌 해설
진방 부엌＝정동방의 부엌이니 2木이 숲을 이뤄 木火를 통명시킨다. 부도 하지만 귀 또한 크게 하는 대부대길한 부엌의 배치이다. 특히 2陰 속에 陽이 섞이니 그러하다.
곤방 부엌＝서남방의 부엌은 출입문과 상생이나 육살방이니 상생으로 보지 않는다. 안방과는 상극과 오귀를 함께 범하였으므로 가족의 안녕이 불안하고 부녀자의 장난으로 가도를 무너뜨리는 흉가의 배치이다.

태방 부엌＝정서방의 부엌은 출입문과 안방 모두에 상극되는 대흉한 부엌이다. 남녀간에 단명하고 절손하여 문을 닫게 된다.

건방 부엌＝서북방의 부엌이니 안방과 출입문 모두에 상극되니 남녀간에 단명하고 절손하며 가문을 닫게 된다.

감방 부엌＝정북방의 부엌이니 출입문과는 연년방이며 정배되니 상극으로 보지 않는다. 이 집의 배치가 부귀대발하는 삼길가의 하나이다.

간방 부엌＝동북방의 부엌은 작은아들에게 특히 불리하다. 부녀자들이 전권을 잡고 집안을 망쳐놓으니 양이 쇠약하기 때문이다. 흉다함이 많고 길은 초년에 조금 발복하는 것뿐이다.

손방 부엌＝동남방의 부엌은 안방과 비화되고 출입문과 상생하니 대길한 배치이나 오래되면 불리하여 절손할 수 있으니 순음만으로 배치되었기 때문이다.

이방 부엌＝정남방의 부엌이니 출입문, 안방과 비화되고 상생하니 길한 배치이나 오래 살면 절손하니 순음만의 배치이기 때문이다.

17. 震門震主＝우레가 천지를 진동하니 만인이 두려워한다. 震은 亨通이니 부엌의 배치에 陰卦를 만나면 크고 길게 번영한다

① 이른바 "복위택"이니 두 남자만의 동거이므로 초년에 부귀

간에 발복하다가 오래 살면 사람이 쇠퇴되고 부인이 단명하고 다른 방에서 자손을 보게 되며 과부 홀아비가 집을 지키니 순양의 배치이기 때문이다.

② 진출입문과 진안방에서 팔방의 부엌 해설
   손방 부엌＝동남방의 부엌은 연년방이니 복록이 많고 수명이 길다. 3木이 진을 이루어 대길하다.
   이방 부엌＝정남방의 부엌은 木火가 통명하니 모든 일에 순조로움이 되어 대부대귀하는 배치이다.
   곤방 부엌＝서남방의 부엌이니 木土가 상극될 뿐 아니라 출입문과 안방에 화해가 되므로 대흉하다. 먼저 노모가 불리하여 피해를 보고 오래되면 모두에게 해로운데 특히 황종과 비위병 등으로 고생한다.
   태방 부엌＝정서방의 부엌은 金木 상극도 되지만 안방, 출입문 모두에 절명방이므로 대흉하다. 사람이 왕성치 못하고 남녀간에 단명하며 근골동통 등 병질로 고생한다.
   건방 부엌＝서북방의 부엌은 안방과 출입문의 왕木을 극하며 또한 오귀방이므로 대흉하다. 모든 일에 불리하고 특히 남녀간에 단명하고 얼마 안가서 패가하여 문을 닫게 된다.
   감방 부엌＝정북방의 부엌은 상생이기도 하고 천을방이 되므로 길하다. 그러나 모두가 순양으로 모였기 때문에 오래 살면 절손하여 과부들만이 집을 지켜야 한다.
   간방 부엌＝동북방의 부엌이니 木土가 상극하고 육살방이

되므로 대흉하다. 소방 소아가 먼저 불리하고 뒤에는 가족 모두에 불리하여 단명하고 패절하게 된다.

진방 부엌=정동방의 부엌은 안방, 출입문 모두가 동궁위가 되므로 세 남자가 협조하나 오래되면 절손하고 패절하게 되니 순양만의 모임이기 때문이다.

18. 震門巽主=뇌풍이 상배되었으므로 발복이 속빠르다

① 이른바 "연년택"이니 2음양木이 숲을 이루어 장원급제를 주도하니 가장 아름다운 가옥의 배치이다. 네 아들이 급제하고 부귀를 겸전하며 사해에 이름을 떨친다. 옛글에 '가난한 가정이 홀연히 대발부귀한다' 함이 이 집을 지칭하는 말인데 이름하여 '平地一聲雷'라 하며 목성봉금(木盛逢金)의 연고이다.

② 진출입문과 손안방에서 팔방의 부엌 해설

손방 부엌=동남방의 부엌은 음양의 3木이 숲을 이루어 대길하다. 다자손하고 수명 장수하며 부귀영화를 고루 갖춘 배치이다.

이방 부엌=정남방의 부엌이니 木火가 통명하여 대길한 배치이다. 세 아들이 급제하고 부녀자들도 현명 정숙하니 부와 귀를 함께 누리며 무슨 일이든지 순조롭지 아니한 것이 없다. 남녀간에 건강 장수한다.

곤방 부엌=서남방의 부엌이니 木土가 상극하고 화해방이기도 하므로 노모가 단명한다. 오래가면 모두에게 불리하다.

태방 부엌=정서방의 부엌이니 2木과 상극도 되지만 절명방이 되므로 대흉하다. 남녀간에 단명하고 패절한다.

건방 부엌=서북방의 부엌은 출입문과 안방에 상극되어 상처 극자하는 대흉한 배치이다. 패절하고 문을 닫는다.

감방 부엌=정북방의 부엌은 출입문, 안방을 생하므로 대길한 배치이다. 남녀간에 장수하고 부귀 공명한다.

간방 부엌=출입문과는 육살이고 안방과는 절명방이며 모두가 상극이니 대흉하다. 장방과 대주가 단명하고 뒤에는 모두에게 불리하여 절손하는데 사는 동안에도 질병과 재난이 끊일 날이 없다.

진방 부엌=정동방의 부엌은 출입문과 동궁이고 안방과 비화되므로 3木이 숲을 이루어 대길하다. 부귀가 길게 간다.

19. 震門離主=뇌화는 광명이니 부귀 창성한다

① 이는 "생기택"이며 木火 통명이 된다. 성과 궁이 상생 비화됨은 탐랑이 득위한 것이니 다섯 아들이 모두 등과한다. 부부가 화해하고 가도가 영창하며 전답 재산이 더욱더 늘어나고 육축이 흥왕하며 공명 현달이 길고 오래 간다. 남자는 총명하고 여인은 현숙하며 자손은 만당한 가운데 남녀간에 백수(百壽)를 넘기는 가장 길리한 배치이다.

② 진출입문과 이안방에서 팔방의 부엌 해설

손방 부엌＝동남방의 부엌은 출입문과 비화되고 안방과도 상생하니 木火통명의 대길한 배치이다. 자손은 만당하고 등과가 이어지며 부부가 화목하고 장수한다.

이방 부엌＝정남방의 부엌이니 출입문과 상생되고 안방과 동위이니 크게 발복하는 가옥의 배치이다. 특히 현부가 출현하여 가정을 흥왕케 하고 가업을 바로 세우니 여중 장부라 칭송한다.

곤방 부엌＝서남방의 부엌은 木土가 상극하고 화해방이 되니 흉하다. 안방과는 상생되나 음인이 불리하다.

태방 부엌＝정서방의 부엌은 출입문과 상극하고 안방과도 상극하니 대흉하다. 쓸 수 없는 배치이다. 신음과 장탄이 끝날 줄 모른다.

건방 부엌＝서북방의 부엌이니 출입문을 극하고 오귀방이 되며 안방과도 상극되고 절명방이 되니 대흉하다. 패절하므로 이 집에서는 살 수 없는 곳이다.

감방 부엌＝정북방의 부엌이니 출입문과는 상생되고 안방과는 정배되는 배치이니 역시 대길한 배치이다.

간방 부엌＝동북방의 부엌은 출입문과 상극되고 육살방이므로 단명하고 절손하며 패절하는 흉가이다.

진방 부엌＝정동방의 부엌이니 출입문과 동궁이고 안방과 상생되므로 크게 발복하는 길한 배치이다. 장수하고 벼슬길이 끊이지 않는 것은 木火 통명이 되어 등과가 계속되기 때문이다.

20. 震門坤主 = 용이 사람 사는 곳에 든 상이니 노모를 상한다

① 이를 "화해택"이라 한다. 土인 안방이 출입문 木의 극을 받으니 가족의 건강이 안전할 수 없다. 위병과 황종으로 단명하고 坤은 노모이니 노모가 먼저 손상된다. 초년에는 남자의 목소리를 들을 수 있으나 오래되면 여자들이 집을 지키고 절손하게 된다. 사는 동안에도 지독히 가난하다. 이곳은 어느 방의 부엌으로도 결코 길할 수 없다.

② 진출입문과 곤안방에서 팔방의 부엌 해설
　손방 부엌 = 동남방의 부엌은 출입문과는 비화되나 안방을 극하므로 오귀방이 된다. 대흉하다.
　이방 부엌 = 정남방의 부엌이니 안방, 출입문과 상생되나 안방에 육살방이므로 불리하다. 대흉은 없으나 발복을 못한다.
　곤방 부엌 = 서남방의 부엌이 되면 출입문과 상극되고 화해방이 되므로 대흉하다.
　태방 부엌 = 정서방의 부엌은 출입문과 상극되고 절명방이므로 흉하다. 남자가 수명이 짧고 자식에게 불리하다.
　건방 부엌 = 서북방의 부엌은 출입문과 상극되며 오귀방이 되므로 역시 대흉한 배치이다.
　감방 부엌 = 정북방의 부엌은 안방과 상극되고 절명방위이므로 대흉하다.
　간방 부엌 = 동북방의 부엌은 출입문과 상극되고 육살방이므로 역시 대흉하다.
　진방 부엌 = 정동방의 부엌은 안방과 상극되므로 대흉하다.

화해방이다.

21. 震門兌主 = 용호가 쟁투하는 상이니 장방 장자에 손상이 온다

① 이른바 "절명택"이다. 음양이 상극하므로 사람과 재물 모두 불리하고 金木이 형극하는 싸움이므로 허리 아래로 다리까지의 질병으로 고생한다. 얼마 안 살아서 과부가 나오고 절손하게 되니 대단히 흉한 배치이다. 만약 5층 이상의 고대한 방이라면 초년 2, 30년은 길하다.

② 진출입문과 태안방에서 팔방의 부엌 해설
   손방 부엌 = 동남방의 부엌은 안방과 상극되고 육살방위가 되니 불리하다. 특히 부녀자가 단명하고 오래되면 모두에게 불리하다.
   이방 부엌 = 정남방의 부엌은 출입문과는 상생이라도 안방을 극하므로 흉하다. 어린이와 부녀자가 먼저 손상된다.
   곤방 부엌 = 서남방의 부엌은 출입문과 상극되고 화해방이므로 불길하다. 노모가 먼저 손상을 받는다.
   태방 부엌 = 정서방의 부엌이니 출입문과 상극되고 절명방이므로 흉하다. 남자가 단명하고 절손하게 되는데 오래되면 모두에게 불리하다.
   건방 부엌 = 시북방의 부엌은 출입문을 극하고 오귀방이 되므로 흉하다. 부녀자가 먼저 요절하고 남녀 모두 단명한다. 오래 살면 절손하게 된다.
   감방 부엌 = 정북방의 부엌은 출입문과 안방 모두에 상생은 되나 안방에서 오귀방이 되므로 불리하다. 그러나 이곳이 대흉은 없는 배치이며 크게 발달도 없는 곳이다.

간방 부엌＝동북방의 부엌은 출입문과 상극되고 육살방위이므로 흉하다. 오래 살면 많이 불리하다.

진방 부엌＝정동방의 부엌이니 출입문과 동궁이나 안방과 상극되므로 흉하다. 장방이 먼저 실패하고 오래 되면 모두에게 다 나쁘고 절손까지도 한다.

22. 震門乾主＝용이 하늘을 나니 늙은이가 재앙이로다

① 이른바 "오귀택"이 되니 火가 천문을 만난 상이니 늙은이가 손상된다. 이 가옥에서는 남녀간에 수명이 짧다. 사귀가 집안에 드니(邪魔入宅) 괴이한 병질과 괴이한 일들이 발생하여 인명이 흉사를 당하기도 하고, 관송 시비나 도적 구설 시비 상처 극자 등이 나타나고, 전답 재산이 나가고 중처 중첩 등으로 음탕하기도 하고, 도박 잡기 화재 눈병 악창 산망 등 예측하지 못하였던 일로 시달리다가 오래되면 패가 절손하여 문을 닫게 된다.

② 진출입문과 건안방에서 팔방의 부엌 해설

손방 부엌＝동남방의 부엌은 안방과 상극되며 화해방이기도 하니 주로 부녀자들이 단명, 산망, 괴질 등으로 고생한다.

이방 부엌＝정남방의 부엌은 안방을 극하며 절명방이기 때문에 남녀간에 단명하고 화재와 질병으로 시달리게 되는데 주로 정신이 혼미하고 악창, 해수병, 담증, 허로 등을 주장한다. 오래되면 절손한다.

곤방 부엌=서남방의 부엌은 출입문과 상극되고 화해방이니 불리하다. 안방과 정배된다 해도 노모가 먼저 손해를 보고 부녀자 모두에게 불리하다. 흉다 길소한 배치이니 천한 질병으로 고생하게 된다.

태방 부엌=정서방의 부엌은 출입문을 극하고 절명방이니 흉한데 소아를 기르기 힘들고 어른들도 단명 절손한다.

건방 부엌=서북방의 부엌은 출입문을 극하고 오귀방이 되므로 대흉하다. 또한 3방이 모두 양이므로 남녀 모두 단명하고 모든 일에 불리하여 가난하고 절손한다. 여인이 먼저 해를 받는다.

감방 부엌=정북방의 부엌이니 출입문, 안방 모두에 상생되므로 평길이라도 될 것 같으나 초년에 조금만 그러하고 오래 살면 홀아비만의 집이 되고 절손하게 되니 3방이 모두 순양이기 때문이다.

간방 부엌=동북방의 부엌은 출입문과 상극되고 3방이 순양이므로 대흉하다. 극처 극자하고 절손한다.

진방 부엌=정동방의 부엌이니 안방과 상극되고 오귀방이 되므로 대흉하다. 극처 상자, 질병, 절손한다.

23. **震門坎主**=뇌화가 만나면 자손이 희귀하나 선행은 많이 한다

① 이른바 "천을택"으로 출입문과 안방이 상생된다. 초년에는 대길하여 모든 일이 잘 풀리고 자녀도 많이 둔다. 그러나 순

양끼리 만났으므로 오래되면 상처 극자하게 된다. 주로 사람들에게 불리하고 절손까지 하게 된다. 이곳은 남녀간에 바른 것을 좋아하고 의와 인을 많이 베풀게 된다.

② 진출입문과 감안방에서 팔방의 부엌 해설
　손방 부엌＝동남방의 부엌이니 출입문과는 비화되고 안방과도 상생된다. 모든 일에 길리하여 잘 풀려가고 부와 귀를 모두 갖게 되는 배치이다.
　이방 부엌＝정남방의 부엌은 대길한 3길택의 배치이니 안방은 출입문을 생하고 출입문은 부엌을 연속 생하는 배치이기 때문이다. 대부대귀하는 가옥이다. 남녀간에 화목과 예의를 중히 여기는 적덕가이다.
　곤방 부엌＝서남방의 부엌이니 출입문과 상극되고 화해방이며 안방을 극하는 절명방위이다. 최흉하다.
　태방 부엌＝서방의 부엌이니 출입문과 상극되고 절명방이 되니 흉하다. 안방과는 상생되나 동서의 뿌리가 다르므로 상생으로 보지 않는다. 남녀간에 단명하고 뒤에 가서는 절손까지도 한다.
　건방 부엌＝서북방의 부엌은 출입문을 극하고 오귀방이 되므로 대흉하다. 안방은 상생이나 상생으로 보지 않는다. 순양만의 모임이므로 극처 상자하고 뒤에 가면 절손까지도 한다.
　감방 부엌＝정북방의 부엌이니 출입문과 상생되고 안방과 비화되므로 대체로 길하다. 그러나 오래 살면 절손하기 쉬우니 순양만 모였기 때문에 차길이 된 것이다.

간방 부엌＝동북방의 부엌은 출입문과 상극되고 안방을 극
하므로 대흉하다. 남녀간에 단명하고 어린아이를
기르기가 힘들며 오래되면 절손하고 패가한다.
진방 부엌＝정동방의 부엌이니 출입문과 비화되고 안방과도
상생되므로 길리함이 많은 배치이다. 그러나 순
양만의 배치이므로 오래되면 절손한다.

24. 震門艮主＝용호가 산중에 만났으니 소아를 상한다

① 이른바 "육살택"이다. 木土가 상극하므로 소아에 사절이 되어 패절한다. 남녀간에 요절하고 土가 木의 극을 받으므로 중풍과 비위에 질병이 생긴다. 재산이 흩어지고 절손하여 양자를 들여야 한다. 관송 시비가 따르고 도적 강도 등을 만나게 되는 흉한 배치이다.

② 진출입문과 간안방에서 팔방의 부엌 해설
손방 부엌＝동남방의 부엌은 출입문과는 비화이나 안방을
극하고 절명방이 되니 대흉하다. 남녀간에 단명
하고 사는 동안에도 화평치 못하다. 절손 패가
한다.
이방 부엌＝정남방의 부엌은 출입문과 상생되고 안방과도
상생되나 화해방이므로 부녀자가 난폭하고 가정
이 화목치 못하여 반흉 반길 정도이다. 오래되
면 절손한다.
곤방 부엌＝서남방의 부엌은 출입문과 상극되고 화해방이므
로 흉한 배치이다. 노모에 먼저 패가 오고 소아
를 기르기 힘들며 남녀간에 단명한다. 오래되면

절손한다.

태방 부엌＝정서방의 부엌은 출입문과 형전(刑戰)하므로 흉한데 여인이 많고 남자는 약하여 단명한다. 오래되면 패절하니 절손하게 된다.

건방 부엌＝서북방의 부엌이니 출입문을 형극하고 오귀방이 되므로 흉하다. 더구나 출입문 안방 부엌 모두가 순양이므로 절손하고 단명한다. 사는 동안에도 실패와 가난을 면치 못한다.

감방 부엌＝정북방의 부엌은 안방과 상극되고 오귀방이 되므로 흉하다. 오래되면 절손한다.

간방 부엌＝동북방의 부엌은 출입문과 상극되고 육살방이므로 흉하다. 소아에게 불리하다.

진방 부엌＝정동방의 부엌은 출입문과는 상생되나 안방을 극하므로 흉하다. 오래 살면 절손한다.

25. 巽門巽主＝거듭된 바람이니 아녀에게 어려움이 많다

① 이른바 "복위택"이다. 순음이 모였으므로 음승 양쇠한 부녀자의 목소리가 높은 집이다. 여인이 내주장으로 가계를 이끌고 남자들은 단명한다. 여다 남소하므로 오래되면 절손하고 양자를 들이게 된다.

② 손출입문과 손안방에서 팔방의 부엌 해설

이방 부엌＝정남방의 부엌은 출입문과 안방 모두에 상생이 되며 木火가 통명한다. 부녀자들이 현명하고 어질며 총명준수하다. 다만 모두 순음이므로 얼마 안가서 절손하고 여인천하가 되는 것이 불미하다.

곤방 부엌＝서남방의 부엌은 출입문과 안방 모두에 상극되므로 대흉하다. 오귀방이기도 하니 가족의 질병을 감당치 못하고 단명한다. 순음국이니 절손패절한다.

태방 부엌＝정서방의 부엌이니 출입문과 안방을 모두 극한다. 대흉하며 부녀자에 먼저 피해가 오고 얼마 안가서 남녀 모두에게 요절이 있고 패절한다.

건방 부엌＝서북방의 부엌이니 출입문과 안방을 모두 극한다. 화해방이기도 하여 대흉하다. 부녀자가 먼저 피해가 오는데 산망 요절이 있고 남녀간에 단명하고 천한 질병으로 고생한다.

감방 부엌＝정북방의 부엌은 출입문과 안방을 모두 생하여 주니 대길하다. 생기방에서 음식을 공급하니 가장 이상적인 배치이다. 오복을 고루 갖추고 영화를 누린다.

간방 부엌＝동북방의 부엌이니 출입문과 안방 모두가 극하므로 흉한 육살방이다. 재산이 먼저 나가고 사람에게 손해가 오는데 남녀 모두 단명하고 절손한다.

진방 부엌＝정동방의 부엌이니 출입문 안방 부엌 등 3방이 모두 비화되므로 큰 숲이 되어 대발하며 부귀를 겸전한다. 학문으로 이름을 내고 장수하는 배치이다.

손방 부엌＝동남방의 부엌은 3손이 모두 모여 비화되니 초년에는 대길하다. 돈도 있고 세력도 있으나 오래되면 순음이 동거하므로 남자가 치어서 단명하고 절손하게 된다.

26. 巽門離主 = 풍화가 만나니 부귀가 크나 자손이 희소하다

① 이른바 "천을택"이다. 木火가 통명하여 발부 발귀함이 크다. 특히 부녀자가 뛰어나며 준수하여 가문을 빛낸다. 모든 사람에게 이로우나 오래되면 순음이기 때문에 남자들이 쇠퇴하고 단명하며 오래되면 절손하고 과부들이 집을 지킨다.

② 손출입문과 이안방에서 팔방의 부엌 해설
   이방 부엌 = 정남방의 부엌은 천을방이며 상생되므로 초년은 대발한다. 오래되면 절손하니 순음의 배치이기 때문이다. 남자는 쇠퇴하고 여인들이 가문을 빛낸다.
   곤방 부엌 = 서남방의 부엌은 출입문과 상극이며 오귀방이며 안방을 설기하니 불리하다. 고부간의 불화와 여인들의 장난으로 집안이 흉사에 휘말린다.
   태방 부엌 = 정서방의 부엌이니 출입문을 극하고 안방과도 상극되니 남자들이 고통을 받고 단명한다. 절손하고 여자들만이 살면서 가난과 질병을 면치 못한다. 순음국의 응이다.
   건방 부엌 = 서북방의 부엌은 출입문과 안방을 모두 상극하므로 남녀간에 단명하고 여인이 산망, 낙태 등으로 고통받고 심하면 자살까지 하게 된다.
   감방 부엌 = 정북방의 부엌이니 출입문을 생하고 생기방이 되며 안방과 정배되므로 대길하다. 부귀를 세대를 이어가며 누리며 아울러 여인의 뛰어남도 세상을 놀라게 한다.

간방 부엌=동북방의 부엌은 출입문과 상극되고 절명방이므로 황종과 풍질로 고생하다가 절손하여 과부가 집을 지키게 된다. 하는 일마다 실패한다.

진방 부엌=정동방의 부엌은 출입문, 안방과 상생하는 대길한 배치이다. 사람이 왕성하고 부귀가 극품에 이른다.

손방 부엌=동남방의 부엌은 출입문과 비화되고 안방과는 상생되니 중길하다. 이는 삼방이 모두 순음이므로 생화의 정이 없으므로 중길함에 그친다. 오래 살면 절손하여 양자를 두기도 한다.

27. 巽門坤主=땅에 인문이 이르니[地到人門] 어머니를 먼저 상한다

① 이른바 "오귀택"이니 가장 흉한 배치이다. 木과 土가 상극하는데 밖에서 안을 극하므로 더욱 빨리 불리함이 나타나는데 관재 구설, 도적 피해, 구설 시비 등이 번갈아 연속되고 재산은 흩어져 버리고 자손들은 표탕(飄蕩 : 줏대없이 바람부는 대로 흔들림)하며 가족간에 불화 또한 심각하다. 부녀자의 장난으로 패가망신하고 사사로운 귀신이 집식구를 괴롭힌다. 남녀간에 고질병과 장병으로 시달리고 단명하게 된다. 먼저는 두 아들을 둘 수 있으나 오래되면 절손하고 양자를 들이게 되며 더 오래되면 양자들일 곳도 없어 문을 닫게 된다.

② 손출입문과 곤안방에서 팔방의 부엌 해설
이방 부엌=정남방의 부엌이니 출입문과 안방 모두에 상생

되므로 소길은 있다. 손 출입문과 곤 안방에서는 가장 이상적인 배치이나 3방이 모두 음이고 동서의 뿌리가 다르므로 오래되면 절손한다.

곤방 부엌＝서남방의 부엌은 출입문과 상극되고 3방이 모두 순음이므로 대흉한 배치이다. 이곳이 이른바 오귀가 천궁(五鬼穿宮)하는 부엌이며 장병, 단명하고 절손한다.

태방 부엌＝정서방의 부엌이니 출입문을 극하고 육살방이므로 남녀간에 단명하고 절손하게 되니 3음이 동거하기 때문이다. 양자나 외방에서 자식을 둘 수 있다.

건방 부엌＝서북방의 부엌이니 출입문을 극하고 화해방이 된다. 안방과는 정배되나 노부모의 배합이라 생기가 없어 단명하고 오래 살면 절손한다. 하는 일도 흉다길소한다.

감방 부엌＝정북방의 부엌이니 출입문과는 생기방이나 안방에 절명방이므로 흉하다. 차남이 먼저 해를 받고 오래되면 모두에게 나빠서 단명하고 절손하기도 한다.

간방 부엌＝동북방의 부엌은 출입문과 상극되고 절명방이 된다. 얼마 안가서 절손하고 산 사람도 단명한다.

진방 부엌＝정동방의 부엌이니 출입문과는 비화되나 안방을 극하니 부녀자에게 먼저 불리하고 다음으로 온 가족에게 불리하다. 남녀간에 단명하고 절손한다.

손방 부엌＝동남방의 부엌이니 출입문과 동위이고 안방을

극한다. 대흉하여 패가하게 되는데 뒤에 가면 절손하는 대흉한 배치이다.

28. 巽門兌主=여인들의 음란과 질투로 가도(家道)를 기울게 한다

① 이른바 "육살택"이니 대흉하다. 음이 음을 극하니 부녀자들의 불화로부터 흉함이 시작된다. 남녀간에 단명하고 절손하여 양자를 들이거나 외부에서 득자한다. 오래되면 그 아들에서도 절손하고 문을 닫게 된다. 金木이 상극하니 근골동통, 중풍증이 있다.

② 손출입문과 태안방에서 팔방의 부엌 해설
　이방 부엌=정남방의 부엌은 출입문과는 상생하나 안방을 극하므로 대흉하다. 또한 3음의 모임이니 생화의 능력이 없어서 절손하게 된다.
　곤방 부엌=서남방의 부엌이니 출입문과 상극하고 오귀방이 된다. 모든 일이 불리하고 남녀간에 단명하며 절손하는 배치이다. 대흉하다.
　태방 부엌=정서방의 부엌이니 출입문과 상극되고 육살방이 된다. 3음이 모였으니 남자는 단명하고 절손하며 여인들의 가옥이 되고 만다. 뼈에 동통이 있다.
　건방 부엌=서북방의 부엌이니 출입문을 상극하고 화해방이 된다. 부인이 먼저 요절하는 피해가 있으며 뒤에는 남녀 모두 단명하고 절손하게 된다.
　감방 부엌=정북방의 부엌이니 출입문과는 생기방으로 상생하고 안방과도 상생되나 화해방이므로 불길하다. 그래도 손문 태안방에서는 이 배치가 가장 좋은 것이다.

간방 부엌＝동북방의 부엌이니 출입문과 상극하고 육살방이 된다. 매우 불리하다.

진방 부엌＝정동방의 부엌은 안방과 상극되고 절명방이 된다. 초년에는 그런대로 화평하나 얼마 안되어 쇠퇴하여가다가 결국은 몰락하고 만다.

손방 부엌＝동남방의 부엌은 안방과 상극되고 육살방이 되므로 흉하다. 순음끼리 모였으므로 남자는 단명하고 절손하게 된다.

29. 巽門乾主＝풍천(風天)의 동통이 큰며느리를 상하게 한다

① 이른바 "화해택"으로 대흉하다. 양金이 陰木을 극하므로 양은 강하고 음은 쇠약하다. 부녀자들이 먼저 단명하고 산망과 요통, 심복동통 등 괴질로 시달리게 된다. 초년에는 간혹 발재하고 사람도 왕성하게 나오는데 셋째 쪽에서 먼저 공명을 하다가 오래되면 몰락하기 시작한다. 이 집이 만약 乾향이나 巽향이 되어 4층의 동택이 고대할 경우 1, 20년 간 대발할 수 있다. 그러나 단층으로 순수한 살림만 하는 가옥이 될 경우는 흉하다.

② 손출입문과 건안방에서 팔방의 부엌 해설

이방 부엌＝정남방의 부엌이니 안방 금을 극하므로 흉하다.

곤방 부엌＝서남방의 부엌이니 출입문에서 오귀방이다. 부녀자들이 요절하고 황종과 위병으로 고생하는 흉한 배치이다.

태방 부엌＝정서방의 부엌은 출입문을 극하고 육살방이 된다. 2금이 극목하니 선악을 말할 필요없이 흉하다.

건방 부엌＝서북방의 부엌은 출입문을 극하고 화해방이 되므로 흉한데 특히 부녀자가 먼저 손상된다.

감방 부엌＝정북방의 부엌이니 출입문과 안방 모두와 상생되나 안방에서는 육살방위이므로 결코 길할 수 없다. 그러나 손 출입문과 건 안방에서는 가장 이상적인 배치이므로 간간이 길함도 따르니 사람이 왕성하고 재산이 풍성할 수 있다.

간방 부엌＝동북방의 부엌은 출입문과 상극되고 절명방이다. 남자가 단명하고 과부가 집을 지켜야 한다. 오래되면 절손하는 곳이다.

진방 부엌＝정동방의 부엌은 안방과 상극되고 오귀방이다. 남녀간에 단명하고 풍질로 고생한다.

손방 부엌＝동남방의 부엌이니 안방과 상극되고 화해방이다. 여인 쪽이 단명하고 요퇴부 통증 등으로 고생하니 먼저 피해를 받기 때문이다.

30. 巽門坎主＝다섯 아들이 등과하니 풍수의 덕이다

① 이른바 탐랑이 득위한 "생기택"이다. 남녀간에 준수하고 총명하며 다섯 아들이 모두 등과하여 벼슬이 극품에까지 오르고 부부가 함께 건강 장수하며 세대를 이어가고 장원으로 등과 소식이 끊이지 않는다. 숙질이 함께 임금 앞에서 조회를 하니 영화 만당, 자손 만당, 효도 만당하는 동사택 가운데서도 가장 길한 배치이다. 흉함이 없는 가옥이다.

② 손출입문과 감안방에서 팔방의 부엌 해설

이방 부엌＝정남방의 부엌은 출입문에서 천을방이며 안방에서는 연년방위이니 대길한 배치이다. 복록은 물론 남녀간에 장수의 복까지 갖춘 곳이다. 자손이 총명하여 벼슬길에 영화가 있어 부귀를 완전히 갖추는 곳이다.

곤방 부엌＝서남방의 부엌이니 오귀이며 출입문과 안방 모두 상극되므로 대흉하다. 중남이 먼저 손상하고 오래되면 모두에게 뻗쳐서 절손한다. 논할 가치도 없는 배치이다.

태방 부엌＝정서방의 부엌이니 출입문을 극하고 육살방이된다. 남녀간에 단명하고 하는 일마다 실패한다.

건방 부엌＝서북방의 부엌이니 출입문을 극하고 화해방이기도 하다. 상처 극자하고 산망과 고질병으로 고생하는 흉방이나 출입문과 안방의 배합이 좋아 간혹 등과하는 자식이 나와 한 세대의 부귀를 누리기도 하는 곳이다.

감방 부엌＝정북방의 부엌은 생기방이니 복, 녹, 수를 모두 갖춘 대길방이다. 부녀가 총명하다.

간방 부엌＝동북방의 부엌은 출입문을 상극하고 육살방위이니 소흉하다. 소아를 기르기 힘들어 다섯 아들을 실패한 후 세 아들을 두어 대를 잇는다.

진방 부엌＝정동방의 부엌이니 손 출입문 감 안방에서 가장 길한 배치이니 동사택 가운데서 가장 길택이 된다.

손방 부엌＝동남방의 부엌이니 출입문과 동위이고 안방에 상생되니 부귀 쌍전하고 사람이 왕성하며 남녀간에 장수한다.

31. 巽門艮主 = 풍산(風山)은 과부가 많고 절손한다

① 이른바 "절명택"이다. 출입문이 안방을 극하니 과부 셋이 줄줄이 나오고 소아를 상하여 절손하게 되며 양자를 들인다. 외궁이 내궁을 극하므로 관송 시비와 도적 피해 등이 그칠 줄 모르고 황종병과 위장병 등 천질이 많으며 재앙이 끓는 집이다. 손은 바람이요 간은 키이니 모두 바람을 일으키는 자끼리 모였으므로 바람을 일으켜 중풍증을 면치 못한다. 소남이 먼저 피해를 입고 오래되면 가족 모두에게 전이되어 단명하고 절손하게 되는 가장 흉한 배치이다.

② 손출입문과 간안방에서 팔방의 부엌 해설
   이방 부엌 = 정남방의 부엌은 출입문과 안방 모두에 상생되나 안방에서 화해방위이므로 소흉하다. 부녀자들이 성품이 강폭하여 남자의 권한을 다 빼앗는다. 자녀를 두기 어렵고 두었다가도 키우기 어려우며 경맥이 순조롭지 못하여 풍증이 생긴다. 그러나 삼궁이 상생되므로 절손까지는 이르지 않고 간혹 크게 발하는 자식이 나오기도 한다.
   곤방 부엌 = 서남방의 부엌은 출입문과 상극되고 오귀방이 되니 대흉하다. 얼마 안되어 패절한다.
   태방 부엌 = 정서방의 부엌은 출입문과 상극되고 육살방이니 대흉하다. 단명요절하고 절손한다.
   건방 부엌 = 서북방의 부엌은 출입문을 극하고 화해방이 되니 대흉하다. 부녀자가 산망하고 남녀간에 단명하며 얼마 후에 절손한다.

감방 부엌=정북방의 부엌이니 출입문과는 상생이나 안방과 상극하므로 흉하다. 소방소구에 먼저 피해가 온다.

간방 부엌=동북방의 부엌이니 출입문과 상극되고 절명방이므로 대흉하다. 풍질이 있고 소구에 먼저 불리하다.

진방 부엌=정동방의 부엌이니 안방을 극하고 육살방이 된다. 대흉하여 절손하고 단명한다. 부녀자의 산망과 요절이 잇달아 발생한다.

손방 부엌=동남방의 부엌이니 안방을 극하고 절명방이므로 대흉하다. 남녀간에 단명하고 절손한다.

32. 巽門震主=바람과 우레를 타고 공명을 불처럼 재촉한다

① 이른바 "연년택"이니 2木이 숲을 이루어 공명을 촉발시킨다. 거목이 되면 金을 만나 기둥과 들보를 만들 수 있듯이 金을 만나서 성취함을 찾는다. 과거에 장원급제하는 자식이 나와 그 이름이 세상을 떠들썩하게 하니 평지일성뇌택(平地一聲雷宅)의 응인 것이다. 먼저 가난하지만 후에 부하고 수재가 나와 장원급제하여 금의환향한다.

② 손문과 진안방에서 팔방의 부엌 해설

이방 부엌=정남방의 부엌은 천을방이니 木火가 통명이 되어 대길하다. 공명이 현달하고 인정이 대왕하며 부부가 함께 장수한다. 여인이 총명하고 여인으로 인하여 부귀하기도 한다.

곤방 부엌 = 서남방의 부엌은 木土가 상극하고 오귀방이 된다. 노모가 먼저 단명하고 절손한다. 가도가 불화하고 괴질로 고생한다.

태방 부엌 = 정서방의 부엌이니 金木이 상극하고 남녀간에 단명하고 천질로 고생한다.

건방 부엌 = 서북방의 부엌은 금목이 상극하고 오귀방이 되어 대흉하다. 남자를 먼저 상하고 여인도 함께 단명한다. 패가망신하는 배치이다.

감방 부엌 = 정북방의 부엌은 생기방이므로 대길하다. 장방은 물론 모든 아들에게 복과 녹이 제전(齊全)하고 과거에 급제가 연달아 나온다.

간방 부엌 = 동북방의 부엌은 木土가 상극하므로 대흉하다. 소아를 먼저 손상하고 풍질과 악질로 고생하며 혹 절손하기도 한다.

진방 부엌 = 정동방의 부엌은 3木이 만나 큰 숲을 이루니 인화로 세상을 포용하고 가도는 날로 흥왕하는 대길대리한 가옥이다.

손방 부엌 = 동남방의 부엌은 3방의 木이 비화되어 숲을 이루니 귀인이 구름처럼 모이고 가도가 날로 흥창한다.

이상은 동사택의 4괘 8궁 32출입문에 대한 유년운에다가 안방과 부엌의 배치를 각각 길흉별로 논하였다. 따라서 출입문, 안방, 부엌이 상생되고 동서의 뿌리가 같으면 길하고 상극되거나 뿌리가 다르면 흉한 것으로 되어 있다. 坎, 離, 震, 巽, 4궁이 동사택인데 만약 출입문, 안방, 부엌 3방도 이 동사궁이 되면 삼길택이 되어 발복도 유구하고 수명도 길며 사람도 번성하고 벼슬도 나온다. 이곳은 天乙, 延年, 生氣를 번갈아가며 맞이하기 때문이다.

참고도 4. 東四宅 坎 震 巽 離 四遊年 起例

坎坐

巽 생기	離 연년	坤 절명
震 천을		兌 화해
艮 오귀	坎 복위	乾 육살

震坐

巽 연년	離 생기	坤 화해
震 복위		兌 절명
艮 육살	坎 천을	乾 오귀

巽坐

巽 복위	離 천을	坤 오귀
震 연년		兌 육살
艮 절명	坎 생기	乾 화해

離坐

巽 천을	離 복위	坤 육살
震 생기		兌 오귀
艮 화해	坎 연년	乾 절명

　이상 4개의 그림은 동4택으로 대문·안방·부엌을 배치한 그림이며 이에다 명궁(命宮)과 부엌문까지를 합하여 5가지를 8궁에다 순포하여야 유년(遊年)의 길흉을 결정짓는 것이다.

　만약 이 5가지 방위가 유년의 배치와 정합될 경우는 "수명은 팽조와 비기고, 복은 분왕(汾王)과 흡사하며, 부는 석숭(石崇)에 비교되고, 귀는 배두(裵杜)와 같고, 자손은 문왕(文王)과 비교될 것"이라고 되어 있다.

　그러나 만약 5가지 중에서 한가지라도 어긋난다면 이에 비교될 수 없다는 것이다.

용어 해설

개각혈(開脚穴)＝겸혈(鉗穴)의 다른 명칭이다.
개구(開口)＝양각(兩脚)을 벌려서 안을 다정하게 감싸 주는 모양을 말한다.
개장 천심(開張穿心)＝양옆으로 날개를 벌린 모양을 개장이라 하고 그 가운데로 산맥이 빠져 나와 이어지는 모양을 천심이라 한다.
거수(去水)＝穴에서 볼 때 水가 앞으로 쭈욱 빠져 도망가는 것이니 흉수(凶水)이다.
검극(劍戟)＝창과 칼 모양의 산을 말하는데 그 끝이 穴을 향하는 것은 흉사(凶砂)라 하고 행룡(行龍)의 좌우에서 보이지 않게 따르는 것은 길사(吉砂)가 된다. 대지(大地)에는 반드시 검극사가 있어서 穴을 호위한다.
겁재(劫財)＝오행(五行)의 생극(生剋) 관계에서 나온 같은 종류의 오행인데 다만 음양만이 다를 때 겁재라 하고, 음양이 같으면 비견(比肩)이라 한다.
   예) 甲木 ↔ 甲木은 比肩
       甲木 ↔ 乙木은 劫財
겸혈(鉗穴)＝와(窩), 겸(鉗), 유(乳), 돌(突), 사상혈(四象穴) 중의

하나로 두 산이 갈라지는 사이에서 생기는 穴, 즉 사람의 양 다리 사이에 있는 음부와 같은 모양이다(개각혈이라고도 함).

경직(硬直)＝기복(起伏)이나 좌우로 활동함이 없이 곧고 굳은 산맥으로 흉룡(凶龍)이다.

견타(牽拖)＝두 산이 서로 끌어당기듯이 유정(有情)하다는 뜻.

계수(界水)＝산과 물의 경계란 뜻인데 태극원훈의 경계를 규명할 때 많이 쓰는 말이다.

고로능증(孤露崚嶒)＝높고 험한 산이 주위의 호종(護從)하는 산도 없이 홀로 뻗어 나가는 모양.

고주소부(高洲小阜)＝물 가운데의 섬과 작은 언덕을 말한다. 여의도가 이에 해당한다.

곡동처(曲動處)＝산의 마디를 동처라 말하는 것이니 움직이는 곳이라고 표현한다.

관성(官星)＝①형세에서 안산(案山) 너머로 뻗어 나간 여기(餘氣)의 산으로 요성(曜星)의 일종인데 吉星이다.
②이기(理氣)의 오행 생극 관계에서 저쪽이 나를 이길 때 관성이라 하며, 양쪽이 음양이 다르면 정관(正官), 음양이 같으면 편관(偏官)이라 한다.
　예) 甲木이 경금(庚金)을 偏官
　　　甲木이 신금(辛金)을 正官

관주(串珠)＝구슬을 꿰어 놓은 듯이 둥글둥글 연결된 산맥이다.

교담용굴(蛟潭龍窟)＝수신(水神)의 전설이 있는 곳이나 이무기와 교룡이 사는 굴, 또는 용추(瀧湫) 폭포나 귀신과 도깨비들이 모여 회의하는 곳 등이니 이곳에서는 기우제 등이 적합하다.

구(毬)＝태극원훈(太極圓暈)의 상단으로 분수(分水)하는 곳인데 일명 상수처(相水處)라고도 한다. 분수처를 구(毬), 합수처를 첨(檐)이라 한다.

구곡수(九曲水)＝지현(之玄)으로 구불구불 흐르는 물이니 내거간(來去間)에 길수(吉水)이다.

구성(九星)＝①재천구성(在天九星) : 불경의 〈대성북두(大聖北斗) 연명경(延命經)〉에 나오는 북두칠성과 보필성(輔弼星)을 인용하여 양구빈(楊救貧)이 산형과 水의 길흉을 보도록 만들어 놓은 구성법이다.

북두 제1성 : 陽明 貪狼 太星君(木星)　　吉 屬寅子生	⎫
북두 제2성 : 陰精 巨門 元星君(土星)　　吉 屬丑亥生	⎪
북두 제3성 : 眞人 祿存 貞星君(金木星)　凶 屬寅戌生	⎬ 北斗七星
북두 제4성 : 玄冥 文曲 紐星君(水星)　　凶 屬卯酉生	⎪
북두 제5성 : 丹元 廉貞 剛星君(火星)　　凶 屬辰申生	⎪
북두 제6성 : 北極 武曲 紀星君(金木星)　吉 屬巳未生	⎪
북두 제7성 : 天關 破軍 關星君(金火星)　凶 屬午生	⎭

북두 제8성 : 洞明 外 補星君(金土星)　吉	⎫ 三存帝星
북두 제9성 : 隱山 外 弼星君(金土星)　吉	⎭

②재지구성(在地九星) : 요금정이 만든 부모산(父母山) 이하 혈성(穴星)에서 산형(山形)의 길흉을 보는 구성법으로 오행의 모양을 근본으로 하였다.

太陽星(金), 太陰星(金土), 金水星(金水), 紫氣星(木), 天財星(土), 天罡星(金火), 孤曜星(金木), 燥火星(火), 掃蕩星(水)이며 이를 다시 9변(九變)시켜 81形으로 설명하고 있다(본인의 《구성학(九星學)》 참조할 것).

③구궁(九宮) : 문왕(文王)의 후천팔괘(後天八卦)에 의한 一

坎宮, 二 坤宮, 三 震宮, 四 巽宮, 五 中宮, 六 乾宮, 七 兌宮, 八 艮宮, 九 離宮을 말한다.

굴돌(窟突)=와혈(窩穴)과 돌혈(突穴), 깊은 곳과 높은 곳을 말하기도 한다.

귀성(鬼星)=횡룡(橫龍)에서 혈성 뒤쪽 너머로 뻗어 나간 여기의 산이니 짧고 뾰족한 것이 보통이며 혹 둥근 모양도 있으나 너무나 크고 강력하면 귀성(鬼星)으로 보지 않는다. 일명 효성귀(孝星鬼)라고도 한다. 吉星이다.

금성(禽星)=수구(水口)의 물 가운데에 돌출한 작은 산인데 대개는 석산(石山)으로 된 것이 많다. 만약 산이 크면 나성(羅星)이 된다.

금성(金星)=오행에서 금성체(金星體)를 딴 산이니 둥글기가 바가지를 엎어놓은 듯하다.

금혈(禁穴)=임금이 나오는 극귀지(極貴地)의 穴이므로 일반 서민에게는 쓰지 못하도록 금지시킨 穴이다.

기(氣)=생기(生氣) 또는 생체(生體) 에너지를 말한다.

기고(旗鼓)=기(旗)와 북처럼 생긴 산형인데 대개 장군혈(將軍穴) 종류에서 많이 볼 수 있다.

기룡(騎瓏)=멀리 뻗어 나가는 용의 척상(脊上)에서 맺은 穴로 기형혈(騎形穴)과 같다. 10개 중 9개는 흉혈이라 한다.

기사부정(敧斜不正)=한쪽으로 기울어 흐느적거리는 듯한 바르지 못한 산이다.

기형혈(騎形穴)=기룡혈과 같은 말인데 "去而眞不去"라 하였으니 산맥은 뻗어나가더라도 氣는 서리고 앉아서 穴을 만든 곳을 말한다. "10개 기룡혈 중에서 1개만 진혈이고 나머지 9개는 가짜라 하니" 속기 쉽다는 말이다.

나경(羅經)＝지리가들이 방위와 길흉 신살(神殺)을 알기 위하여 사용하는 기구로 일명 패철(佩鐵) 또는 쇠라고도 하는데, 우주의 이치가 다 들어 있다고 한다.

나성(羅城)＝穴에서 볼 때 주위에 병풍처럼 둘러싸인 멀고 가까운 모든 산을 총칭하는 말이다.

나성(羅星)＝수구(水口) 가운데 섬이나 돈부(墩阜) 같은 것을 말하는데 돌(石)로 되어 있으면 더욱 좋다. 나성은 대귀지에서 볼 수 있는 것인데 서울의 나성은 행주산성, 김포반도의 문수산 등 여러 곳이 있다.

낙맥처(落脈處)＝용의 대진처(大盡處)를 말한다. 용이 끝난 곳으로 낮고 부드러운 산으로 박환시켜 놓고 대개 이곳에서 혈성을 만든다.

낙산(樂山)＝횡룡에서 혈성의 뒤를 받쳐 주는 산으로 일명 탁락(托樂)이라고도 한다.

낙서(洛書)＝하(夏)의 우(禹) 임금 때 낙수에서 신귀(神龜)가 등에 지고 나왔다는 그림이다. 이 낙서를 보고 구성의 배치를 알았고 팔문이 정하여졌고, 기자(箕子)는 낙서를 보고 홍범구주(洪範九疇)를 만들었다.

낙조(洛槽)＝穴 앞이 홈통처럼 쭉 패어 나간 모양이니 주로 겸혈(鉗穴)에서 흔히 볼 수 있다. 이렇게 되면 흉하다.

노편(蘆鞭)＝말채찍과 같이 가늘고 길게 뻗은 산, 또는 사(砂)를 말한다. 귀혈에서 볼 수 있다.

뇌락기복(磊落起伏)＝산이 평지로 뚝 떨어졌다가 다시 솟아 무더기무더기 봉(峰)을 만드는 모습인데 大小와 맥의 연결을 분간할 수 없는 것이 특징이다.

누조관정(漏槽貫頂)＝穴 앞의 푹 패인 홈통처럼 생긴 골짝이 穴

뒤의 만두(巒頭)까지 곧게 연결된 것처럼 보이는 현상인데, 겸혈의 가혈(假穴)에서 흔히 볼 수 있다. 대흉이다.

눈탄산만(嫩坦散漫)＝평지의 게으른 용이 모아주는 중심점이 없이 제멋대로 흩어져서 산란한 모양이다.

당배(撞背)＝용이 층층이 등을 밀고 내려왔다는 말이니 급하지도 않고 게으르지도 않을 때 당배룡이라 하는데, 배회(徘徊)하는 형세를 만나면 장살혈(藏煞穴)을 맺는다.

당혈취맥(當穴就脈)＝장법(葬法) 중에서 태극 원훈으로 연결되는 투지맥(透地脈)을 놓치지 않고 혈의 중앙에다가 재혈(裁穴)하는 법이다.

대진처(大盡處)＝멀리로부터 온 큰 용이 큰물의 합함을 만나 끝나는 곳으로, 穴은 대개 이 부근에서 많이 결작한다.

독두파정(禿頭破頂)＝산의 모양이 부스럼이나 털 빠진 머리처럼 보이는 것을 비유한 말이다.

돌혈(突穴)＝와겸유돌(窩鉗乳突) 사상혈 중의 하나인데 둥글고 작은 봉우리의 꼭대기에서 맺는 穴이다. 사람 얼굴에서 코와 같은 위치이다.

두수(斗首)＝북두칠성의 바가지 모양 쪽의 별을 말한다. 斗宿하면 북두칠성 전체를 말한다.

마산(馬山)＝산의 모양이 말의 잔등처럼 보이는 것으로 천마(天馬), 주마(走馬) 등으로 쓰인다.

명당(明堂)＝①穴 앞의 평지, 소명당, 중명당, 대명당으로 구분된다. ②속말로 좋은 묘자리나 집터를 말하는 名堂과는 다르다.

무고(武庫)＝금체(金體)와 토체(土體)의 산으로 주로 후룡의 양쪽에 무고산(武庫山)이 호위함을 기뻐한다.

문관(文官)＝목체(木體)로 된 산으로 穴이나 행룡(行龍)의 양쪽에 문관산(文官山)이 호위하면 길하다.

물형(物形)＝사물의 모양이나 짐승의 모양을 닮은 산. 풍수지리에서는 이 물형을 따라 穴을 잡는 예가 많다. 예를 들자면 생사추와형(生蛇趨蛙形)이므로 뱀의 머리에다 穴을 정하고 앞에 개구리 봉으로 안산을 하는 경우 등이다.

박변(剝變)＝높고 큰 산의 거칠고 험한 모양에서 낮은 데로 뻗어가며 부드럽고 아름답게 변화되는 것이다.

박환(剝換)＝박변과 같은 말인데 山은 끝쪽으로 나가며 변하여 부드러워진다는 말이다.

반안혈(扳鞍穴)＝말의 안장 모양으로 생긴 穴이다.

방박(傍磚)＝의지할 수 있는 지형이니 낙산(樂山), 하수사(下水砂) 등에 의지하여서 용기(龍氣)가 서리고 앉아 穴을 맺은 모양이다.

배아창야(排衙唱喏)＝귀인이 지나는 양편에 늘어서서 길을 인도하는 대신들처럼 용의 양편에 따르는 크고 작은 귀사(貴砂)가 많음을 말한다.

배회(徘徊)＝용이나 水가 쭉쭉 빠져 나가지를 아니하고 이리저리 서성거리고 안고 도는 모양.

백광(白光)＝太陽 속에는 五色의 빛과 熱이 있는데 이 五色의 빛이 모이면 白色이 되기 때문에 백광이라 하였다. 이때의 백색은 金木水火土의 元氣이므로 生命체의 씨앗인 혼(魂)을 받게 한다.

백호(白虎)＝穴의 우측에서 穴을 호위하는 산. 여러 겹으로 되면 더욱 좋다.

보개(寶盖)＝①사격(砂格)으로는 우산 모양의 같은 산이 세로로 삼봉(三峰)이 있으면 화개, 운개, 보개라 하고, 횡으로 삼봉이 있으면 삼태(三台)라 하고, 두 봉이 세로로 있으면 용루보전 이라고 한다.

②장법에서는 주위의 산이 극고(極高)할 때 꼭대기에다 천장(扦葬)하는 법이다(用盖法 중에서 華盖法, 雲盖法, 寶盖法이 있음).

보필산(輔弼山)=①행룡의 호종산(護從山)을 말한다. 용의 좌측에서 호종하는 산을 좌보(左輔)라 하고, 용의 우측에서 호종하는 산을 우필(右弼)이라 한다.

②구성으로 번괘(翻卦)할 때 여덟 번째의 성신이니 길성에 해당한다.

봉요학슬(蜂腰鶴膝)=벌의 허리와 학의 무릎과 같이 기복 과협(過峽)이 있는 용이다. 대진처인 부모산 아래 혈성 근처에서 주로 쓰는 말인데 가까이에 穴이 있음을 알려준다.

봉침(縫針)=천반봉침(天盤縫針)인데 천도의 운행에 맞춰 양균송이 제작한 침범이며 주로 수법(水法)에 사용하는데 지반정침(地盤正針)보다는 7.5도를 앞서 나간다.

부모태식잉육(父母胎息孕育)=용과 穴을 육친(六親)에 비유한 말이다. 즉 穴=育, 孕=穴星 또는 乘金, 息=結咽處, 胎=結咽하기 위하여 질단낙맥(跌斷落脈)하는 곳으로 부모산에서 결인처로 연결되기 위하여 모아주는 곳이다. 그 위로 올라가 높고 큰 산이 소조산(小祖山)이다.

북신(北辰)=강하(江河)의 양쪽으로 깎아지른 듯이 괴이하게 생긴 절벽으로, 이는 터널이 길고 높고 사이가 좁을수록 좋으며 무시무시할수록 좋다. 그 안에는 대개 금혈지(禁穴地) 이상의 혈이 있다.

분금(分金)=주천(周天 : 원) 한 바퀴를 240분금으로 나누어 육십갑자를 배치하여 고허왕상(孤虛旺相)을 분류해 놓은 선이다. 전파가 흐르는 선(線)이 있듯이 생기가 흐르는 선이라 할 수 있으니 풍수지리에서는 가장 정교한 기술을 요하는 것으로 발복(發福)의 3요소를 용(투지룡), 혈(穴), 분금(分金)으로 삼는다.

비견(比肩)＝오행의 생극 관계에서 나와 저쪽이 같은 오행으로 되어 있으며 음양도 같은 것을 비견이라 하고, 음양이 다르면 겁재라 한다. 모두 합쳐 비화(比和)라고도 한다.
예) 甲木 對 甲木, 乙木 對 乙木 등

비룡(飛龍)＝용맥이 끝나는 곳으로, 대진처에서 불끈 솟아 봉우리를 높게 만들어 고개를 쳐들고 끝난 모양이다.

비화(比和)＝오행의 생극 관계에서 저쪽과 내가 같은 오행으로 된 것이다. 비견과 겁재를 합한 말이다. 즉 陽對陽, 陰對陰은 비견, 陰對陽이거나 陽對陰은 겁재라 한다.

사경(死硬)＝용이 굳고 뻣뻣하여 활동이 없으며 마디도 분간할 수 없는 것, 반대로 상하 기복이 많고 좌우로 활동이 많으면 생룡(生龍)이라 하여 길한 것이다.

사상(四象)＝태극에서 처음 변하면 음양이 되고, 음양이 다시 변하면 사상이 되는 것이니 즉 태양・소양・소음・태음이 그것이다. 풍수지리에서는 와(窩), 겸(鉗), 유(乳), 돌(突)을 사상이라 한다.

사수(四獸)＝좌청룡(左靑龍), 우백호(右白虎), 후현무(後玄武), 전주작(前朱雀)을 총칭하며, 사수(四宿), 사위(四衛)라고도 한다.

삼태(三台)＝크기와 높이가 같은 횡으로 나란한 삼봉(三峰)을 말한다. 길격이며 혹 가운데 봉이 약간 높아도 삼태가 된다. 세로로 있으면 보개, 운개, 화개라고 한다.

상관(傷官)=오행의 생극 관계에서 내가 저쪽을 生할 때인데, 반드시 음양이 같지 않아야 하며 만약 음양이 같으면 식신(食神)이라 한다.

예) 甲木 → 丁火는 상관, 甲木 → 丙火는 식신.

상수(相水)=승금(乘金)과 태극 원훈 사이에서 양쪽으로 갈라져 나간 물길이니 곧 태극 원훈을 경계짓는 선을 말한다.

생기(生氣)=①모든 생물을 생성시킬 수 있는 위력을 가진 힘찬 기운이다. 死氣는 반대말이다.

㊂ 하늘에 있는 것을 천기(天氣 : 大氣圈의 공기를 포함함), 땅에 있는 것을 지기(地氣)라 하며 장법에서는 이 천기와 지기가 합하여 모인 곳을 찾아 生氣처라 하며 시신을 매장한다. 생기를 생체 에너지라고도 한다.

②생기복덕법(生氣福德法)에서 첫 번째로 일으키는 길신이다.

㊂ 一上生氣, 二中天宜, 三下絶體, 四中遊魂, 五上禍害, 六中福德, 七下絶命

서섬(棲閃)=직(直)을 피하여 옆으로 깃들인 모양이니 본룡(本龍)은 조악하여 뻗쳐 나가고 양쪽 어느 옆구리에서 생긴 용이나 산이 아름다울 때 쓰는 말이다. (사살장법 참고)

선익사(蟬翼砂)=태극 원훈의 주위를 매미 날개처럼 둘러친 호종맥(護從脈)이다. 주로 승금(乘金)처에서 발생하여 태극 원훈을 보호한다.

섬결(閃結)=용의 옆구리에서 생긴 穴이다.(棲閃 참조)

성두(星頭)=보통 만두(巒頭) 또는 혈성의 꼭대기를 말하나 혹 부모산이나 입수처를 말하기도 한다.

소명당(小明堂)=인목처(印木處)이니 자손이 서서 절하는 곳이기도 하다.

소조산(小祖山)＝부모산(父母山) 후로 크게 용발(聳拔)한 산이다. 대개 그 지역에서 으뜸가는 가장 높은 산이다. 지리에서는 먼 후룡보다 소조산 이하를 가장 중요시하는 것이니 穴에서 가까워 길흉에 직접 관계되기 때문이다.

속기(束氣)＝용의 과협 또는 결인(結咽) 목, 즉 기복(起伏)에서 起를 취기(聚氣), 伏을 속기(束氣)라 한다.

송앙(送仰)＝가는 용을 전송하고 오는 용을 맞아들인다는 모양이다. 내팔거팔(來八去八)로 말하기도 한다.

수구(水口)＝청룡과 백호 내의 원진수(元辰水)가 합하는 곳을 내수구(內水口)라 하고, 용호 밖으로 흘러가 객수(客水)와 합하는 곳을 외수구(外水口)라 한다. 그러나 통념적인 수구는 물이 나가는 곳을 총칭하는 말이기도 하다.

수삭파쇄(瘦削破碎)＝늙어서 깎이고 패고 부서진 산이다.

수함(瘦陷)＝늙고 패어서 마디가 확실하지 않은 용이다.

순전(唇氈)＝穴 밑으로 쭉 빠져 나간 여기의 산맥이니 穴의 아랫턱에 해당하며 너무나 길게 나가면 혈의 기운을 뺏어가니 흉하여 순전으로 보지 않는다. 전순(氈唇)이라고도 한다.

승금(乘金)＝태극 원훈의 위로 큰 만두빵 모양으로 둥글게 돌기하여 생기를 모아 주는 부분인데 穴은 반드시 승금이 있어야 생기를 받는다. 다른 이름으로 화생뇌(化生腦)라고도 한다.

식신(食神)＝오행의 생극 관계에서 내가 저쪽을 생하여 주는 경우 나와 저쪽이 음양이 같을 때를 식신이라 하고, 음양이 다르면 상관이라 한다.

　예) 甲木 → 丙火

안산(案山)＝穴 앞을 가로로 막아 주는 가장 가까운 산으로 穴보다 높으면 불리하다. 귀인이 집무하는 책상과 같은 것으로 안산이 없으면 혈이 될 수 없다.

앙수(昂首)=머리를 높이 쳐드는 모양이다.(비룡 참조)

양의(兩儀)=음양, 태극이 일변하여 생긴 것이다.

역관(逆關)=물이 나가지 못하도록 반대로 막아 주는 수구산이다.

연약수삭(軟弱瘦削)=산의 모양이 연약하고 깎이고 패어서 추악하며 힘이 없어 보인다.

오성(五星)=오행의 성체, 즉 木星은 직(直)하고, 火星은 첨(尖)하고, 金星은 원(圓)하고, 水星은 곡(曲)하고, 土星은 방(方)하다.

오성수(五星水)=水의 흐르는 모양을 오행인 金木水火土로 구분한 것이다.

옥침어병(玉枕御屛)=병풍처럼 둘러싸인 산의 중앙으로 빠져 나온 산맥이 다시 기봉(起峰)한 모양에서 보이는 형상이다.

옹종추악(癰腫醜惡)=부스럼이나 혹이 난 것처럼 피부가 추악한 모습으로 돌산[石山]의 경우가 많다.

와혈(窩穴)=와겸유돌 사상혈 중의 하나로 키 또는 닭의 둥우리와 같이 우묵한 웅덩이처럼 생긴 穴, 개구혈이라고도 한다.

요감(饒減)=불룩하게 나온 곳과 움푹하게 들어간 곳으로 음양으로 표현하기도 한다. 길고 짧은 것을 지칭하기도 한다.

요도(橈棹)=길고 짧은 노 모양의 작은 가지로 된 용맥이다. 지각(枝脚)과 요도로 함께 사용하는 말이다.

요성(曜星)=혈성의 전후 좌우나 청룡·백호·주작의 너머로 발출힌 여기의 산을 통칭하여 말하는데 모양이 대개는 뾰족하여 새의 부리와 같기도 하고, 맹수의 발톱과 같기도 한데 穴에는 반드시 이 요성이 있어야 발복이 확실한 것이다.

운개(雲盖)=①사격(砂格)에서 양산 모양의 같은 산이 세로로 삼봉 있으면, 보개, 화개, 운개라 하고, 가로로 있으면 삼태라 하며 이봉(二峰)이면 용루보전이라 한다.

②장법에서 주위의 산이 낮을 때 산의 끝부분에서 맺은 穴에다 천장(扦葬)하는 법이다(용개법 중에서 화개법, 보개법, 운개법이 있음).

원관통규법(元關通竅法)＝水와 산의 배합을 보는 법, 즉 사대국수법(四大局水法)을 말한다. 산은 음이요, 水는 양이니 음양이 한데 어우러지는 이치를 보는 법을 설명한 것이다.

원두수(源頭水)＝처음부터 용과 함께 시작되는 물이다.

원진수(元辰水)＝穴에서 가장 가까운 부모산에서 혈성으로 연결되는 곳으로부터 발생한 水로 대개 청룡, 백호 내의 水이다. 혹 골육수(骨肉水)라고도 한다.

위이분주(逶迤奔走)＝내룡(來龍)이 좌우로 심하게 움직이는 모양이다.

유어(遊魚)＝물고기 모양의 砂인데 주로 수구 간에 있어야 진(眞)이 된다.

유양(悠揚)＝부드럽고 유연한 평지의 산맥을 표현한 말이다.

유혈(乳穴)＝와겸유돌 사상혈 중의 하나인데 용의 끝에서 생긴 穴이다. 현유혈(縣乳穴)이라고도 한다.

유회(紐會)＝용호가 양손을 모아 안아주고 그 안에다 결혈한 모양이다.

육십갑자(六十甲子)＝천간의 甲과 지지의 子로부터 조합하기 시작하여 천간의 끝자인 癸와 지지의 끝자인 亥가 만날 때까지가 육십 번째이므로 이를 육십갑자라 한다. 이를 육갑이라고 준말로 쓰기도 한다.

음양(陰陽)＝태극이 동하여 생긴 것이니 상대적인 관계, 반대되는 관계, 맞서는 관계, 서로 인정하는 관계, 만나고자 하는 관계를 말한다. 양의(兩儀)라고도 한다.

이향사(離鄕砂)=청룡이나 백호 쪽의 산이 물을 따라 순비(順飛)하는 砂이다.

인목(印木)=태극 원훈의 아래쪽 합금처(合襟處)로부터 순전의 사이이니, 즉 소명당이다.

인수(印綬)=오행의 생극 관계에서 나를 생하여 주는 자가 인수인데, 음양이 서로 다르면 정인(正印)이라 하고, 음양이 서로 같으면 편인(偏印)이라 한다.

인홀(印笏)=길사명(吉砂名), 벼슬하는 이들이 어전 회의 때 양손으로 받드는 판자 조각인데 산에서는 낮게 누워 있는 土星 또는 木星山이다.

임두수(淋頭水)=穴의 뒤를 치고 들어오는 물 또는 골짝이다.

잠구취맥(蘸毬就脈)=유혈의 장법 중에서 유(乳)의 하단에다가 맥을 잃지 않고 내려 쓰는 재혈법으로 물에 잠길 듯이 낮다 하여 인용한 말이다.

잠룡(潛龍)=평지로 나간 용맥이 땅속으로 감추어져 산과 水의 경계를 분간하기 어렵게 된 용이다.

장개(張盖)=개장한 산이 양산 모양을 갖춘 것이다.

장법(葬法)=穴에 재혈하는 법도로 비보(卑補)와 방향, 천심, 분금까지 포함하는 광범위한 말이다. 그 대표적인 것이 사살(四殺)장법인데 용개법(用盖法), 용당법(用撞法), 용의법(用倚法), 용점법(用粘法)이 있다.

①용개법 : 압살법(壓殺法)이라고도 하며 첨살(尖殺)이 많은 용에서 가장 높은 곳에다 재혈하여 모든 살을 제압하고 굴복시키는 장법이다.

②용당법 : 장살법(藏殺法)이라고도 하며 급하거나 완만하지도 않고 적당히 배회할 때 중간 용 척상(脊上)의 혈에다 재혈하여 모든 살을 감추어 주는(묻어 줌) 장법이다.

③용의법 : 섬살법(閃殺法)이라고도 하며 용이 웅강(雄强)한 석산일 때 어느 한쪽 옆구리의 결혈(結穴)한 곳에 재혈하여 모든 살을 피하는 장법이다.

④용점법 : 탈살법(脫殺法)이라고도 하며 용이 직급(直急)하여 살이 될 때는 용의 끝머리나 평지로 내려와서 결혈하는데 이곳에 재혈하여 살로부터 벗어나는 장법이다.

장풍(藏風)＝생기를 모아 穴이 結作하는 조건을 말할 때 쓰이는 말로 장풍(藏風)과 득수(得水)라 하기도 한다.

재성(財星)＝오행의 생극 관계에서 내가 저쪽을 이길 때[剋] 재성이라고 하는바, 나와 저쪽의 오행이 음양이 다르면 정재(正財)라 하고, 나와 저쪽의 음양이 같으면 편재(偏財)라고 한다.

전변(傳變)＝변화된 후 계속해서 다음 마디로 연결시켜 준다.

전순(氈唇)＝순전과 같은 의미이며, 즉 소명당 아래로 새의 부리처럼 쭉 빠져 나간 용혈의 여기이다.

절포(節苞)＝용의 마디이다. 動處라 하기도 한다.

정관(正官)＝오행의 생극 관계에서 저쪽에서 나를 극할 때 관성(官星)이라고 하는바, 저쪽과 나 사이가 음양이 다르면 정관(正官)이라 하고, 음양이 같으면 편관(偏官)이라고 한다.

정음정양(淨陰淨陽)＝선천 팔괘로부터 나온 음양인데 괘획(卦畫)의 상효(上爻)와 하효(上爻)를 비교하여 음양이 배합된 괘를 구륙충합(九六沖合)이라 하여 정음이 되고, 상하 효가 불배된 것을 구륙불충합이라 하여 정양이 되었다.

  淨陰 : 艮丙 巽辛 震庚亥未 兌丁巳丑

    淨陽 : 乾甲 坤乙 坎癸申辰 離壬寅戌

정재(正財)＝오행의 생극 관계에서 내가 저쪽을 이길 때를 재성이라 하는바, 나와 저쪽의 음양이 다를 때는 정재라 하고, 나와 저쪽의 음양이 같으면 편재라 한다.

정출맥(正出脈)＝여러 갈래로 갈라져 나간 용맥 중에 가장 특이하고 뛰어난 산맥이다. 또는 가장 크고 좋은 혈을 맺는 가지를 말한다.

조산(朝山)＝안산 너머로 보이는 멀고 높은 산으로 이 산이 빼어나야 길하다. 穴과 마주 보고 상대하는 山이란 뜻이다.

조수(朝水)＝穴을 향하여 들어오는 물이다.

조종(祖宗)＝태조산과 소조산 사이에 용발한 높고 큰 산, 또는 그 산맥을 총칭하는 말이다.

주구피첨(湊毬避檐)＝겸혈의 장법 중에서 태극 원훈의 토단(土端)에 바싹 붙여서 높이 재혈하는 법, 毬는 훈(暈)의 상단이며 檐은 훈의 하단이다.

주마(走馬)＝달리는 말이니 마산(馬山)의 허리가 길고 깊지 않은 모양이다.

주밀(周密)＝주위의 산이 빽빽하여 바람과 물이 샐 틈이 없다는 표현이다.

주작(朱雀)＝穴의 앞쪽에 있는 산을 총칭하나 주로 안산과 조산을 말한다.

주필(駐蹕)＝임금이 지방 출장시 잠시 머물러 임시정부처럼 정사를 보는 곳에 비유한 말이니 용이 크게 솟구쳐 시리고 앉았다가 다시 멀리 뻗어 나가는 형국이다. 소조산이 2~3절 내려가서 끝나는 것과는 다르다.

준순(逡巡)＝뒤로 더 한층 주춤주춤 물러앉는다는 뜻이니 회룡고조 穴에서 쓰는 말이다.

준증(峻嶒)＝산이 높고 험한 모양이다.

지각(枝脚)＝산룡(山龍)의 옆에서 뻗은 작은 가지이다. 지각요도로 함께 쓰는 말이다.

지축(地軸)＝과협의 우측에서 바람을 막아주는 바위로 된 호종사(護從砂)로 좌측은 천관(天關)이라 한다.

지현굴곡(之玄屈曲)＝之자 玄자 모양의 구불구불한 용, 또는 水이다.

직룡(直龍)＝용맥이 곧게 뻗어 나간 것으로 흉룡이 된다.

창고사(倉庫砂)＝창고 모양의 土星의 산으로 길사이다. 土星山이 작고 낮은 것은 印이나 옥쇄로 비유한다.

참암(巉岩)＝높은 바위산이 굴러 쏟아질 것같이 무시무시한 산으로 살(煞)이 된다.

천관(天關)＝과협의 좌측에서 바람을 막아주는 돌로 된 산, 우측은 지축(地軸)이다.

천문지호(天門地戶)＝물이 오는 쪽을 천문이라 하여 활짝 열려야 좋고, 물이 나가는 쪽은 지호라 하여 도망가지 못하게 꽉 막아줘야 길하다.

천산(穿山)＝내룡(來龍)의 氣를 72분으로 분류하여 왕상휴수(旺相休囚)를 알아보는 것, 나경의 5층으로 격정(格定)하여 보는 것이다.

천심(穿心)＝양팔을 벌려 개장한 가운데로 맥이 빠져 나오는 모양이다. 개장천심으로 함께 쓰인다.

천을태을(天乙太乙)＝후룡의 과협 양편에 우뚝 솟은 산이니 좌측을 천을, 우측을 태을이라 한다. 길사류에 속한다.

첨(檐)＝태극 원훈의 하단에 합수하는 곳이다.

청룡(靑龍)＝穴의 좌측에서 호위하는 산을 총칭하는 말이나 대개 가장 가까운 것으로 호칭된다.

최관(催官)＝벼슬을 재촉하다. 혈을 생이지지(生而之地)와 최관지지(催官之地)로 구분하는데 대개 속발지가 이에 속한다.

추악능증(醜惡崚嶒)＝산이 높고 급하고 악하며 거칠어 추악하게 보인다.

취기(聚氣)＝생기를 모았다는 말이니 행룡의 기복에서 기돌(起突)한 곳이다.

취수(聚水)＝穴 앞으로 조용히 모이는 水이니 대길수이다. 진응수(鎭應水), 천심수(天心水), 융취수(融聚水), 저적수(儲積水) 등이 이에 속한다.

측락역전(側落逆轉)＝옆에서 빠져 나온 지룡(枝龍)이 몸을 돌려서 물을 가로막아 주는 모양이다.

탁락(托樂)＝횡룡에서 낙산과 탁산, 穴 위에 의지가 될 만한 산이다.

탈사(脫卸)＝곱고 좋은 옷으로 갈아입는다는 뜻이니 박환(剝換)과 유사한 말이다.

탕연불수(蕩然不收)＝수성체(水星體)의 산이 제멋대로 흩어져 모아 주지 못한다. 질서도 없고 중심점도 없다. 흉함을 표현한 말이다.

태극(太極)＝①만물의 근원이 되는 본체이니 사물의 핵심이 된다. ②주역에서 태극은 원(圓)이며 원은 무극이다. 태극이 한 번 변하여 양의(음양)가 되고 양의가 동하여 사상이 되며, 사상이 다시 나뉘어 팔괘가 되고, 팔괘가 팔변으로 64괘가 된다.

태병(台屛)＝삼태와 병풍이니 병풍처럼 둘러싸인 산이다.

태을(太乙)＝과협의 우측에 우뚝 솟은 산, 좌측 산은 천을이고 귀사이다.

태조산(太祖山)＝산맥이 가장 처음 시작된 산, 즉 우리나라의 태조산은 백두산이며 그 아래로 내려오며 조종산, 소종산, 소조산 등으로 표현한다.

투지(透地)＝입수에서 穴로 들어오는 생기맥(生氣脈)을 60룡으로 평분하여 고허왕상(孤虛旺相)을 알아보는 것이니 나경의 7층으로 재어 본다. 穴을 만드는 핵심의 선이다.

팔괘(八卦)＝사상이 분하여 일기일우(一奇一偶)를 생한 것이니 복희씨의 선천 팔괘와 문왕의 후천 팔괘가 있다. 이 팔괘가 방위와 역의 기구가 된다.

팔문(八門)＝팔괘의 방위를 말한다. 생상두경사경개휴(生傷杜驚死景開休)가 그것인데 제갈공명의 팔진법(八陣法)으로 유명하다.

편관(偏官)＝오행의 생극 관계에서 저쪽이 나를 극할 때가 관성인바, 저쪽과 내가 오행으로 음양이 같으면 편관이라 하고, 음양이 다르면 정관이라 한다.

편재(偏財)＝오행의 생극 관계에서 내가 저쪽을 이길〔剋〕 때가 재성인바, 서로 음양이 같으면 편재가 되고, 음양이 다르면 정재가 된다.

포태법(包胎法)＝십이운양생법(十二運養生法)을 말한다. 오행의 왕(旺)하고 쇠(衰)하는 이치를 알기 쉽도록 만들어 놓은 법이다. 生, 浴, 帶, 官, 旺, 衰, 病, 死, 葬, 絶, 胎, 養이 그것인데 木은 亥에서 생이 되고, 火는 寅에서, 金은 巳에서, 水는 申에서 生을 붙여서 순서대로 나간다.

풍취수겁(風吹水劫)＝바람이 치고 水의 침해를 받는다는 뜻으로 용이 대흉함을 표현한 말이다.

하도(河圖)=하수(河水)에서 나왔다는 용마(龍馬)의 등에 그려진 그림인데, 복희씨는 이 그림을 보고 선천 팔괘를 만들었고, 황제(黃帝)는 이를 보고 십간·십이지를 만들었다. 이 하도가 자연수의 시초가 된다. 인간이 하도의 수를 사용할 줄 알면서 천지의 주인이 되었다.

하수사(下水砂)=물 나가는 쪽의 산이니 물이 나가는 것을 방해하며 역으로 거스르거나 가로막아 줘야 길하다. 수구사(水口砂), 하관사(下關砂) 등과 유사하다.

한경(悍硬)=사납고 곧은 용이니 흉격에 속한다.

한문(捍門)=수구의 양쪽에서 穴을 호위하는 산인데 어떤 물형에 합하면 더욱 좋다. 일월한문(日月捍門), 귀사한문(龜蛇捍門) 등으로 다양하다.

합금(合襟)=穴의 뒤에서 나누었던 水가 穴의 앞에서 다시 합하는 모양을 표현한 것이다.

현릉(弦稜)=穴의 좌우로 가장 가까운 호종사이니 새우수염이나 선익사(蟬翅砂)가 그것이다. 양 팔뚝으로 표현하기도 한다.

현무정(玄武頂)=穴의 뒤쪽에 있는 산을 총칭하여 현무라 하나 세밀하게 말하면 도두봉(到頭峰)이라 할 수 있다.

혈(穴)=생기가 가장 많이 모이는 곳이니 음택에서 시신을 매몰하는 자리이며, 양택에서는 집터의 안방 자리가 되며, 더 세밀하게 말하면 음양이 만나는 곳으로 외기(外氣)와 내기(內氣)가 합하는 곳이다.

혈성(穴星)=穴을 갖고 있는 일단의 봉우리, 혹 혈장(穴場)이라고도 한다.

협송(峽送)=산과 물이 서로 끼고 따라가는 모양이다.

화개(華盖)=①사격(砂格)에서 양산 모양과 같은 산이 세로로 삼봉이 나열되어 있는 모양을 말하는데 화개, 운개, 보개라 칭한다. 가로로 되어 있으면 삼태라고 한다.

②장법의 용개법 중에서 용호와 안산의 높이가 적당할 때 중정(中正)에다 천장(扦葬)하는 법, 운개법과 보개법이 함께 있다.

화표(華表)=수구 쪽에 탁립(卓立)하게 솟아 있는 산, 穴에서 보이지 않아도 좋으며 양쪽으로 있으면 더욱 길하다.

회룡(回龍)=용맥이 나가다가 몸을 빙 돌려서 온 쪽을 다시 바라보는 것으로 회룡고조(回龍顧祖)라고도 하고, 회신(回身) 역국(逆局) 등과 유사하다.

횡룡(橫龍)=용맥이 옆으로 나아가 병풍처럼 된 것이다.

후조산(後照山)=현무정(玄武頂) 또는 뒤에서 영향을 주는 산이다.

風水地理學 里程表

初　版　發　行 ●	1992年　3月　5日
改正增補版發行 ●	1995年　3月　5日
再改正增補版發行 ●	2006年　4月 25日
再改正增補版 3刷 發行 ●	2025年　2月　5日

著　　者 ● 金　東　奎
發　行　者 ● 金　東　求

發　行　處 ● 明　文　堂 (1923. 10. 1 창립)
　　　　　　서울시 종로구 윤보선길 61(안국동)
　　　　　　우체국 010579-01-000682
　　　　　　Tel　(영)733-3039, 734-4798, 733-4748
　　　　　　Fax　734-9209
　　　　　　Homepage : www.myungmundang.net
　　　　　　E-mail : mmdbook1@hanmail.net
　　　　　　등록 1977. 11. 19. 제1~148호

- 낙장 및 파본은 교환해 드립니다.
- 불허복제

값 30,000원
ISBN 89-7270-809-7　13140